华为内训

华为经营管理内部培训手册，震撼大公开！

黄继伟 编著

Huawei's
Internal Training

中国友谊出版公司

图书在版编目（CIP）数据

华为内训 / 黄继伟编著. — 北京 :中国友谊出版公司，2016.9（2023.12重印）

ISBN 978-7-5057-3843-0

Ⅰ. ①华… Ⅱ. ①黄… Ⅲ. ①通信企业－企业管理－经验－深圳 Ⅳ. ①F632.765.3

中国版本图书馆CIP数据核字(2016)第217399号

书名 **华为内训**
作者 黄继伟　编著
出版 中国友谊出版公司
发行 中国友谊出版公司
经销 新华书店
印刷 三河市冀华印务有限公司
规格 787毫米×1092毫米　16开
21印张　320千字
版次 2016年10月第1版
印次 2023年12月第29次印刷
书号 ISBN 978-7-5057-3843-0
定价 48.00元
地址 北京市朝阳区西坝河南里17号楼
邮编 100028
电话 （010）64678009

前言

1987年，华为创建于中国深圳，当时的注册资本2.1万元，且没有技术和市场，只能在国内外通信巨头的联合围剿、压制下艰难起步。困难的时候，公司连续几个月卖不出自己的产品，也经常发不出工资。当时的华为不过是一家无足轻重的小企业，甚至有人怀疑它是否能够撑过一两年。

但是二十几年时间过去了，华为仍旧存在，而且从最初的交换机代理商成长为全球最大的电信网络解决方案提供商、全球第一大通信设备供应商、全球第二大电信基站设备供应商、全球第三大智能手机厂商，更是全球领先的信息与通信解决方案供应商。最初只生产和销售交换机设备的华为，如今的产品涉及通信网络中的交换网络、传输网络、无线及有线固定接入网络和数据通信网络及无线终端产品，为世界各地通信运营商及专业网络拥有者提供硬件设备、软件、服务和解决方案。

面对如此大的商业布局，曾有人这样描述华为："如果你想打电话，就得用程控交换机；如果你想发短信，就得用基站和电话预付卡；如果你想上网，就得用路由器……而这一切，都离不开任正非的华为。”这就是对华为式奇迹的最好证明。

经过二十几年的发展，华为从当初一个连研发资金也无法筹集到的民营企业，发展成为如今一个年研发投入几百亿的跨国公司，而且仅仅过去10年间研发费用就投入超过2400亿；此外，华为也从一家营业额几乎为零的企业，成长为一个年营业收入超过阿里巴巴、百度、腾讯年营业收入总和的通信巨头。

如果将华为这几年的进步一点点罗列出来，就会发现它那惊人的成长速度举世罕见，就会发现华为的发展是中国速度和中国高度在信息产业的一个集中表现。这种变化让竞争对手也感到恐慌，一些西方企业直言不知道这些年华为究竟发生了什么，为什么一眨眼就能够从当初毫不起眼的小角色，一跃变成世界上最强的对手。

思科总裁心有余悸地说：“在今后几年里，思科将只有一个竞争对手，它就是华为。”而他说出这番话时，只是2003年，如今十几年过去了，华为的营业额已经超越了思科，而且这还是在美国政府竭力阻挠华为进入美国市场的前提下。英国《经济学人》给予了华为高度的评价：“它的崛起，是外国跨国公司的灾难。”而另一名西方企业家在参观华为公司之后，直截了当地说“我们完蛋了”，他无论如何也想不明白，为什么西方企业会集体被一家中国民营企业快速超越。

尽管华为长期以来保持低调神秘的状态，但是在信息时代，人们对一个如此出色的企业，必定会产生很大的兴趣。对手们希望研究它，后来者希望学习它，大家都渴望挖掘到华为成功的秘诀，都渴望将华为模式当成一个参照物来进行分析。

那么华为究竟是如何走向成功的呢？也许多数人首先就会想到任正非。《世界经理人》曾经也评选出了“15年来对中国管理影响最大的15人”，任正非赫然在列。当时它是这样评价的：“华为在国际市场上势不可挡的攻击性以及由此带来的成功，为任正非赢得了西方媒体的尊敬。事实上，在此之前，为人低调、从不走向幕前的任正非，已经被视为中国通信设备制造领域的神秘‘教父’。”

2005年，任正非被美国《时代周刊》评为“影响世界的100位名人”之一，当时他是唯一入选的中国企业家。《福布斯》杂志对他做出了这样的评价：“任正非是一个很少出现在公众视野中的人物，却是国际上最受人尊敬的中国企业家。”2011年3月，美国《财富》杂志公布了中国最具影响力的50位商界领袖名单，任正非排名榜首，而柳传志、张瑞敏分列二、三位。

在这些荣誉的背后，实际上都指向了任正非的个人能力和无可比拟的魅力，毕竟正是因为任正非的努力和奋斗，才将华为从最初几个人的小公司做到如今十几万人的国际性大企业，在发展过程中，他自然功不可没。但是如果将华为当成一个整体来看，就会发现任正非其实只是一个出色的领导者，而“华为人”这支大的队伍才是真正推动华为不断向前的主要动力；就会发现任正非虽然在管理上做了很多努力，但正是由于华为公司建立起了完善的管理体系、文化体系，才能够支撑起企业的发展。

所以在研究华为时，不能狭隘地研究任正非，而应该以任正非为突破口，深入华为体系的内部去观察，要从华为体系的整体去进行分析，这样才能更好地了解华为这些年发生蜕变的原因，才能寻找到华为发展的真正原因。

任正非自己也曾说过："以前我们就讲过华为公司什么都不会留下，就剩下管理。为什么？所有产品都会过时，被淘汰，管理者本人也会更新换代，而企业文化和管理体系则会代代相传。因此我们要重视企业在这个方面的建设，这样我们公司就会在奋斗中越来越强，越来越厉害。"

正因为如此，本书侧重从任正非的管理思想以及华为的管理体系出发，罗列出哲学、管理、企业文化、干部素养、创新、市场、知本主义七个最具代表性的内容来进行分析。尽可能详尽地描述华为在发展历程中的各种重要思想、制度以及管理方式，以此来总结出华为的商业逻辑，而这些逻辑也恰恰是华为内部宣传和指导的一个重要内容。

本书内容丰富，语言平实，并且客观翔实地记录了华为发展过程中的故事，也描述了华为公司中那些重要理念和思想，并适当进行了整理和总结，具有很强的可读性，对读者的启发也很大，因此是一本研究华为成功之道的佳作。

目　录

第一章

哲学——华为发展的理论和思想

"很多人认为企业发展离不开哲学，因为管理一个企业，需要管理思想，管理思想形成的背后要有基本的管理假设，而这些假设的构成往往就需要依靠哲学。似乎伟大企业背后总有伟大的管理思想，总离不开伟大的哲学，任正非在创立华为之后，也在正常的经营管理活动中借鉴、运用了各种哲学思想，并形成了自己特有的哲学体系，而这些哲学思想或多或少都对华为的经营管理和发展产生了重要的影响，也恰恰是因为这些哲学思想，让华为变得更加独一无二。"

1. 新老更替是企业发展的基本规律

我认为任何一个民族、任何一个公司或任何一个组织，只要没有新陈代谢，生命就会停止。只要是有生命的活动就一定会有矛盾，一定会有斗争，也就一定会有痛苦。如果说我们顾全每位功臣的历史，那么我们就会葬送我们公司的前途。如果我们公司要有前途，那么我们每个人就必须能够舍弃小我。

——任正非

新陈代谢是人体中的一个最基本的现象和规律，也是社会发展的必然，新的东西总是会慢慢取代旧的东西，尊重并把握好这个发展规律有助于更好地顺应发展潮流，把握发展的方向。尤其对于企业家来说，一定要有这种历史唯物主义的发展意识，要具备时代发展的战略眼光，做好人才更替、制度更新等措施。

在很多时候，企业家喜欢搞“分封领地”和“世袭爵位”的老方法，尽可能满足功臣们的需求，但企业始终是发展的，始终需要注入新的力量，一味地养肥老功臣，就可能会忽略新人的培养。

事实上，任正非是一个非常重情重义的人，那些和他一起创业，一起走过最艰难岁月的员工，在后来都获得了足够多的公司股份，而且无论是薪资和职位都要比其他人更高一些，可以说这一阶段的管理实际上多少带有一些笼络人心和感恩的性质。但是这同时也成了公司内部矛盾的爆发点，因为随着公司的发展，很多老员工已经跟不上时代发展的脚步了，他们的贡献率已经与薪资、职位不相符了。

很多老干部管理水平低下的特点逐渐暴露出来，他们常常倚老卖老，阻碍新政策的实施，甚至干涉新人的工作。在专业技能上他们也无法跟上新的技术潮流与形势，逐渐与一些新员工拉开差距。但这些老员工早进入公司几年，股权收益很大，工资和奖金也有很大的保障，处于少干活多拿钱的工作状态，而物质的满足又进一步消磨了他们的进取心，工作也没有了以往的“狼性”。

这些都让新人觉得很不公平，并公开质疑公司的一些选拔制度和奖励制度，毕竟有些老员工能力较差，却成了管理者，而很多新人默默奋斗多年，结果一直没有被提拔上来。有些干部贡献不大，却分到了更多的股权，而新人做了很大的贡献，却一直没得到太多的报酬。这些质疑很快引起了任正非的关注，他很快意识到了内部的危机，并锐意进行改革。

1995年12月26日，任正非先发表了名为《目前形势与我们的任务》的文章，在文章中他直截了当地提出了集体辞职的想法，并率先给所有人打了预防针：“为了明天，我们必须修正今天。你们的集体辞职，表现了大无畏的、毫无自私自利之心的精神，你们将光照华为的历史！”

1996年1月，华为公司市场部内部正式实施“先辞职，再重新竞业”的计划。当时，从以华为副总裁孙亚芳为首的华为市场部中高层干部，到各个区域办事处主任以上的干部都主动提出了辞职。大家都向公司提交了两份报告，一份是述职报告，一份是辞职报告。公司以工作业绩和述职报告中拟定的工作计划为准，对其进行认真考核，并做出客观的评价与合理的安排，决定该批准辞职报告还是批准述职报告。

如果公司批准的是辞职报告，那么员工就要离开原有岗位，甚至会被降职处理。而正是由于这个原因，有很多员工直接选择离开了公司。而公司如果批准的是述职报告，就证明了员工的能力得到了公司的认可和欣赏，他们可以在原岗位重新上岗，而一些考核成绩大大超过标准的员工，将会得到提拔和重用。经过考核的员工会重新与公司签订劳动合同，公司还废除工号制度，所有华为人不论资排辈，重新上岗。

这种类似“大清洗”的举措，某种程度上来说，显得有些不近人情，如果了解华为发展历史或者任正非创业史的人就会明白，当初那些忠心耿耿跟着任正非艰苦创业的功臣，在华为的创立过程中毕竟起了较大的作用。不过华为始终需要向前发展，而这样就必须淘汰那些无法适应时代发展的人，必须注入新力量来维持企业的生命力与竞争力，而且优胜劣汰、新老更替原本就是一种最大的公平。

而这种新老更替的模式，实际上体现出的就是华为管理的一种理性变革，在华为公司发展的最初阶段，企业首先以业务发展为第一目标，因此生产和研发工作是当时所有内部工作的重点，这就导致了管理上相对的失衡。毕竟为了激励员工更好地投入到工作当中，华为多数时候都是依靠“人治”，也就是说，华为的制度很多时候都是建立在人与人之间的关系的基础上的。这种管理模式的特点就是人与人之间的情感维系比较强，可是缺乏理性，也缺乏足够的制度约束力，属于粗放型的管理。

这种管理对华为的起步和生存起过非常重要的作用，它几乎在短时间内刺激了企业内部的发展动力，将员工的工作积极性提到了一个很高的水平上，而这几乎是所有企业的共性。可是随着华为的发展壮大，随着内部组织机构和人员的增加，整个企业的运作系统变得更加复杂，这时候，单纯的小作坊式的管理模式不再适合企业，反而会阻碍企业的发展和进步，因此华为需要更加精细化、更加现代化的管理体系，需要运用新的思维、新的制度来取代过去那种粗放型的管理模式。

事实上，企业发展往往有规律可循，任何一个企业在发展过程中，必定都会经历这种更替，并在更替中无限循环下去。企业需要一个好的制度、一些优秀的人来维持发展，等到发展进入一定水平后，这些制度和人会慢慢从推动力变为阻力，因此企业需要引入新的人才和制度来替代，而再经过一段时间，又会有更新更好的东西来取代。这种周期性的循环体现了企业发展的规律，也在一点点考验企业家们的管理水平和方法。

因此任正非一直要求所有的华为人保持与时俱进的态度，保持超前的战略性的眼光，并且在内部打造了一系列有助于顺利实现权力交接、人才更替、发展循环的制度，以此来确保华为的发展始终保持在一个正确的、前进的方向上。

2. 清晰的方向是从灰色中脱颖而出的

> 我们纵观中国历史上的变法，虽然对中国社会进步产生了不灭的影响，但大多没有达到变革者的理想。我认为，面对他们所处的时代环境，他们的变革太激进、太僵化，冲破阻力的方法太苛刻。如果他们用较长时间来实践，而不是太急迫、太全面，收效也许会好一些。其实就是缺少灰度。方向是坚定不移的，但并不是一条直线，也许是不断左右浮动的曲线，在某些时段，还会画一个圈，但是我们离得远一些或粗略来看，它的方向仍是紧紧地指着前方。
>
> ——任正非

任正非说："一个领导人重要的素质是方向、节奏。他的水平就是合适的灰度。坚定不移的正确方向来自灰度、妥协与宽容。清晰的方向是在混沌中产生的，是从灰色中脱颖而出，方向是随时间与空间而变的，它常常又会变得不清晰。并不是非白即黑、非此即彼。"

事实上，灰度管理体现了任正非对于领导力的一种界定，换言之，对领导力的界定，就是"如何寻找到合适的灰度"。毕竟领导力最核心的一个含义就是：领导者如何去影响他人来追随、通过激发追随者的行为来达到想要实现的组织目标。从另一方面来说，所谓的灰度就是一个尺度问题，任正非希望通过适当地掌握这个尺度，将各种影响组织发展的要素结合起来，并形成一个相对和谐、稳定的状态，所以任正非一直都在强调："这种和谐的过程叫妥协，这种和谐的结果叫灰度。"

灰度管理的提出包含了三层意思，首先是为了解决组织间的矛盾冲突；其次，在处理这种冲突性关系当中，管理者要有一个明确的目标、原则与底线，灰度管理的最终目标是围绕着共赢、共识这样的原则来实现的；第三，领导者需要有相当高明的管理技巧来把握好处理的策略、手段、尺度。

而灰度管理也为任正非管理华为提供了一种更为稳妥、更具效率的方法，为解决内部矛盾冲突提供了新的思路。

在华为内部，灰度哲学首先体现在战略上。华为早期崇尚狼道，一味强调进攻性，可是随着内外环境的变化，任正非开始倡导对内对外的妥协精神，打造了"合作—竞争"的战略，这样就确保华为与竞争对手基本达成了动态的战略平衡，建立起了一种隐喻的不稳定的共识——"共同瓜分世界"。

不仅如此，1997年开始，华为也转变了过去一直以经营扩张为主的战略执行，着力打造与全球化企业接轨的管理体系，最终在扩张和精细化管理之间形成战略平衡。

其次，在人员管理上采取灰度管理的方法。用两分法对待每一个人，用全面和发展的眼光去看待每一个人的工作，从而激发员工的信任感，并有效释放出对方的潜能。一方面华为一直都在"求同"，即基于核心价值观的认同和统一，比如说以奋斗者为本的理念就是一种统一的文化符号。另一方面，华为积极“存异”，注重人的个性化。

而在员工激励方面，华为始终坚持“利益共享”，践行“工者有其股”的股权分配制度。同时又坚持“以奋斗者为本”的原则，只要不能为公司创造价值，那么就应该放弃手中的股权，甚至离开公司。

在管理者的职责要求方面，华为倡导的是“高层要有使命感，中层要有危机感，基层要有饥饿感”，这样就让干部的管理工作变得更加灵活。

第三，运用灰度理论打造一个混沌的、多元的、灰色的企业文化。任正非曾认为资源是会枯竭的，唯有文化才能生生不息，不过在很久之前，华为的文化有很多不同的版本，大家一直争论不休，任正非为了消除分歧，兼顾各方的想法，以理想主义为旗帜，以实用主义为纲领，以拿来主义为原则，将古今中外的文化进行兼容并蓄，从而打造出一个广谱型的企业文化。

不仅如此，2010年12月，任正非曾给欧洲某大客户的高管们演讲，确立了“以客户为中心，以奋斗者为本，长期坚持艰苦奋斗”的核心理念，并认为这是华为超越竞争对手的全部秘密，也是华为走向成功的三个根本保障。这三个理念恰好体现了任正非的辩证思维，三个理念有着非常紧密的内在联系，而且相互支撑，形成一种拉力（以客户为中心）、推力（长期坚持艰苦奋斗）与动力（以奋斗者为本）有机结合的动态均衡。

第四，在领导力的界定上，在组织结构的设定上，华为通过适当分权来打造具有灰色特性的领导力素质模型。通过轮值主席制度，防止出现“左”倾或者“右”倾的错误，有效避免了独裁管理和片面的决策。

事实上，作为一个不断更新和完善的企业，华为的每一次改革、每一次调整、每一次新老更替，都会引起相关利益团体的冲突。面对这些问题时，策略就是保持中庸，用灰度理论来协调好各方的利益，避免直接偏向任何一方。在很多时候，任正非都坚持适度摇摆的策略，寻求最稳定的模式和方法，来确保内部形成一种均势，并且依靠这种均势来获得持续性的发展。

如果从外部大的商业情境中来说，企业不可能是一个孤立存在的组织，它同样需要依靠与外界组织进行互动来维持自身的运营和发展，因此灰度管理实际上也包含了华为公司与外界其他公司之间的妥协和协调。也就是说，华为公司除了要把握各种复杂要素之间的关系，同时也需要根据情境、时间、条件等各种各样的情境因素，来选择最合适的策略与手段，以便实现理想的战略目标。

这些年，无论是内部的经营管理，还是外部的合作与竞争，华为公司都把握了一个非常精准的尺度。这些管理模式、管理方法的改良，实际上也为其他企业提供了一种思路：在解决矛盾冲突的时候，不能过度保持理性，不能以是非黑白来衡量对错，任何事物都有不同的面，只有将不同的面组合起来，模糊原有的界限，保持一个相对安全的灰色地带，这样才能够安全有效地解决问题。

3. 经常想一想该如何活下去

华为走到今天，在很多人眼里看来已经很大了、成功了。有人认为创业时期形成的“垫子文化”、奋斗文化已经不合适了，可以放松一些，可以按部就班，这是危险的。繁荣的背后，都充满危机，这个危机不是繁荣本身必然的特性，而是处在繁荣包围中的人的意识。艰苦奋斗必然带来繁荣，繁荣后不再艰苦奋斗，必然丢失繁荣。“千古兴亡多少事，不尽长江滚滚来”，历史是一面镜子，它给了我们许多深刻的启示。我们还必须长期坚持艰苦奋斗，否则就会走向消亡。当然，奋斗更重要的是思想上的艰苦奋斗，时刻保持危机感，面对成绩保持清醒头脑，不骄不躁。

——任正非

在任正非所有的管理哲学和理念中，日本企业是一个绕不开的重点，如果说欧美企业给了任正非很多管理上的新思路，给了他很多精神上的向往，那么日本企业则是实实在在地让他感受到了企业生存的一些基本准则，至少在一些细节发展方面，日本企业给了任正非更多真正意义上的生存哲学大思考。

因为在中国，企业想要长久存活下去往往很难。任正非曾经做过一项调查，结果摆在他眼前的是一组冰冷的数据，简直叫人害怕：中国中小企业的平均寿命仅有2.5年，中国集团企业的平均寿命也不过7~8年，而欧美企业的平均寿命为40年、日本企业的平均寿命更是达到了58年。

还有一组数据同样叫人心寒，在2015年年底东京商工研究机构大调查的结果中，日本竟然有21666家企业超过150年的历史，而在2016年又有4850家将满150岁，到了2019年，更是有7568家满150岁。那么中国的情况是怎样的呢？很不幸的是，中国超过150年历史的老字号企业，只有六必居、张小泉、陈李济、同仁堂、王老吉这5家。

华为会不会有幸达到日本企业平均寿命的水准呢？或者说是否可以成就150年的老品牌呢？而日本企业又是如何保持基业长青的呢？这里有一个非常重要的因素，那就是危机感。任正非曾经专门去日本考察，发现日本人的危机意识非常强烈，这或许与他们的生活环境息息相关，日本毕竟是一个被隔离在大海上的国家，国土面积不大，资源不多，竞争异常激烈，这就迫使他们每一个人都要保持绝对的专注度，想方设法生存下去。

而对于中国的多数企业来说则不是这样，它们基本上都在谈理想，都在谈发展，却忽略了一个最根本也是最严重的问题：自己是否能够活下去？它们没有想过这个问题，至少没有认真去想过这个问题，因此它们大都在发展中被淘汰出局。

或许是因为这些原因，任正非提出了“一个企业最重要的战略就是存活下去”这样的观点，目的就是要让所有的华为人时刻保持危机意识，时刻提醒自己要不断进步，要保持竞争的压力。2001年4月24日，任正非发表了《北国之春》一文，在文中他说："什么叫成功？是像日本那些企业那样，历经九死一生还能好好地活着，这才是真正的成功。华为没有成功，只是在成长。"

在这里，任正非非常明确地提出了要向日本学习成功之道，而这个成功并不是看企业发展的规模，不是看企业的盈利，也不是看企业是否排名全球前几位，而是要看它是否能够在危机中活下去，是否有足够的抵抗挫折和危机的能力。按照任正非的说法，华为的成功并不是成为跨国公司，而是要经历各种挑战和危机，并在危机中存活下去。

这种提法体现了任正非的大局意识和对自我认知的准确把握，很多人将华为当成一个非常强大的企业，可是任正非却知道华为的发展有乘东风的嫌疑。如果从全球背景来考虑，就会发现华为实际上成长在全球信息产业发展最快的一个时期，它拥有一个无与伦比的发展背景，那就是"中国从一个落后网改造成为世界级先进网"，这样的时代背景实际上为华为的发展提供了很大的便利，比如国家为华为的发展提供了市场以及必要的政策支持。

从某种意义上来说，是时代潮流推动了华为的发展，华为依靠着对机遇的把握才走到了时代的前列，而不是纯粹地依靠自身的素质和实力。另外，华为还没有真正遇到太多的困难，没有经历过坎坷，也没有经历过大的危机，这样一个缺乏考验的企业是绝对称不上成功的。

任正非将华为认真做过时间段的分析，从20世纪90年代开始，华为处于低水平的发展阶段，它正式开始进入快速发展的通道，应该是2000年以后，因为这一时期的华为无论是规模还是盈利都有了突破，而且还从国内市场走向了国际市场。2006年，华为公司在国际市场上的销售额占到了总销售额的65%，这是一个非常了不起的成就，意味着华为竞争力的提升。

那么华为是不是就是媒体口中所宣称的那个“已经是国内首屈一指的通信设备供应商”了？至少任正非没有被各种赞美所迷惑。经过分析，他发现在2000年以后的很长一段时间内，华为都没有遭遇过什么太大的危机，或者说没有经历过像日本企业那样九死一生的严酷考验。这是一种幸运，但也是一种不幸，任正非知道华为的寒冬始终都会到来，总有一天企业会遭遇前所未见的巨大危机，而到时候企业是否做好了准备来迎接这个危机，又是否有能力度过这个危机，这是一个未知数。

头脑清醒的任正非只能大声疾呼：“华为的危机以及萎缩、破产是一定会到来的。现在是春天，但冬天已经不远了，我们在春天与夏天要念着冬天的问题。我们可否抽一些时间，研讨一下如何迎接危机。IT业的冬天对别的公司来说不一定是冬天，而对华为可能是冬天。华为的冬天可能来得更冷一些。（因为）我们还太嫩，我们公司经过10年的顺利发展没有经历过挫折，不经过挫折，就不知道如何走向正确道路。磨难是一笔财富，而我们没有经过磨难，这是我们最大的弱点。我们完全没有适应不发展的心理准备与技能准备。”

这样的口号，让很多华为人觉得很不适应，有些人觉得任正非有些杞人忧天，毕竟没有人会在一片良好的发展势头面前唱衰企业的发展。但任正非觉得有危机意识是必要的，因为无论是多么伟大的公司，总有一天会走向灭亡，当年那个在全球市场呼风唤雨的手机巨头诺基亚也是在短时间内走向灭亡的，任正非觉得任何一个华为人都应该以史为鉴，要懂得培养危机意识，要想办法去应对各种潜在的危机。

如果有一天，公司销售额减少、利润下滑甚至破产，企业该怎么办？所有的员工又该怎么办？任正非觉得提前做好预防，对于企业长远的发展有益无害。而且无论哪一家大公司，必定都经过冰与火的淬炼，都经过各种危机和坎坷，只有顺利度过危机，经受考验，才能真正称得上伟大。而华为的发展始终都太顺利了，这样平和的环境会消磨人的意志，降低华为人的危机感。而当一个人、一个企业在太平盛世里待得太久，就会成为一个巨大的灾难。

所以任正非甘愿带头保持警惕，并且一再强调："10年来，我天天思考的都是失败，对成功视而不见，也没有什么荣誉感、自豪感，而是危机感。也许是这样才存活了10年。我们大家要一起来想，怎样才能活下去，也许才能存活得久一些。"

这种危机，主要来自于外界的竞争，但是如何确保竞争力实际上也源于内部的改革，任正非虽然也知道公司一直在快速发展，但他还是发现了快速发展背后的一些问题，而最大的问题就是管理滞后，这就是造成危机的一个不稳定因素，企业能否在竞争中存活，能否安然度过危机，可能并不在于企业的技术和资金，而在于管理体系的落后。

当时他发出了一个强烈的信号："我们是否正确认识了公司的生死存亡必须来自管理体系的进步？这种进步就是快速、正确，端对端，点对点，去除了许多中间环节。面临大批的高中级干部随IT（管理）的推行而下岗，我们是否做好了准备。为了保住帽子与权杖，是否可以不推行电子商务？这关键是，我们得说服我们的竞争对手也不要上，大家都手工劳动？我看是做不到的。沉舟侧畔千帆过，我们不前进必定死路一条。华为存在的问题不知要多少日日夜夜才数得清楚。”

正是由于意识到了危机的存在，并努力预防，华为开始注重科学管理体系的打造，并花费数年时间引入了先进的管理制度，改良了管理的方法，从而确保华为能够以最好的姿态进入即将来临的“冬天”。

4. 均衡是生产力最有效的形态

华为组织结构的不均衡，是低效率的运作结构。就像一个桶装水多少取决于短的一块木板一样，不均衡的地方就是流程的瓶颈。

——任正非

一个健康的企业，一个具有潜力的企业，应该具备什么特质，或者说应该以何种姿态呈现出来，这一点不同的人拥有不同的观点和看法，而且企业的发展原本就没有一个固定的套路。不过对任正非来说，好的企业不一定要有大的规模，要有最先进的技术，要有最雄厚的资金和最多的人才储备，好的企业应该是健康的，而这种健康首先要体现在均衡的特性上，也就是说，好的企业处于一种平衡状态。

正因为如此，“均衡发展”成了华为发展的一个基本口号和目标。如果对此进行深入分析，就会发现均衡发展的提出和企业的高速发展密不可分。在20世纪90年代后期和进入2000年后一段时间内，华为的发展速度始终处于一个较快的水平。不过快速发展也凸显出了管理上的一些问题，因此任正非开始重视管理水平的提升。

2001年，任正非首次提出了“均衡发展”的概念，并明确了华为要保持均衡发展的经营理念。实际上，从2001年起，任正非几乎每年都要制定出“10大管理要点”，这些管理要点在每一年几乎都会出现变动，可是不管内外部环境发生了何种的变化，“坚持均衡发展”多年来始终被放在第一条。

为了完善自己的理念，任正非在之后对其进行了补充，提出了“均衡是生产力最有效的形态”的理论：“继续坚持均衡的发展思想，推进各项工作的改革和改良。均衡就是生产力的最有效形态。通过持之以恒的改进，不断地增强组织活力，提高企业的整体竞争力以及不断地提高人均效率。”这个时候，任正非已经将生产与管理，有机结合为一种更加统一的整体，将均衡摆放在一个更加重要的位置上。均衡已经成了一种生产力，成了一个助推企业发展的良性模式。

无论如何，均衡理论的提出与推行，对华为而言具有开创性意义，而企业的内部安排、运作和发展也开始围绕这个理念来展开。比如2005年，任正非有效梳理了华为的发展战略，并提出了四个重要的发展理念，而这些理念的核心其实就是均衡，就是建立在均衡发展基础上的理论指导。

首先，任正非提出了“为客户服务是华为存在的唯一理由，客户需求是华为发展的原动力”的说法，也就是说，在市场经营和管理方面，华为开始着手打造客户化导向的宏观运作模式，坚持以客户需求导向作为产品的发展路标，全心全意为客户提供完善和及时的服务，并将此作为公司存在和发展的唯一价值。只要客户有需求，公司就会全力以赴地为他们提供任何力所能及的帮助，无论是提供网络设备、探索新技术、开发新产品，还是与客户进行沟通，华为都始终以服务者的姿态来面对这一切。“以客户为中心”的理念，实际上不仅平衡了华为与客户的关系，也平衡了内部技术研发和市场销售的关系，使得企业的研发和销售真正建立起紧密的联系。

其次，任正非提出了“质量好、服务好、运作成本低，优先满足客户需求，提升客户竞争力和赢利能力”的发展理念，这个理念和第一个理念从本质上是一样的，都是为了保持华为与客户之间能够建立更加亲密的信任的合作关系，从而实现双方的共赢。

第三，是“持续管理变革，实现高效的流程化运作，确保端到端的优质交付”。这个理念重点提到了流程化的管理，目的是确保组织内部的所有机构可以保持协调统一的步调，可以保持在一个平衡、和谐的互动状态。

第四，是“与友商共同发展，既是竞争对手，也是合作伙伴，共同创造良好的生存空间，共享价值链的利益”。这个理念重点表明了华为在竞争与合作上的开放性态度与发展性的观点，华为并没有也不应该将合作对象、竞争对手孤立起来对待，而应该用发展的、变化的眼光来看待对手，在竞争对手与合作伙伴之间寻找更多的共性，建立起一种长久的稳定的互动关系。

这四个理念显示出了任正非已经形成了一个较为成熟完善的均衡理论与策略，华为也已经将实现客户价值、管理效率、企业效益、工作效率的有机结合当成工作的核心，并有助于形成一种有效的和谐，一种动态的均衡。如果进行具体的分析和解读，就会发现，它在个体层面、组织层面、公司层面都会形成一种均衡。

比如2004年，美国一家顾问公司帮助华为设计公司组织结构，并建议华为最好建立起EMT（执行管理团队），这样可以更好地发挥出高层的实际功效。很显然，任正非成为当时最佳的EMT主席人选，不过追求权力均衡的任正非担心此举会引起个人过度集权。

正因如此，华为后来实行轮值主席制度，让八位高层领导轮流执政，每人轮值半年。这样的模式可以让每一个高层人员都参与到管理中来，而且能够最大限度地形成一种权力的均衡，防止出现一家独大的不利局面。见到这个制度非常实用，任正非干脆进行进一步的发挥，在内部推行轮值CEO制度。轮值CEO制度的推行更好地缓解了内部矛盾，也让高层管理者提升了自身的能力，确保了决策的公正性和科学性。

不仅如此，华为还打造了生态圈内的均衡，确保自己和其他竞争合作伙伴之间的关系更加和谐融洽，而这同样符合华为发展战略。就在思科起诉华为案结束的第二年，美国微软公司总裁鲍尔默亲自到深圳华为总部拜访任正非，并且开门见山地提议华为不要参与到针对微软的反垄断阵营中。任正非非常巧妙地做了回答，他觉得反垄断是政府的工作，这种行为有利于创新，也有利于社会进步和消费者，但是反垄断并不是华为的职责，（尽管华为依靠反垄断击退思科的诉讼，可事关生死存亡）华为没有必要也没有这个实力去反垄断。

按照任正非的说法：“我们为什么不能同时在两把伞下待着呢，左手举着微软的伞，右手举着思科的伞，你卖高价，我低一点，也赚了大钱。我打倒了你，太阳晒得我满身大汗，汗水又浇肥了我脚下的小草，小草以低价侵占我的地盘……我才不吃力不讨好呢！”这是任正非维持外部均衡的一个重要体现。

均衡理论的推行，使得华为的发展更加健康高效，也让华为的竞争力越来越强，这些年来，华为不仅从国内市场走向国外市场，并且一跃成为世界最大的通信设备制造商，依靠的就是发展中的平衡，就是依靠全方位的进步和提升。很多竞争对手都直言华为身上并没有太过明显的弱点，称得上是一个非常难缠的对手，而这恰恰是任正非一直都在重点打造的工程之一。

5. 静水潜流是发展的最佳模式

> 对待媒体的态度，希望全体员工都要低调，因为我们不是上市公司，所以我们不需要公示社会。我们主要是对政府负责任，对企业的有效运行负责任。对政府的责任就是遵纪守法，我们去年交给国家的增值税、所得税是18个亿，关税是9个亿，加起来一共是27个亿。估计我们今年在税收方面可能再增加百分之七八十，可能要给国家交到40多个亿。我们已经对社会负责了。媒体有他们自己的运作规律，我们不要去参与，我们有的员工到网上的辩论，是帮公司的倒忙。
>
> ——任正非

华为公司准备进入美国市场之后，引起了美国政府和美国企业的恐慌，美国政府甚至以企业透明度不够为由拒绝让华为进入，这种理由的确有些牵强，不过也恰恰反映出华为身上的那些神秘特质。至少相比很多国内的跨国企业来说，华为在绝大多数时间内都保持非常低调的发展态势，有些竞争对手更是直言：“华为几乎是在所有人都没有关注的情况下，一眨眼就跑到了我们的面前。”

事实上，华为一直以来都是一个非常低调的企业，很多时候，都不会出现在媒体上。如果说华为在最近几年显得比较活跃，是因为信息时代的信息高速流通以及华为的国际地位逐步提高，那么在此之前很长一段时间内，华为都属于闷不吭声的企业。而这一切都和任正非本人的要求息息相关，与其他企业家迫不及待地要求增加企业的曝光度、增加品牌的宣传力度相比，任正非更加看重实际的发展。为了让员工能够安心投入到生产研发当中，为了让企业尽量不受到外来因素的干扰，他过去一直都在要求企业远离媒体的聚光灯，要求所有人都保持低调的个性。

任正非曾经说过："我们要的是成功，不是口号。有人说华为公司运行得平平静静，没什么新闻，是不是没戏了。我们说这叫'静水潜流'。表面很平静的水流，下面的水可能很深很急。倒是那些很浅的水在石头上流过去的时候才会泛起浪花。"在他看来，保持静水潜流的好处非常明显，那就是能够更加专注于自己的目标，能够更好地躲避外在的风险。

他曾经对员工提出了这样的要求："当社会上根本认不出你是华为人的时候，你就是华为人；当这个社会认出你是华为人的时候，你就不是华为人，因为你的修炼还不到家。"之所以会有这样的要求，其实和任正非本人的性格有关。《福布斯》杂志曾这样评价他："任正非是一个很少出现在公众视野中的人物，却是国际上最受人尊敬的中国企业家。"这句话非常中肯地描述了任正非的为人，在生活和工作中，任正非都是一个异常低调的人，外界几乎很难采访到他，不仅如此，就连一些和华为品牌宣传有关的商业活动、社会活动，他也很少出席。

对此，他曾经做出这样的解释："我为什么不见媒体，因为我有自知之明。见媒体说什么？说好恐怕言过其实；说不好别人又不相信，甚至还认为虚伪，只好不见为好。因此，我才耐得住寂寞，甘于平淡。我知道自己的缺点并不比优点少，并不是所谓的刻意低调。”但是他又强调“除非重要客户或者合作伙伴，其他活动一律免谈，谁来游说，我就撤谁的职”。这句话实际上表明了他始终以企业发展为要务，而并不关心一些外在的高调宣传。

这种低调也影响了华为人的行为，他们几乎成了一头扎进工作堆里的工作狂，而很少在公众面前露面。这也造就了华为独一无二的企业品性，让它成了企业中的一个异类。1996年时，中关村四通公司的副总裁李玉琢打算跳槽，当时四通公司的总裁非常希望他能够留下来，于是就问他，“你准备到哪里去呢？”李玉琢非常坚定地说，“去华为。”那个总裁的表情非常惊讶：“华为？没听说过，没什么名气吧？”

“没什么名气”这几乎是当时国内企业对华为普遍性的认识，毕竟那个时候的华为还处于发展的初期，并没有在国际市场上大展拳脚，但是在国内市场，它还是占据了很大的市场份额。不过由于保持低调，很多人都不知道有华为这样的公司。而在进入国际市场之后，很多国际巨头一开始根本没把华为放在眼里，也不知道它的实力。任正非将华为人形容成为一个“从青纱帐里走出来的土八路”，而他也要求华为人表现出“土八路”低调踏实的个性。结果在短短的几年时间内，华为开始势如破竹地在全球各地抢占市场，很多外国企业开始惊呼“狼来了”。

在这些企业中，思科作为直接的竞争对手，是较早发现华为的可怕之处的。2003年，华为已经在国际市场崭露头角，当时有人问世界通信巨头思科的总裁钱伯斯对华为有什么看法时，这位历经风雨的通信大佬表情非常严肃：“在今后几年里，思科将只有一个竞争对手，它就是华为。”要知道，当时的思科正好被《财富》杂志选为2002年度最佳公司第一名。

这也许是西方世界顶级企业第一次对华为的重视和认可，当然这样的重视来得有些晚了，依靠着多年隐蔽性的发展与扩张，华为已经对行业内所有的国际巨头都形成了最直接的威胁。

如果说这是一种发展的策略，那么不得不说任正非是一个非常出色的战术大师，华为是一个非常出色的战术执行团队。当华为第一次入选世界500强时，公司内部的一位高管走进会议室，然后非常平静地说：“告诉大家一个坏消息，公司进入世界500强了。”如果换成是其他的公司，也许应该会买几瓶香槟或者准备一次晚会来庆祝一下，可是在华为整个办公室里，一切都显得很沉闷，没有人为之欢呼，没有人因此停下手头的工作，也没有人就这个话题继续讨论下去，所有的人听完消息后，都像没事一样各归其位，然后和平时一样度过平淡的一整天。这种冷静是极度可怕的，也显示出了一个企业应有的定力和觉悟。

能够有机会宣传自己、炫耀自己的战绩，这是现代企业宣传的一个惯用招数，而且很多公司在尚未取得成绩之前，就已经迫不及待地要展示自己全部的实力了。不过任正非却认为一个企业最佳的发展环境应该是在悄无声息的潜流之中，“只有安静的水流，才能在不经意间走得更远”，只有在不为人关注的情况下，华为才能争取到最多的发展时间以及最好的发展空间。

直到现在，华为依然表现出了和自身实力、地位不相称的社会曝光率，在和其他很多国内外的企业相比，任正非依然习惯于用低调的姿态来做掩护，依然渴望安安静静地发展，默默地走上最高的舞台。

6. 企业需要保持开放和分享的姿态

我们要建立一种规则，这种规则是有利于所有人发展的，而不是利己的。如果我们建立狭隘的利己规则，迟早要灭亡。你看，成吉思汗垮了，他建立了一个利己的规则，走到哪儿就把那里烧杀一空，最后自己也完了。我们要建立一个规则，这个规则让大家共赢发展。

——任正非

任正非说："公司长远坚持开放的政策，是从来不会动摇的，不管任何情况下，都要坚持开放不动摇。不开放就不能吸收外界的能量，不能使自己壮大。"所以他给公司定下的一个基本要求就是保持开放的姿态、分享的姿态。

这种开放和分享首要的是内部的开放，比如在华为公司内部，所有组织机构都不是孤立的闭合的，而是彼此开放、彼此联系，时刻处于信息共享和资源共享的状态。虽然不同部门、不同人员之间的职责各不相同，但是目标往往是统一的，彼此之间始终会保持团结协作，只要其中一个部门有什么样的需求，那么其他部门一定会在第一时间给予必要的帮助。

任正非一直非常反感内部出现小利益团体、出现各自领域的山大王，内部可以有竞争，但绝对不是内耗，因此他一直要求所有的部门保持步调的协调，要将竞争建立在合作的基础上。正因为如此，在他的推动下，华为公司建立起非常完善的内部合作机制和共享机制，比如华为推行流程管理，流程中的每一个职能部门都要对自己的工作负责，同时了解其他流程机构和部门的工作范围，然后将所有的部门协调统一起来，而每一个职能部门都可以和其他部门进行信息共享。

在华为公司内部，除了一些核心机密之外，很多信息通道都是畅通无阻的，任何部门都可以利用这些通道获得自己想要了解的信息，也同样可以将自己所知道的信息及时传播给其他部门或个人。事实上，当一个华为员工准备接待客户的时候，首先会通过电子流来提出相关的接待申请，等到系统给予肯定的回复后，不用该员工提出帮忙，其他部门会主动在第一时间内自觉地为他提供各种必要的帮助，包括一些基本的建议，介绍一些必要的接待工作流程，并提供很多其他相关的帮助，尽量配合这个员工处理好客户的接待工作。比如当这个客户想要参观华为的研发部，那么当员工发出申请后，研发部的相关人员会安排时间和地点，并协助员工努力让客户感到满意。

对于华为公司而言，每一个部门、每一个人都有独立的使命和职责，但它们同时也是一体的，所有的部门和工作人员都不会搞内部分裂、封闭和独立。只要有一个员工、一个部门知悉了某个重要的信息，或者说掌握了某个信息的关键点，就会在第一时间内将这些重要信息传播出去，让所有的部门和工作人员都能够了解情况。

任正非曾经说过，如果市场部不能及时反映出市场上的需求和变动，或者说不能如实地将市场上的相关情况反映给生产研发部门，那么研发出来的产品必定会和市场脱节。有个华为员工也曾对部门之间的关系做过这样一番描述："当市场部将有关市场和客户的需求反馈回去，那么生产和研发部门就能够对症下药，生产出更适合的产品。而只有生产出适合市场需求的产品，市场部才能够提升自己的业绩和效益。而市场部提升效益之后，财务部门才会有更多的资金可以分配，而各个部门同样会成为最终的受益者。"

在华为公司，最好的工作模式就是团队合作，这种合作不能局限于某一个部门或者小利益团体之间，而应该是整个公司的团结合作，是部门与部门之间的互动。只有让所有的部门都保持开放的姿态，才能够确保所有的行动保持同一目标，也才能够真正形成合力并提高工作效率。

除了内部的开放和分享之外，从外部生存环境来说，企业同样需要这样去做。因为就整体的市场环境而言，任何一个企业都不可能是孤立存在的，任何一个企业也不可能仅仅依靠自身的力量就可以生存下去，在全球化日益推进的今天，任何一个大公司想要更好地发展下去，必定要借助他人的力量。就像波音飞机一样，虽然打着美国的商标，虽然核心技术在美国，但实际上波音飞机的绝大部分工作都不是波音公司干的，构成波音飞机的大部分材料都由外国企业来提供。

任正非也明白这样的道理，如果华为想要走出国门，想要在国际上大展拳脚，那么就不能将所有的人都当成对手，更不能用完全敌对的姿态去面对其他的对手。华为的发展既要依靠自身的实力，也同样离不开其他公司的帮忙，而这种团结和依靠，就要求它必须先放下自己的防备姿态和孤立意识，绝对不能把自己当成一个孤立的隔绝的市场个体来对待。

实际上，在2015年，当时华为运营商BG、企业BG、消费者BG三大业务均实现高速增长，同时开设了无线、固网、存储、服务器、交换机、路由器、云计算、手机等产品线。很多竞争者开始担心华为会成为吃独食的市场垄断者，但多年来，华为一直都不是一个产业的吃独食者，而是与合作伙伴共同构建开放、合作、共赢的产业生态。

作为相关产业的领导者，华为公司一直保持低调务实的态度。在华为看来，所谓的领导者并不是独享利益，并不是成立一个垄断的封闭式的个人市场，而是引导其他竞争者与合作伙伴一起共享市场这块大蛋糕。如今生态竞合已经成为产业发展大趋势，任正非和其他华为人都已经意识到，只有在市场上敞开自己、开放合作，才能开拓产业新格局。华为内部的一位高层人员曾经做了这样的表态："从以前的追随者，走向现在行业比较领先的状态，对华为而言最重要的事情就是要学会如何开放。"

比如截至2016年，华为已经在中国和欧洲等地构建了10多个Open Lab互动环境，以便支撑联合创新，实现业务快速商用，同时还借此聚合了600多家合作伙伴。它还打造了eSDK开放平台，为开发者提供灵活易用的开发工具和便捷的开发支持服务，并花费10亿美金实施沃土开发者使能计划。在其他领域，华为也和合作伙伴共同构建了产业生态链，并在一些领域与上下游伙伴开展联合创新。

而在西班牙巴塞罗那举行的2016年世界移动大会（MWC2016）上，华为打造了一个在2015年3800平方米的基础上再增加近2000平方米的超大展位，最重要的原因就是为90多家合作伙伴展示业务留出空间，这完全体现出了华为公司开放与分享的商业本质。

不过，很多竞争对手未必这么去想，比如美国政府多年来一直对华为保持警惕，并且想方设法设置贸易壁垒，阻止华为进入美国本土市场，当然他们对国外的其他公司也同样如此，但实际上这种阻挠严重违背了市场经济的合作精神，也限制了美国本地相关行业的发展和进步。就像思科一样，虽然它一度占据了世界电信制造商头把交椅的位置，可是在美国政府主导的封闭和自我保护的壁垒中，它恰恰错失了最大的发展机遇。

有一组数据非常耐人寻味：2013年时，华为营业收入达到395亿美元，超越爱立信的353亿美元，但是和思科仍然有几十亿美元的差距；到了2014年，华为的营业收入开始达到465亿美元，而这一年，思科的年营业收入为471亿美元；2015年的时候，华为的年营业收入达到了601亿美元，而思科仅仅只有492亿美元的营业收入。可见这些年来，思科仍旧在原地踏步，而华为虽然被美国屡屡拒之门外，可是却依靠更加开放的姿态，赢得了其他市场合作伙伴的欢迎，最终不断实现突破，并成为全球第一大通信设备制造商。

虽然并不能因此证明思科在封闭中已经渐渐落伍，但企业的开放和分享的确能够产生更为积极的影响，而实际上，华为在企业网市场的渠道发展速度一直都很快。2013年，华为的合作伙伴数量就已接近4000家，主要来自中国以及海外的32个国家，现在其合作伙伴的数量更是远远超过这个数字。如此多的合作伙伴和健康的合作模式，都为市场的开放和共享创造了更多的机会，也为合作企业的发展提供了巨大的推动力。正如任正非所说的那样："封闭系统必然要能量耗尽，要死亡的。"

到了今天，一个开放的、分享的合作机制，已经成为华为公司企业文化中的一部分，也成为企业发展战略的一个重要部分，并且内部和外部的开放、分享机制越来越成熟，源源不断地为华为的发展注入新的活力。

7. 好的企业首先是一个自由王国

华为要用5至10年时间将内部关系合理地理顺，使之充满了扩张的力量。不是制约与限制它的发展，也不是纵容它的扩张。而是管而不死，活而不乱，依规律行事。各级干部在做实的基础上，努力提高自己的素质，增强驾驭流程与组织的管理能力，并在实践中拥有不断优化自己、批判自己的能力。任何一个人在新事物面前都是无知的，要从必然王国走向自由王国，唯有学习，学习，再学习；实践，实践，再实践。

——任正非

在任正非的经营管理哲学中，有一个概念非常重要，那就是“自由王国”，他曾经专门写过一篇文章《要从必然王国，走向自由王国》，在文章中具体阐述了这两个概念。所谓“必然王国”，指的就是人们对大自然或者社会状态一种无能为力的状态，对社会规律的认识不够，导致了人们的思维和行为受到了社会力量的约束。

那么什么才是自由呢？任正非对此是这样描述的：“什么叫自由，火车从北京到广州沿着轨道走，而不翻车，这就是自由。自由是相对必然而言的。自由是对客观的认识。人为地制定一些规则，进行引导、制约，使之运行合理就是自由。孔子说他人生的最高境界是‘从心所欲而不逾矩’，这就是自由。必然是对客观规律还没有完全认识，还不能驾驭和控制这些规律，主观还受到客观的支配。例如：粮食现在还不能很大的丰产，水灾和地震还不断给人类造成危害，我们的交换机软件如何发展与稳定……”

很显然，在这里，任正非所说的“自由王国”，指的是人们能够支配自然界或者社会的一种状态。在自由王国中，人们摆脱了盲目必然性的奴役，开始成为自然界以及自己社会关系的主人。

这个概念，实际上是任正非在《华为基本法》制定时突然重点提出来的，所以后来谈到自己起草《华为基本法》的原因时，他特别强调了起草的目的：“我们要逐步摆脱对技术的依赖，对人才的依赖，对资金的依赖，使企业从必然王国走向自由王国，建立起比较合理的管理机制……对人的管理才是最大的财富。当我们还依赖于人才，依赖于技术，依赖于资金时，我们的价值评价体系就存在一定程度的扭曲，我们还不能说是获得了自由。只有摆脱这三个依赖，才能科学决策。我们起草基本法，就是要构建一个平台，构筑一个框架，使技术、人才、资金发挥出最大的潜能。”

如果将这番话进行分析，就会发现自由王国概念恰好显示出任正非思想的转型，而这个转型的背景则是华为在国内市场的大规模扩张。1998年，华为的年销售额达到了惊人的89亿元，想象一下11年前的华为还只是一个依靠2.1万元勉强起家的公司，就会明白这11年来华为所创造的惊人奇迹。而这89亿元的背后所表现出来的就是华为核心产品在国内几乎所有大市场的渗透与扩张，即便是在传统的交换机市场上，华为的市场份额也已经高达22%，西门子、朗讯等国际巨头曾经一度在国内市场占据垄断地位，可是在那一年之后，华为已经开始成为国内市场的领头羊。

巨大的扩张带来的成就并没有让任正非太过高兴，因为他很快发现华为的内部管理开始不适应企业的扩张步伐。这种不适应他自己也深有体会，在扩张时代，作为企业的领导，他的权力和权威一度起到了很大的作用，他常常会给员工施加必要的压力，并以此作为增强领导力的主要手段。

但现实的问题是，华为公司一半以上的员工都是从事研发工作的，而研发人员需要一个相对宽松的管理环境和自由的工作环境，这样才能确保思维的活跃，如果企业的规章制度太多、太强硬，如果管理者主观性的干预太多，就会压抑研发人员的创新思维。

一方面是领导对权力的依赖，一方面则是员工对适度放松权力、给予自由的需求，任正非不得不重新思考自己的管理方式，不得不重新衡量管理者与被管理者的关系。基于现实的考量，他最终决定进行权力管理的改革，适当解除压在员工身上的那些权力枷锁，给予他们更多自主决定的权力，从而确保工作变得更富有张力。

不久之后，他开始在整个公司推行无为而治的理念，并对干部进行教育："我相信这些无生命的管理，会随着我们一代又一代的人死去而更加丰富、完善。几千年以后，不是几十年，这些无生命的管理体系就会更加完善，同时又充满活力，这就是企业的生命。"按照任正非的要求，干部要减少自身的戏份，所有的干部和员工更多时候应该进行自我管理、自我控制、自我调节和自我引导。

这种哲学理念实际上是对管理本质的回归，在很多时候，人们会认为管理就是一种权力的控制和展示，认为管理等同于权力，但从管理的本质来说，权力只不过是管理的一个用以实现目标的工具，而除了强迫力和控制力之外，还有很多方法可以实现管理的目标。任正非让干部从权力中适当跳出来，无论是对管理者还是被管理者而言，都是一种能量的释放，有助于形成一个相对开放的、自由的，能够进行自我调节的工作环境。

如果让一个企业受到各种力量的约束，那么这种盲目的控制可能会让企业进入一种混乱无序的状态，因为一旦人无法了解自身所具备的权力，或者说无法控制权力施行的范围，那么就会反过来被这种控制力带动。反过来说，如果管理者适当降低控制的力度，让员工在相对自由的环境中工作，这样不仅可以提升工作效率，还能提升员工的工作积极性，这样一来，员工就会从被动接受指令变成主动承担责任和义务，他们的能力也会得到进一步的释放。

适当地给予自由，是任正非人性化管理的一部分，也是华为打造自由王国的一个重要步骤，因为任何一个公司的发展最终都是依靠人，而人并不仅仅是管理者，还包括各个部门、各种类型的员工，他们才是构成企业发展的主力军。而想要激发这些主力军的力量，就不能依靠传统的命令和压制模式，只有让他们自由发挥，才能够真正创造更多更大的价值。

不过，必然王国和自由王国始终都是相对的，任何一个企业的发展都是“必然王国——自由王国——必然王国——自由王国”的循环，只有通过不断改进，才能在循环中一步步增强企业的竞争力和生命力。

8. 做得太完美，企业就会陷入困境

> 世界是在变化的，永远没有精致完美，根本不可能存在完美，追求完美就会陷入低端的事物主义，越做越糊涂，把事情僵化了。做得精致完美，就会变成小脚女人，怎么冲锋打仗？以前我认为跳芭蕾的女孩是苗条的，其实却是粗腿，很有力量的，脚很大的，是以大为美。华为为什么能够超越西方公司，就是不追求完美，不追求精致。
>
> ——任正非

如果询问1000个企业家：是否愿意将自己的企业或者产品打磨得完美无瑕，那么估计999个企业家都会表示赞同，都会拥有类似的期望，可是任正非却偏偏要做剩下那一个另类的人。

大家都希望自己的企业完美无缺，都希望企业的各个方面都无可挑剔，那么任正非为什么却要反其道而行呢？这样的经营哲学或许有些让人感到匪夷所思，难道华为公司一直以来就是以追求缺陷而获得成功的吗？

事实就是如此。任正非曾经说过这样的话："世界是在变化的，永远没有精致完美，根本不可能存在完美，追求完美就会陷入低端的事

物主义，越做越糊涂，把事情僵化了。做得精致完美，就会变成小脚女人，怎么冲锋打仗。以前我认为跳芭蕾的女孩是苗条的，其实却是粗腿，很有力量的，脚很大的，是以大为美。华为为什么能够超越西方公司，就是不追求完美，不追求精致。”

在这段话中，他指出了两个最重要的问题，第一，世界上根本没有绝对的完美，追求完美会让自己陷入低端的事物主义。第二，完美精致可能缺乏实际的战斗力和竞争力，对于企业的生存和发展可能并无多少用处。就像芭蕾舞演员一样，虽然粗壮的大腿和苗条的身形极不相称，可是如果没有粗壮有力的大腿，那么也就无法支撑起身体，那么芭蕾舞也只会越跳越蹩脚。

在这一方面，任正非曾经举出美国和日本的企业进行对比。众所周知，日本的企业具备很大的技术优势，它们的产品质量很好，技术含量非常高，在市场的同类产品中往往算得上是佼佼者。更重要的是，它们的外观设计、包装、服务都是一流的，可以说任何一个流程和细节都尽量做到完美。这种经营模式曾经一度让日本货畅销全球，日本货成了好产品的代名词。可是随着时代的发展，一些崇尚完美主义的日本品牌开始没落，索尼、松下等企业开始被市场遗忘。因为高成本以及一些实用性不高的高技术彻底拖垮了它们。

而反观美国的产品，看上去总是不那么完全让人感到满意，总有一些设计方面的问题，但它的实用性可能是同类产品中最好的，它在某些方面的高性能表现已经完全让人忽略了那些缺陷。

任正非非常赞赏日本企业的工匠精神，但并不喜欢将工匠精神当成完美主义，而且就企业整体的发展策略来看，日本人无疑处于保守态势，没有美国人的精明和务实。而华为公司一方面要学习日本企业的工匠精神，要学习它们对细节上的关注，但同时更需要学习美国人的务实和稳定。

企业需要打磨边角，变革也是企业提升核心竞争力的一种方式，但是频繁变革就会破坏企业发展的节奏，在提到内部变革的时候，他对各部门提出了一个基本要求："变革究竟变什么，这是严肃的问题，各级部门切忌草率。一个有效的流程应长期稳定运行，不能因为有一点问题就常去改动它。否则，改变的成本会抵消改进的效益。已被证明是稳定的流程，尽管它的效率不是很高，除非我们在整体设计或大流程设计时发现缺陷，而且这个缺陷非改不可，其他时候就不要改了。"

在任正非看来，企业需要通过不断改进来提升竞争力，来创造发展的机会，但是企业的发展同样需要兼顾稳定，过于频繁的变革，不断对边角进行打磨，会破坏稳定性和原有的平衡。另外，任何一次变革哪怕再微小，也会增加成本，这些成本不断累积和增加，往往会给企业的发展带来很大的负担。所以任正非认为，只要产品适合市场，能够迎合市场的基本需求，那么就没有必要将其打造得无比精致，没有必要一次次浪费时间和资金去改良。为了将这种想法贯彻执行下去，任正非提出了变革的七个反对原则，而排在首位的就是反对完美主义。

这种情况在华为手机上表现得非常明显。作为手机市场的后起之秀，华为的起步较晚，但是由于比较成熟的技术、生产线以及品牌形成的市场，华为手机从设计生产之初，就受到了各方的关注。可是当产品最终出现在市场上时，还是有人指出了华为手机中的一些缺陷，并建议华为继续加以改进。

经过几年的发展，华为手机如今已经成为性价比比较高的手机，各方面也都有了长足的进步，不过华为手机的所有改进都是适度的，而不是盲目追求完美。这也是为什么当很多人都在吐槽华为手机哪里不好、哪里有问题时，它却悄然地挤入中国手机市场的前列。完美主义往往依据的是主观上的设想，而只有市场才是最大的试金石，只要能够迎合市场的需求，只要能够受到市场的欢迎，那么就没有必要花费巨资去做一些无意义的完美修饰。

任正非一直都是一个低调务实的人，他非常反感将内部的各种生产要素进行高大上的处理，反对用完美主义来衡量企业的成就。就像在人事任免中，很多人会对一些有明显缺陷的人指手画脚，认为他不适合担任干部，可在任正非看来，只要对方专业技能突出，而且不存在品德修养上的问题，不会危害公司的利益，那么就没有必要在骨头里挑刺，就没有必要把问题想得太复杂。而且在他看来，完人并不存在，公司也没有必要花费力气来培养完人。另外，如果公司里的人都是多面手，都没有任何缺陷，那么反而会给人事安排带来麻烦，整个企业的管理也会陷入瘫痪。

“华为公司从创办到现在，从来没有追求完美，追求完美我们就没有动力了。我们要推行各项政策时，只要大的环节想明白就推行，然后在推行过程中慢慢优化。华为企业文化的一个特征是，只要有新增长点就不能追求完美，追求完美就不可能有增长点，一定要实事求是、可操作性、可运行性。”在任正非看来，最美的状态并不是完美无瑕的，而是对缺陷的适度控制，因为有时候，有缺陷才是一种最佳的状态。而正因为坚持不做完美主义者，华为才能在缺陷中不断进步，才能在坎坷中不断前进，并成为世界上最具竞争力的跨国公司之一。

9. 泡沫经济时代，更要发展实体

工业是从低端走向高端的，如果低端都没有了，天上怎么会掉下个林妹妹呢？还是要实实在在地做实体，满足人们生活的物质欲望。虚拟经济、银行啊，这些只是工具。不能把工具当成了目的。就像一朵玫瑰花，你随便估高价，我也不会买。

——任正非

2016年5月底，一条华为公司将离开深圳的传言引爆了整个传媒市场，虽然包括任正非在内的很多华为当权人物都站出来辟谣，声明华为不会离开深圳，不过仍旧有证据表明，深圳对华为的吸引力正在下降，而华为也许不会将总部搬离，但很有可能会向其他城市转移部分业务。

对此，任正非的一句话非常耐人寻味："深圳房地产太多了，没有大块的工业用地了，现在土地越来越少，越来越贵，产业成长的可能空间就会越来越小。既然要发展大工业、引导大工业，就要算一算大工业需要的要素是什么，这个要素在全世界是怎么平均的，算一算每平方公里承载了多少产值，这些产值需要多少人，这些人要有住房，要有生活设施。生活设施太贵了，企业就承载不起;生产成本太高了，工业就发展不起来。”

任正非却并不喜欢地方政府对房地产的过度依赖，他曾直言不讳：“这是活力分布的时代，高房价最终会摧毁城市竞争力。”在任正非看来，高房价就是一个虚拟值，是人为炒作的结果，他认为“虚拟经济是工具，工具是锄头，不能说我用了五六十把锄头就怎么样了，锄头一定要种出玉米，玉米就是实体企业。我们还是得发展实体企业，以解决人们真正的物质和文化需要为中心，才能使社会稳定下来。”

其实这么多年来，任正非都将自己定位成一个实体企业家，而他多年来一直坚守在实体经济的岗位上，从来没有想过其他的创业门路。一路走来，任正非经历了实体创业的最好时代、股市经济的最好时代，也经历过房地产和网络经济的黄金时代。但任正非始终没有动心，一直都脚踏实地地经营华为公司。

任正非曾经讲过一件事。过去，华为公司的大楼下有一个股票交易所，交易所的生意非常火爆，每天都有大批人围在那里炒股，但是任正非以及华为的员工从来没有下去购买过股票。因为他们明白股票市场就是虚拟经济，是一大堆的泡沫，虽然很多人在牛市上一夜暴富，但更多的人都在熊市中败光家产。这种理性和克制力是难能可贵的，毕竟作为改革开放的前沿地带，深圳一直保持非常开放的姿态，股票市场非常发达，它对于炒股者的吸引力不言而喻。任正非能够保持好自己的工作状态以及投资方向，这本身就非常不易。

这种坚持的背后，就是对商业经济和资本市场运作规律的精准把握，他觉得实体经济才能够支撑起国家的未来，而虚拟经济看起来非常美好，但是泡沫太大太多，对国家经济发展有害无益。现在的房地产动不动就突破几万一平方米，互联网经济中的一个概念就能炒到几亿、几十亿，在任正非看来，这些都是不健康、不正常的表现。

虽然他并没有完全否定房地产、股市、互联网经济对国家经济的贡献，可是过度依赖这些虚拟经济，不仅会压缩实体经济的发展空间，还会将国家经济带入泥潭。他坚持认为实体经济才是企业最好的归宿，也是企业家最应该去做的事情。现如今，实体经济的生存环境和发展环境越来越恶劣，很多珠江三角区的企业都开始搬到成本更低的南亚小国，比如越南、柬埔寨、菲律宾等国。有些企业则干脆转行，进入房地产和互联网，结果导致整个实体行业变得更加萧条。

在这条艰难的道路上，任正非始终坚持做实体经济，始终坚持发展实体经济，因此华为也成了最具竞争力也最具代表性的中国民营企业。而很多进入虚拟经济的企业，在行业的竞争和变化中，早早地被淘汰出局。虽然实体经济的发展越来越难，但是相比于虚拟经济领域而言，行业内部的变动和更新换代还是比较平稳的。

任正非希望将华为打造成一个创造财富和资本的企业，而不是一个追逐资本，或者被资本所操纵的企业。有人说华为应该上市，这样就可以进一步扩大企业的影响力，并有效增加企业的财富和价值。但是任正非并不这样看。他觉得上市不过是一种增加虚拟财富的手段，是一种融资的手段，这对于现金流充足、发展规模庞大的华为公司而言，现阶段上市实际上并没有太大的必要。

很多人曾经都问过任正非，华为会不会上市，任正非并没有给出一个确切的答案，但是他明确表示，在未来的五六十年内，华为也许都不会上市。如果看一看中国最大的那些公司，就会发现在整个中国，华为几乎成了一个有意躲避资本市场的异类。

但任正非有自己的打算，他认为公司在现阶段应该把握好一点：“不在非战略机会点上消耗战略竞争力量。”尽管上市可能会立即带来几百亿上千亿美元的估值，但是任正非并不需要这些虚拟的钱，毕竟华为也不需要通过上市来完成集资，更不需要通过上市来实现业务扩张，因此他对那些虚拟的股票估值根本没有任何兴趣。而且他担心上市后，股东会对公司的发展进行干涉，那时候公司有可能受制于股东的压力，被迫进行横向扩张，导致公司忽略和脱离原有的战略目标方向。因此对于任正非来说，现在还不是华为上市的时候，未来的一段时间也不是上市的最佳时间，一切都需要等到公司的发展进入一个更加稳定更加成熟的阶段才行。

他也告诫中国的企业家们，最好还是应该踏踏实实做好自己的产品和市场，坚持在自己的实体经济领域内奋斗和拼搏，不要为短期的挣钱机会左右，不要急功近利，应该敢于放弃那些非战略性的机会，这样才能赢得未来。

10. 坚持把一件事做好，就是成功

中国现在又冒出来很多企业，其实跟华为一样，也是专心致志做一件事的。一个人一辈子能做成一件事已经很不简单了，为什么？中国13亿人民，我们这几个把豆腐磨好，磨成好豆腐，你那几个企业好好去发豆芽，把豆芽做好，我们13亿人每个人做好一件事，拼起来我们就是伟大的祖国。

——任正非

中国企业最缺乏的就是工业精神，就是一种专注度。在日本，很多企业都将其称为工匠精神，这种一生只做一件事，一生只专注一个产品的精神是很多日本企业得以生存并获得成功的基础。

任正非非常欣赏一家名为Hard Lock的日本公司，它虽然只是一家生产螺母的小公司，但这家公司的工匠精神和耐性却非常值得敬佩。在过去20年时间里，这家公司一直都只是在做一件事，那就是生产螺母。尽管看起来不起眼，但是由于非常专注，该公司生产的螺母是世界上同类产品中最好的，几乎全世界的高铁、飞机和轮船都在用它生产的螺母。

在Hard Lock公司的网页上，写着一段非常自负的说明：本公司常年积累的独特技术和诀窍，对不同的尺寸和材质有不同的对应偏芯量，这是哈德洛克螺母无法被模仿的关键所在。这就明确告诉模仿者，虽然小小的螺母很不起眼，而且物理结构很容易解剖，但即使把图纸给你，它的加工技术和各种参数配合也并不是一般工人能实现的，只有真正的专家级的工匠才能做到。

Hard Lock并没有像其他大型的跨国公司一样，拥有很大的生产规模以及惊人的利润和财富，但是它却依靠专注度替自己打造了无可比拟的核心竞争力。而在中国，由于市场不那么成熟，企业家也缺乏战略耐性，过度追求短期利益的企业家们惯用的套路就是搞多元化战略，盲目扩张自己的业务，涉及一些自己不擅长的领域。多元化战略的结果就是表面上看起来企业能够挣到更多的钱，能够深入其他市场，但实际上可能会分散业务重心，导致自己缺乏核心竞争力，缺乏一个坚实的品牌基础。在多数搞多元化战略的企业中，如今都已慢慢失去当初的锐气，在市场中的地位变得可有可无。

正是因为如此，任正非也希望华为能够像Hard Lock公司一样，坚持去做一件事，坚持做好一件事。他将这种坚持写入《华为基本法》中，在开篇的“核心价值观”的第二条中有这样一段描述：“为了使华为成为世界一流的设备供应商，我们将永不进入信息服务业。通过无依赖的市场压力传递，使内部机制永远处于激活状态。”

而事实上这些年来，任正非一直都在坚持着自己的原则，从来没有越界半步。他曾经无比自豪地对外宣布：“华为坚定不移28年只对准通信领域这个‘城墙口’冲锋。我们成长起来后，坚持只做一件事，在一个方面做大。华为只有几十人的时候就对着一个‘城墙口’进攻，几百人、几万人的时候也是对着这个‘城墙口’进攻，现在十几万人还是对着这个‘城墙口’冲锋。密集炮火，饱和攻击。每年1000多亿元的‘弹药量’炮轰这个‘城墙口’，研发近600亿元，市场服务500亿元到600亿元，最终在大数据传送上，我们领先了世界。引领世界后，我们倡导建立世界大秩序，建立一个开放、共赢的架构，有利于世界成千上万家企业一同建设信息社会。”

正是由于坚定地保持着对通信领域的投入，并不断进行该领域技术的积累，而这些技术积累最终也由量变而产生质变，这是华为实现突围并彻底摆脱困境的一个重要原因，也是华为能够在日益残酷的竞争环境中变得更加强大的原因。如果将时间调到20世纪80、90年代，就会发现和华为同类型的民营企业有很多，在那些企业中，华为并不是最起眼的一个，但如今20多年过去了，只有华为公司仍旧屹立不倒，并且成了行业内的世界第一，而其他的企业如今要么早早被市场淘汰，要么就改旗易帜，做起了其他方面的生意，总体的发展显然不尽如人意。

任正非曾经用一个字来形容华为多年来的专注和坚持，那就是“痴”。在华为成长的过程中，不论股市有多么火爆，也不管国内房地产行业利润有多高，不论互联网经济多么流行，华为从未动摇过企业的发展方向，也从未将注意力从通信领域转移到其他领域。这28年来，任正非始终待在华为，始终在通信领域内奋斗。正是这一份痴，让华为用28年的坚守，换来了如今的辉煌；正是这一份痴，让华为在通信领域内几乎畅通无阻。

很多人曾对华为公司研发手机嗤之以鼻，认为华为公司不过是一时头脑冲动，用不了多久就会放弃这一业务。但实际上，多年来华为一直都专注于手机研发领域，而且就手机技术开发的投入而言，华为在过去的10年里累计投入1880亿元人民币，在很多领域内的投资逐渐超越了苹果、三星这样世界顶尖的手机厂商，相比国内那些只注重销售渠道投入、将企业发展寄希望于营销方式创新的同类企业，华为的投入已经让人感到惊叹。所以华为公司在国内外手机市场能够快速成长起来，也就不足为奇了。在2016年第一季度，华为正式超越苹果，成了国内出货量最大的智能手机品牌，即便是在海外市场上，华为也在一定程度上对苹果造成了威胁。

任正非给华为注入的是一种耐力和专注的特质，如果一个产品研发5年时间做不出来，那就花10年、20年的时间去做；如果一项技术不太完美，那就用一倍或者多倍的力量去完善。投入、投入、专注地投入，这就是华为的能力和魅力所在，也是任正非个人的魅力所在。任正非曾经说过，通信领域的生存环境是最糟糕的，但华为偏偏选中了这一领域，并且成就斐然，而这也许就是对专注最好的回报。

11. 不做昙花一现的英雄

由于10年卧薪尝胆、艰苦奋斗的成功，面对国内外可能越来越多的善意宣传，我们是否会沾沾自喜？在我们队伍中是否会滋生一些不良的浅薄习气？华为人的自豪是否会挂在脸上？凭什么自豪？华为人能否维持这种自豪？我们前进的道路是越来越宽广，还是越来越困难？木秀于林，风必摧之。我们越发展，竞争对手实力越强，竞争就越困难。我们要有长期在思想上做艰苦奋斗的准备。持续不断地与困难奋斗之后，会是一场迅猛的发展，这种迅猛的发展，会不会使我们的管理断裂？会不会使意满志得的华为人手忙脚乱，不能冷静系统地处理重大问题，从而导致公司的灭亡？事实上，摆在我们面前的任务和使命，比以前我们重技术、重销售的时代更加重大而艰难，要全面地建设和管理我们的事业的艰难度要远远大于以前的艰难度，这就要求我们干部要更快地成熟起来。

——任正非

一个企业一时风光并不算太难，新技术的应用，新商机的把握，或者纯粹的运气使然，都会给企业的发展带来一些帮助。正因为如此，几乎每年都有数千家不起眼的小企业突然大红大紫，成了人人瞩目的精英企业。在中国，随着投资环境和创业环境的改良，每年都会有一些新企业成为市场的新宠，但是在时代的风云变幻中，很少有企业可以真正做到基业长青，很多企业甚至只火了一两年，然后便迅速衰落，最后在市场上变得籍籍无名。

无论是否愿意承认，事实上，在如今这种高竞争、快节奏的市场环境下，企业的生存和发展变得越来越难，企业想要持续性地维持发展势头更是难上加难，现代企业已经很难像过去那种传统企业一样，可以将自己的寿命延长到一两个世纪。因此如何确保基业长青，如何让企业更长久地生存和发展下去，便成了很多企业面临的重要问题。

任正非曾经说过，华为最要紧的就是存活下去。而当时他之所以喊出这样的口号，是因为华为正处于发展初期，竞争处于弱势，想要生存下去也很艰难。而经过二十几年的艰苦奋斗，华为不断壮大起来，也取得了惊人的成果，这时候任正非开始产生更多战略性的思路，那就是如何才能让华为走得更远，如何才能让华为不会成为昙花一现的企业。

很多人认为华为已经非常强大了，在世界上的影响力也非常大，可是所有华为人都明白华为在发展中仍然存在诸多问题，华为仍然有很多地方亟待完善，如果不加以重视，这些问题可能会成为阻碍华为发展甚至是导致华为走向灭亡的导火线。

如果说前10年，华为人一直都在梦想着如何将企业做大做强，那么在那之后，他们开始更加理性地追求企业发展的周期和寿命。任正非发现在西方国家，每一年都会诞生一些具备成长为世界级别大公司潜力的企业，可是最终成长起来的却寥寥无几。即便是在中国，也有很多企业曾经冲出国内市场，甚至在海外市场上也能翻云弄雨，可是最终却没能够坚持下来。持续性的发展几乎成了多数企业一道难以跨越的坎，就像华为一样，它进入世界500强企业似乎并没有太困难，但是在60年后，在100年后，华为是否还会是全球500强企业，是否还存在？

任正非对于企业长远的发展有着自己担忧，他认为尽管华为如今的发展速度很快，发展规模也很大，但这些并不意味着可以让华为在未来几十年时间内都保持强大的发展动力和良好的发展势头，所以持续性地进行变革，完善各种机制，增强企业的活力，成了华为工作的当务之急，而这也显示出了任正非非凡的战略眼光。

1998年，任正非发表了《不做昙花一现的英雄》这篇文章，并在文章中指出了华为需要解决的问题，以及需要重点把握的各种问题。

管理和服务问题

在任正非看来，人才、资金、技术并不是决定企业生死存亡的东西，因为这些东西可以从外面引入，也可以通过挖掘来实现。唯有管理和服务是没有办法完全照搬他人模式的，只有通过努力，去打造完善的先进的管理与服务理念，再结合实践活动，才能真正形成好的管理体系与服务体系，并运用到整个工作流程当中来。

打造管理和服务体系成了所有工作的重中之重，也成了华为是否可以长久地保持竞争优势和市场地位的关键因素。在确保合理的发展速度时，华为需要改进自己的管理，需要提升自己的服务质量，让企业的扩张变得更加坚实稳定。

生产扩张需要坚实的内在基础

企业想要获得发展，那么首先需要拥有一个坚实的基础，如果企业的产品质量不好、管理滞后、服务糟糕，那么企业的扩张也就无从谈起。因此，华为公司在想办法扩张自己的市场时，一定要先把基础打好，一定要推进各级管理体系的优化工作，所以企业要有好的管理方法，要有改进管理的愿望，还要形成规模经营，这样才能够提升企业的扩张优势。

坚持做好管理优化

任正非说：“把生命注入管理中去，不是要你去研究如何赶上IBM，而是研究你那个管理环节如何是全世界最优的，要赶上IBM不是你的事情，你也不具备这样的资历和资格，所以要面对现实，踏踏实实地进行管理的改进，这样公司才会有希望。”

管理优化更重要的还是一种责任感和工作态度，就是要求各级干部将自己的灵魂和生命注入企业管理的优化工作当中去，要多干实事，少说空话，提升员工和干部的责任意识，让管理真正带动企业的发展。

打造并推行健全的任职资格体系

任正非认为改进干部管理工作的最大困难在于任职资格的推行，因为这直接关系到干部的选拔和任用，毕竟合理完善的任职资格体系对于干部的选拔有着明确的要求，因此它的变革和推行实际上是对干部自身的一种考验。任正非认为任职资格体系的推行有助于提升干部的素养，有助于提升干部队伍的管理水平。而只有拥有了强大的干部队伍，才能够确保企业的管理水平更上一层楼，才能够真正打造出更有竞争力的队伍。

要有做大企业的思想准备和组织准备

一个企业想要做大做强，想要获得更长远的发展，那么首先就一定要建立起一个远大的目标，一定要拥有成为大企业的雄心壮志。任正非在《华为的红旗到底能打多久》一文中就明确提到了一个目标——华为一定会成为国际性大公司。

不仅如此，任正非还大力推进变革，引入西方先进的管理制度，并将这些制度一一落实。与此同时，还从思想上引导全体华为人一定要坚持艰苦奋斗的精神，增强自己的使命感和责任感，增强主人翁意识，为华为的发展目标而坚持不懈地奋斗。

提升干部的品德和素质

企业进步最重要的要素，不是技术的进步，不是规模的扩大，而是干部队伍的素养，因此任正非要求各级干部一定要提升自己的工作技能、思想意识以及管理水平，提升工作的效率。同时公司也要制定合理的干部选拔标准，坚持干部对事负责制，强化干部的纪律性。

这些年，任正非一直呼吁华为要保持警惕，要保持更长远的战略意识，不要只顾着眼前的发展，而要着眼于未来可持续发展的模式。而通过这些要求和展望，任正非希望华为公司可以在内部的变革中不断进步，可以在优化管理的过程中，确保企业能够焕发出强大的活力，从而确保企业的发展不会陷入泥潭之中。

第二章
管理——华为的核心竞争力

"管理是构成华为整个体系的一个重要组成部分，事实上，正是由于对管理的重视改变了华为公司的发展模式，使得华为从一个粗放型的技术型企业变成一个技术与管理兼顾的高科技公司。由于建立了比较完善的管理体系，如今华为公司各个方面、各个部门的管理都卓有成效，企业的运作变得更加高效，发展也变得更加平稳。如果说先进的技术是华为的核心生产力，那么先进的管理则是华为的核心竞争力。"

1. 大企业更要做好时间管理

每人每天都是24小时，但每个人的心态与意识不一样。你可以选择把更多时间用于发呆与睡觉，也可以把更多时间用于拼命工作攒钱，也可以把时间用于你所热爱的人与事。

——任正非

一个企业中最容易被忽视的东西是什么？资金？技术？人才？客户？通通不是，最容易被人忽视的往往是时间。时间存在于任何一个工作场合，任何一个工作阶段，正因为它无处不在，所以才常常会被忽略得一干二净。

如果将一个企业的管理内容做一个分类，那么很少有企业会愿意将时间管理单独列出来，也很少有企业会将时间管理当成管理工作的一部分内容来对待。多数企业以及企业中的多数人都没有建立起科学而明确的时间概念，尽管谁都知道时间对每个人来说几乎是不可再生的资源，而对企业来说，则意味着效率和效益。

任正非是一个非常重视时间的人。他每天都要花大量的时间来工作，而休息时间几乎只占了很少的一部分，当然，那么多的工作时间并不意味着他一整天几乎都在埋头苦干，相反地，他总是非常合理地规划好自己的时间。因为他虽然非常重视艰苦奋斗的工作精神，但是更加重视效率，而效率首先源于精确的规划。

有一次，大家在一起讨论工作时间的问题，很多人都主张要延长工作时间，要尽量加班加点，任正非在讨论中忽然反问了一句："2个小时可以干完的活，为什么要加点拖到14个小时来干？"在他看来，很多员工虽然一整天都坐在办公室里，都待在车间里，可问题是他们最终创造出来的价值并没有比别人更高，甚至还比不上那些按时上下班的人。对他们而言，他们并没有很好地利用好时间，也没有对时间进行一个合理的规划。

加班文化曾经是华为发展初期最明显的特征。虽然加班加点带来了一定的效益，可是同样带来了很大的时间浪费。随着华为管理水平的提升以及成功转型，效率成了华为最看重的一个指标。在最短的时间内高效地完成任务，在最短的时间内尽量创造出最大的价值，成了每一个华为人必须要做的事情，而时间管理也就应运而生。

时间管理是一个非常庞大的概念，但归根结底，就是时间的合理安排和有效利用。同样一项工作，同样的工作量，同样的工作时间，有人可以在规定时间内按时完成，甚至提前完成，而有的人则抱怨时间不够。有的人在同样的时间段内，井然有序地完成了多项工作，而有的人只会将各项工作都搞得一团糟。究其原因，就是因为时间管理上的差别。

针对时间管理，华为公司提出了七大时间管理法则。

自省法则

员工必须了解自己的时间利用情况和习惯，比如列出一份时间消费清单，以此来追踪自己的时间消费情况，并主动认识和规避各种不同的时间管理不善的现象。接着做好适合自己的时间规划：罗列出未完成的任务、各种行动方案以及正在等待执行的任务，并进行专门记录，确保不会遗漏；对工作任务加以区分，可行动的任务可以立即着手执行，无法在短时间内完成的可以对下一步行动进行管理。而不可立刻执行的任务可进一步分为参考资料、日后可能需要处理以及垃圾等类型。对于那些参考资料的管理或者对下一步行动的管理，要制定任务清单；按周进行任务检查，并更新所有的任务清单，计划好未来一周的工作；在选择清单以及清单上的事项来施行之前，应该充分考虑到所处的环境、时间长度、精力情况以及重要性等因素。

目标法则

华为公司特别制定了符合SMART标准的目标管理标准，SMART标准是指Specific（要具体）、Measurable（可度量）、Actionable（可实现）、Realistic（结果导向）、Time-based（时间限定），这个标准强调了进行目标管理的基本态度，也为员工执行工作提供了一些基本思路，有助于华为人更好地安排自己的工作时间，防止他们在一些不切合实际的目标上浪费太多的时间。

方圆法则

华为人在处理某项工作时，会制定可行性的计划，设置好计划的关键控制点；坚持一次只做一件事的原则，防止在过多的事务上分散精力；培养员工的纪律性，利用合理的奖惩措施进行约束和引导；培养员工工作时的好习惯，减少不必要的时间浪费；利用好那些空余的时间，来充实自己的工作。

四象限法则

所谓四象限法则实际上指的就是在正确的时间内做正确的事。员工在工作时，必须先分清主次，了解工作的轻重缓急；设定不同等级工作的优先权；要选择最佳的时机来工作，而不是盲目出手；把时间花在做正确的事情上。通过四象限法则，华为人可以拥有更为明确的工作顺序、工作目标，也可以确保时间利用的最大化。

精简法则

华为公司从国外引入了流程化管理模式，使得工作流程和细节得到进一步的优化，员工会利用SWOT分析法（企业自身的竞争优势、竞争劣势、机会和威胁，从而将公司的战略与公司内部资源、外部环境有机地结合起来的一种科学的分析方法）来明确流程作业的时间，找出并掌控作业流程中的关键点；去除流程中的冗余环节，合并可简化的环节，对不合理的环节重新排序；对一些不当环节进行诊断，重新设计流程；改善办公环境，整理新旧文档，打造更加简洁的工作环境；利用网络工具提升工作效率。

韵律法则

所谓韵律法则，实际上就是要求华为人掌握工作的韵律和节奏，并保持相对稳定顺畅的节奏，比如合理分配工作任务、正确处理电话骚扰、一次听清任务，以及在沟通中掌握最佳的沟通时机，掌握对方工作规律和节奏，拒绝不速之客的干扰。

80/20法则

所谓80/20法则就是用80%的时间做20%最重要的事情。因为这20%的重要任务能够创造80%的业绩，因此要合理安排工作时间，尽量压缩一些不那么重要的事情的工作时间。摆脱日常琐碎生活的干扰，减少不必要的时间消耗，减少一些不在职责范围内的工作时间消耗，将大量的时间预留给那些最重要的事情。与此同时，华为人必须了解最高效的工作时间段，并进行灵活分解和合理组合，在最高效的时间段里做最重要的事情。

这七个法则基本上构成了华为时间管理的主要框架，而科学合理的时间规划，有效提升了华为员工的时间利用率，尽可能减少了不必要的时间浪费。最近几年，华为公司很少提及加班，而时间管理和效率已经成为管理文化中的一个要点。任正非曾经说过："虽然我们和其他一些公司比，管理已经很好了，但和爱立信这样的国际公司相比，多了2万管理人员，每年多花40亿美元管理费用。所以我们还在不断优化组织和流程，提升内部效率。"由此可见，如何提升时间管理的水平，如何提升工作效率，在今后很长一段时间内，仍然会是任正非重点思考的方向，也仍然会是华为公司重点把握的方向。

2. 做好目标管理是企业发展的前提

> 我不是说你不可以做出伟大的业绩来，我认为最主要的是要发挥自己的优势，实现比较现实的目标。
>
> ——任正非

1954年，美国管理学大师彼得·德鲁克在《管理实践》一书中首次提到了“目标管理”这个概念。在此之前，很多企业和个人习惯了先投入工作，然后才制定目标，结果往往出现目标不明确，工作积极性不高的情形。而德鲁克改变了这种不合理的逻辑顺序，他认为无论是企业还是个人，并不是投入工作之后才开始去制定目标，而是先制定目标，然后才开始进行工作，因为每一个人的工作都需要依靠目标来引领。

而按照德鲁克的解释，目标需要在分级中逐步向下进行传达，换句话说，一旦组织最高层管理者确定了自身的组织目标，就应该对这个大目标进行有效分解，将其转化成各部门以及个人的分目标，而管理者则可以根据分目标的完成情况对下层人员进行相应的考核、评价和奖惩。

在德鲁克的目标管理理论中，目标的制定并不是一个总结性的、滞后性的结果，而是一个具有指导和牵引作用的重要力量。而这一点正好迎合了华为公司转型的要求，因此任正非才果断地要推行目标管理。

如果对华为公司初期的发展情况做一个总结，那么一定会有这样一个词：混乱。任正非曾经自己也承认华为最初就是从混沌无序中发展起来的，那个时候华为的第一要务就是生存下去，就是想办法研发出产品，然后将其卖出去。由于没有明确的分工，也缺乏明确的奋斗目标，很多人都是为工作而工作，他们不清楚自己应该生产什么样的产品，不清楚市场需要什么样的产品，不清楚自己准备生产多少类似的产品，或者能不能生产出相关的产品，更不知道自己需要花费多少时间来完成这些工作。而在各部门之间，目标的混乱性更是非常明显，由于各部门经常一起做同一件事，因此常常出现分级目标重复的现象，这样就造成了很大的资源浪费，也影响了组织目标的实现。

面对这些问题，任正非下定决心进行目标管理，并很快制定了SMART目标管理办法，SMART目标管理拥有五个最基本的原则，分别是Specific（要具体的）、Measurable（可度量）、Actionable（可实现）、Realistic（结果导向）、Time-based（时间限定）。

“要具体的”指的是目标要具体明确。比如说过去华为有一个口号，“增强客户服务的意识”，可是增强客户服务意识究竟体现在哪个方面呢？是要求提升服务速度、增加服务的次数、减少客户投诉的次数，还是多用礼貌用语来规范服务流程？这些都是不可确定的，而这个笼统的口号很容易导致目标不明确的情况出现。正因为如此，华为公司一再强调，各级部门和员工要制定具体的工作计划和工作目标，不能出现模棱两可或者含混不清的目标。

“可度量”实际上就是要求制定的目标有一个具体的可衡量的标准。在华为公司，无论是制定目标的人，还是参与考核的人，都有一个统一的、标准的、清晰的可度量的标尺。公司一个月具体完成多少工作量，各部门和人员一个月的业绩考核要达到多少分，一个月要生产多少产品，要检查多少次，这些都有具体的数据要求。当然，对于客户满意度等问题，可以通过公司内部的投诉率和服务是否及时来反映。

“可实现”则是目标管理一个最基本的要求，也就是说制定的任何一个目标都必须是可实现的，而不是那些不切合实际、天马行空的想法。毕竟从企业发展的角度来说，如果目标不能实现，那么这个目标就没有任何实际的意义。“我们要跳起来摘桃子，而不是跳起来摘星星。”这是任正非对目标的一个基本定位，也是符合华为公司具体发展形势的一个定位。

“相关性”是指绩效指标应该和其他目标具有一定的相关性。也就是说，制定的任何一个目标都不应该是独立的，它必须和其他目标有所关联。比如任正非一直要求将个人目标和集体目标统一起来，其实就是希望将个人利益与集体利益，将个人目标和集体目标统一起来，最终实现个人与组织的完美融合，从而确保员工工作的主动性和积极性。

“时间限定”是目标的一个约束条件，目标可以实现，但是什么时候才能实现呢？这是每个企业、每个员工都要面对的问题，缺乏时间限制的目标同样没有什么意义。如果把时间限制放开，那么就无所谓轻重缓急，无所谓长远目标和短期目标，那么企业的发展也会因为缺乏约束力而陷入拖延和散漫的状态中。

比如2015年，华为手机的出货量突破了1亿部的大关，而华为也制定了“2016年销售1.4亿部手机”的目标，其中M9手机要实现7700万部的出货量。在这个目标中，有具体的销售目标，有可衡量、可实现的数据——1.4亿的销售数量，有相关性——7700万部M9手机的出货量，也有时间上的限定——2016年。可以说这个目标符合华为SMART目标管理的五个原则，也表明了华为目标管理做得非常到位。而在这个目标的牵引下，华为在2016年里一定会表现得更加出色，一定会更加专注地投入到手机研发和销售领域，争取再创佳绩。

如果认真查看华为的发展规划就会发现，这些年来华为始终都是依靠着各种目标的精准制定来实现快速发展的。它一步步从一个小企业变成大企业，从国内市场走向国际市场，从一个被迫走农村包围城市道路的弱势企业，成长为一个在全球制造业三分天下的跨国公司，再到成为全球通信设备制造商第一名的霸主地位。一路走来，华为几乎实现了自己制定的每一个目标，完成了过往规划中的一件件大事。由此可见，它是一个真正践行目标管理，并且享受到目标管理所带来的好处的企业。

3. 流程化是企业发展的保障

> 我们从一个小公司脱胎而来小公司的习气还残留在我们身上。我们的员工也受20年来公司早期习惯的影响自己在思维与操作上还不能完全职业化。这些都是我们管理优化的阻力。由于我们从小公司走来相比业界的西方公司我们一直处于较低水平运作与交付上的交叉、不衔接、重复低效、全流程不顺畅现象还较为严重。
>
> ——任正非

在20世纪90年代，任正非频繁出访欧美等国，为的就是能够考察西方先进国家的大企业。任正非希望华为可以前往西方企业取经，学习一些发展经验，学习一些先进的发展理念，其中，任正非最在乎的是管理体系。

作为一家从艰苦环境中成长起来的民营企业，国内残酷的竞争环境以及薄弱的管理理念都决定了华为公司和其他民营企业一样，会在管理上出现一些盲区。这种管理上的薄弱和缺陷在华为进入扩张时期后，表现得更为明显，尽管华为的年销售额、市场占有率都得到了显著的提升，市场的影响力也空前强大，不过暴露的问题同样非常突出，其中最显著的就是浪费严重，成本偏高。

当时，内部人员将一份调查报告拿给任正非看，其中的数据让任正非异常吃惊：华为的研发费用浪费比例和产品开发周期竟然是业界最佳水平的2倍以上；华为公司产品的毛利率逐年下降，人均效益只有Cisco、IBM等企业的1/3～1/6。这两个对比直接戳中了华为公司的痛处，也让任正非下定决心要进行管理上的变革。而这一次，他将目光锁定在了蓝色巨人IBM公司上。

因为IBM公司几乎是当时世界上管理体系最完善、最科学的公司，IBM公司也是任正非非常欣赏的公司，他觉得自己一定可以从中获得很多经验和帮助。在考察的过程中，IBM公司中的流程化管理引起了他的兴趣。回国之后，任正非邀请了IBM公司的管理咨询顾问为公司IPD（产品集成开发）提供咨询并进行诊断，而当时正好是《华为基本法》诞生时期。顾问在大致了解情况之后，非常不客气地说："华为没有时间一次性将事情做好，却总有时间将事情一做再做。"

任正非顾不得面子，就询问了引入流程管理体系是否可行，在得到对方肯定性的回复之后，他最终决定从IBM引入流程管理。任正非感觉到华为的高浪费和高成本实际上源于部门岗位之间各自为战，缺乏必要的合作与联系，以致整体的工作陷入盲目无序的状态。对于华为而言，尽快加强流程管理，打造一套完善的流程管理体系已经迫在眉睫。华为有必要让每一位员工都成为公司流程中的一个标准配件，使其严格按照流程来逐步推进。

不久之后，华为开始引入并在内部推行流程管理。对于流程管理，任正非有一个非常形象的比喻：盲人摸象。有人负责摸鼻子，有人摸眼睛，有人摸庞大的身躯，有人专门摸粗壮的大腿，有人摸象牙，而公司最后会将所有摸象人的工作结果进行整合，最终就完整地描述出一头大象。

针对三大业务流，华为公司特意建立对应的三个系统，即IPD（产品集成开发）、LTC（从销售意向到收款的周期）、ITR（售后），同时用流程IT的方式进行固化。而为了让流程中的多个部门、多个岗位、经多个环节协调运作，华为坚决将流程贯彻到每一个细节。公司中的每一个部门，每一个员工都会握有一份详细制定的流程图，每个部门、每个人都有自己固定的工作步骤、工作内容，他们必须明确地了解：谁做、做什么、做出来给谁、怎么去做。为了确保流程的顺利，公司还要制定严格的考核标准。

通过流程管理，就有效保障了工作流程的精确度，保障了工作的协调性，从而使得整个华为公司的运作更加顺畅，内耗不断降低，而效率则得到快速的提升。从1998年开始，华为开始实施流程化管理，而这一次管理上的变革耗时5年，且花费了5000万美金。当时有很多人认为任正非的这一次投资可能会亏得血本无归，可对于立志进行管理变革的他来说，能够缓解管理上的矛盾，降低管理中的内耗，这本身就是很有必要的。

而事实上，经过多年的改革，华为的管理已经焕然一新，盲目研发、资源浪费、内斗内耗、执行力低下、库存率偏高、成本太高等问题已经迎刃而解。华为开始成功减负，发展速度和运作效率也有了很大的提升。2005年，华为终于挤进BT（英国电信）21世纪网络供货商短名单，这表明华为公司的质量保证体系日趋完美，并赢得了西方市场的肯定。2008年，在引入流程管理的第一个十年，华为公司的销售额大约翻了将近18倍，但研发人员的数量只增加了4倍，这样的数据对比，正好显示出了华为内部系统的高效运作以及竞争力的不断提升。正如华为一位内部管理人员所说：“为什么流程要改进，一上流程就要不断改进？为什么流程改进一小步，绩效能改进一大步？就像火车，我们平时感觉不到它对现代化的贡献，但是十年下来，有火车比没有火车的时候效率更高。”

如果进一步进行分析，华为的流程管理实际上已经从方法论上确定了规则，即“流程的核心要反映业务的本质，还原以后，该是谁的就是谁的。”所以从本质上来说，流程管理或者说流程建设不仅仅是把那些管理者或公司的代表们解放出来，更是把华为内部所有的人都解放出来。在流程当中，所有人都找到了精准的职业定位，都能够在海量、低价值、简单重复和枯燥的工作中更好地体现出自己的价值。

另外，公司一直推行以客户为中心的经营管理理念，渴望打造一个从客户中来，到客户中去，成就客户价值的业务流，而流程管理的推进以及流程建设的日益完善，使这个业务流系统也逐渐形成。

更重要的是，正是在流程化管理的基础上，华为很快就建立起体系化、标准化的管理体系，逐渐实现了职业化和专业化。

4. 用末位淘汰制来确保优胜劣汰的法则

华为要继续坚持以有效增长、利润、现金流、提高人均效益为起点的考核，凡不能达到公司人均效益提升改进平均线以上的，体系团队负责人和片区、产品线、部门、地区部、代表处等各级一把手，要进行问责。在超越平均线以上的部门，要对正利润、正现金流、战略目标的实现进行排序，坚决对高级管理干部进行末位淘汰。

——任正非

一个企业该如何保持基业长青，该如何让内部始终能够焕发出旺盛的生命力呢？做法其实很简单。管理学家彼得·德鲁克说，公司的灭亡是必然的，我们只能人为地延长它的寿命，而这种延长方法的关键就在于激发内部的活力。而想要确保内部具备活力，那么首先就要引入竞争机制，要给企业里的每一个人制造生存的压力。

在通用电气公司，曾经采用过一套“活力曲线”的淘汰制度，活力曲线是应用强制分配法将员工分成A、B、C三类，A类是20%的优秀人才，而B类是70%的普通员工，C类则代表10%最差的员工，这部分人最终要被公司淘汰。活力曲线制度的推行，使得整个通用电气公司始终保持旺盛的生命力，这也是它能够100多年保持长盛不衰的重要原因。

任正非对于通用电气公司的相关制度非常赞赏，也认为华为公司有必要打造类似的制度，来保持公司的活力。所以他在一次谈话中说道：“我们提倡能上能下，在实践活动的大浪淘沙中，我们要把确有作为的同志放在岗位上来，不管他的资历深浅。我们要把有希望的干部转入培训，以便能担负起更大的重任。我们也要坚定不移地淘汰不称职者。”

而在《华为如何度过冬天》这篇文章中，任正非指出：“如何在市场低潮期间培育出一支强劲的队伍来，这是市场系统一个很大的命题。要强化绩效考核管理，实行末位淘汰，裁掉后进员工，激活整个队伍。”在这里，任正非特意强调了一点，那就是和通用电气公司一样推行末位淘汰制，通过内部的考核和淘汰制度，来实现内部的优胜劣汰，从而激活队伍的活力和竞争意识。

“末位淘汰制”源于达尔文的《物种起源》，是“物竞天择，适者生存”这一进化法则中的一个重要观点。就像草原上的羊群一样，每一天都有一些老弱病残、跑得慢的羊会被狼群吃掉，只有那些跑在前面的强壮的羊才能生存下去，并将整个种族延续下去。这就是生存的一个基本规律和法则，而华为也想要将这样的法则引入自己的管理体系当中来。

从这一个方面来说，末位淘汰制是华为公司非常重要的一项管理制度。华为公司规定，那些绩效排在最后5%的员工，可能会受到公司的惩处，甚至很可能直接被淘汰掉。5%是一个相对稳定的数字，它和一般的考核制度不一样，因为一般的考核制度都以工作的数量、质量来作为业绩考核，在这些考核中，每个员工只需要关心自己是否完成了公司交代的工作即可，而不必关心其他人是否也同样做到了这些事。但末位淘汰制完全是一个相对性的考核指标，即便员工的工作合格，也为企业做出了一定的贡献，同样会有5%的人可能遭到惩罚。这样一来，华为的员工不仅要通过公司最基本的业绩考核，还要与其他人进行竞争，防止自己成为公司最后5%中的一员。

这个制度的推行有效保障了华为内部员工的战斗力，同时也形成了良性的竞争文化。因为华为内部都是一些精英，想要不被淘汰出局，那么每个人都会努力奋斗，争取让自己变得更加强大，这种危机感有助于他们始终保持专注度和上进心。

为了进一步增强员工的竞争意识和危机意识，华为公司很多时候还会提升淘汰的比例。比如在1999年，由于中国移动从中国电信中分拆出来，结果直接导致了华为公司的订单大幅度减少，很多华为员工的业绩都没有达标。尽管这和当时的行业变动有很大关系，不过任正非并不认为这可以成为工作不达标的借口，他果断下达命令，让公司做出了淘汰10%的决定。

直到这个时候，华为的员工才恍然大悟，原来自己的工作具有很大的风险，并不像外界所盛传的那样，“进了华为就等于拿到了金饭碗”。而在末位淘汰制的实施上，任正非认为干部更应该保持警惕，所以他建议公司提升干部末位淘汰制的比例，不仅要淘汰处于末位的不合格基层干部，还要淘汰那些不合格的中高层干部，而每个层级不合格干部的末位淘汰率最终要达到10%。另外，如果部门或团队的年度任务不能按时完成，那么干部的末位淘汰比例还可进一步适当提高。

任正非也说过，如果自己的工作不达标，或者不幸沦为了末尾，那么同样有可能被淘汰。他曾经这样进行解释："如果我们不能形成一种有利于优秀人才成长的机制，高速前进的列车不能有上、有下，那么列车的运行就不能脱离生命的束缚，我们必将走在盛极必衰的路上。所以要加强新干部的提拔，特别是艰苦地区，新干部不提拔，我们的商业模式就继续不下去了。"

虽然这个制度有些残忍，但任正非却认为很有必要，而且末位淘汰制更多时候针对的是不努力工作、不能胜任工作的落伍者，而不是一个毫不留情的裁员手段。任正非并不会轻易将那些处于末尾的员工开除出去，他只是希望用末位淘汰的法则来打造一个监督和预警系统，好让所有的华为人能够记住：只要不努力，任何人都有可能离开公司。

尽管这样的制度遭到了一些内部人员的不满，也在社会上引发了一些争议，很多人认为这是华为公司变相裁员的手段。但实际上，华为根本没有必要依靠这种方式来裁员，而且末位淘汰制的本质是为了激励，而不是为了惩罚或者摆脱包袱。在实施这个制度以来，华为一直保持强大的竞争力和活力，而没有像其他大公司一样盛极而衰，陷入一种僵化、麻木的状态之中。而且如今，这种制度得到了大范围的推广，很多企业和政府部门都积极主张用末位淘汰的办法来激励职员保持上进心。

5. 组织结构的大变革

我们后方配备的先进设备、优质资源，应该在前线一发现目标和机会时就能及时发挥作用，并提供有效的支持，而不是拥有资源的人来指挥战争、拥兵自重。谁来呼唤炮火，应该让听得见炮声的人来决策。

——任正非

无论哪一个公司，都会有自己的组织结构，或者说每个公司的组织结构都有自身的特点，像苹果公司，基本上属于乔布斯个人的集权式组织结构；亚马逊则等级森严有序；谷歌结构清晰，产品和部门之间却交错混乱；Facebook（脸谱网）架构分散，像一张散开的网络；微软以内部的利益群体为主，处处透着军阀的风气；甲骨文重视臃肿的法务部；百度比较简单；联想则是大小通吃、左右互搏。

而华为公司同样有自己的组织结构，而且华为的组织结构经历过多次的变革。2002年以前，华为还是坚持以本土市场为核心的战略选择，华为的主要目标就是将本土生产的产品销往世界各地，此时的组织结构相对比较集权，专业化和规范化程度也比较高，而这种职能式的组织结构有助于华为内部的统一领导。

随着华为的不断发展壮大，尤其是海外市场的不断扩张，职能式组织结构的弊端显露无遗。最明显的特征就是公司内部各个部门之间的协调性非常差，工作效率不高，难以应对变幻莫测的国际环境，因此它最终会阻碍华为的国际化扩张之路。早在1998年，华为虽然有8000人的队伍，但是集中管理的组织结构，增加了管理上的难度，而且效率并不高。更重要的是，无法促进新的增长点，结构性危机一步步威胁着华为的发展与国际化扩张。正是在这样的背景下，华为公司开始从国外引入先进的管理体系，并开启了组织结构变革之路。

2003年，在任正非的授权下，华为公司第一次进行了组织结构的变革和调整，公司开始从集权式结构向产品线结构转变，以应对快速变化的市场环境。这一次的变革起到了非常重要的作用，可以说具有开创性的意义，它使得华为公司从高度集权的管理模式中慢慢解放出来，并且为日后的进一步改革创造了良好的条件。

2007年，华为再次进行组织结构的变革，当时公司决定将地区部升级为片区总部，并成立了7大片区，而这些片区被拆分为20多个地区部。这样一来，指挥作战中心开始从高层管理者手中一步步往一线移动，这对于组织内部运作效率的提升起到了至关重要的推动作用。

2010年，华为开始重新梳理业务部门，原先公司按照业务类型将组织结构划分为设备、终端、软件服务等部门，而这一次，华为公司从单纯的业务类型转向了客户和市场，公司按照客户类型划分为面向企业、运营商、消费者及其他业务的部门。

经过接二连三的变革，华为渐渐将内部不同机构、不同职位以及不同人员，紧密联系起来，打造成一个整体性的、纵横交错的网络，从而有效地将事业分工和专业职能分工有机结合起来，使整个企业形成一个统一的、合作的团队，这就是华为公司的矩阵结构。在这个结构中，从横向上，公司按照职能专业化原则设立区域组织，为业务单位提供支持、服务和监督，使各业务运营中心在区域平台上以客户为中心开展各自的经营活动。从纵向方面来说，公司按照业务专业化原则设立四大业务运营中心，并分别设置经营管理团队，按照其对应客户需求的规律来确定相应的目标、考核以及管理运作机制。

扁平的矩阵结构大大缩短了决策链，可以更快地感知到各种环境因素的变化，并对运营管理中出现的各种不确定性的问题立即做出反应，然后予以解决。这样就降低了具有动态性、复杂性、敌对性等高度不确定组织环境带来的威胁，保证了公司内部的稳定。而且由于决策权往一线迁移，华为公司可以对不同国家的不同市场及时做出反应，并有利于加强对当地市场的组织和管理，捕捉市场上的相关信息，从而快速响应市场的需求。另外，华为的矩阵结构是面向市场来设计的。公司可以根据不同的细分市场，把握不同的客户需求，从而研发和生产出新的产品，满足多元化发展的需求。公司还能够有效利用该结构的前瞻性和扩展性，在新产品的竞争市场上寻找新的利润增长点。

华为建立的这种可以有所变化的矩阵结构，非常符合发展的需求。因为华为所在的行业是电信产业，在这个行业当中，几乎每隔3个月，就会出现一次大的技术创新，而每次的产品创新都肯定伴随组织架构的变化。为了适应这种急剧变化的速度，华为有必要建立起一个保持相对稳定，同时又具备在变化面前迅速调整的组织结构。因此建立一个表态结构、一个动态结构、一个逆向求助系统的组织结构成了必然。

矩阵结构实际上更类似于某种进退自如的创业管理机制，一旦出现机遇，相应的部门便迅速出击，抓住机遇。在该部门的牵动下，公司的组织结构会发生一定的变形，但是流程不会发生变化，只是部门与部门之间联系的次数和内容发生了变化。而这种组织结构的变形往往是暂时的，当阶段性的任务完成后，整个组织结构又会恢复常态。

比如在GSM领域，华为曾经推出了面向3G的解决方案。这个创新性方案可全面支持3G以及专业集群功能，只要配合专业的集群手机，就可以满足高端用户的调度、会议广播、紧急呼叫等需求。为了让这项业务正式进入市场，华为快速出手，将一部分市场营销和推广人员、技术创新人员组建成了事业部，用来负责这项创新性的业务。由于事业部的组建是服务于3G业务的，一旦3G正式投入运营并获得收益，市场部和客服部开始统一负责服务等市场跟进工作，那么这个临时组建的事业部此时就可以回归原样。

通过一系列的组织变革，华为在国际化进程中取得了很大的成就。它开始在国际市场上不断获得突破，到如今，国际市场的业务份额已经超过本土市场，并成为华为营业收入最主要的来源。

6. 绩效导向制度

> 不在乎他们是什么行业，哪怕是工人，只在乎他们是否有主人翁意识，尽心、努力，是否优秀，是否种了庄稼、打了粮食，只要有强烈的主人翁意识并努力工作的人，华为给他们配股，将他们变成华为的主人。
>
> ——任正非

任正非说过这样一句话：“茶壶里煮饺子，倒不出来就不算饺子。”这实际上是对华为公司考核体系的一个精准说明。过去公司一直都在说培养合格的、优秀的干部，那么什么样的干部才是合格的？哪些干部才是优秀的？是不是能力越大、经验越丰富，或者说知识量越大的干部就是优秀干部，就应该给予更高的薪资和职位？

在过去一段时间，华为的干部选拔和员工奖惩制度存在一定的问题，比如一些老员工轻而易举地进入管理阶层，一些老员工总能够分到更多的股权，而他们实际的能力与工作价值却低于职位、薪资的水平。这些都为公司的管理带来了很大的难度，也引发了一些关于公平的讨论，更是挫伤了很多新员工的积极性。

在这个时候，任正非迫切地意识到华为的考核制度必须进行变革，这种变革的关键就在于贡献。任正非说过：“我们还是要坚持以结果导向考核员工，包括长期的、中期的和短期的结果。我们不要跑偏，不能凭考试涨工资，不能凭技能涨工资，而要看结果，看贡献。我觉得考试不能多，不要让员工把精力聚焦在考试上，而是聚焦在多做贡献上。如果聚焦于考试，那就会有一些人占便宜。有些人一次性把事做得很好，但考试考不好，会不会是打击？我想很多考试，如果考你们主管，你们可能很多不及格。考试好，就能当干部吗？我不会选一个只是考试好的人当干部。我们在干部评价体系上，强调贡献，用贡献来衡量绩效。”

公司规定无论是对员工还是干部进行考核，都要注重绩效的可衡量性，任何一种考核都要按最终的贡献说话，只有贡献才最具说服力。换句话说，公司进行人才考核的重要标准就是看他做了多少工作，并产生了多少实际的价值。只有做出了业绩，才有机会获得晋升，这就是华为打造的绩效导向制度。

在《华为基本法》中，公司对考核体系的建立做了明确的规定。第六十五条——华为员工考评体系的建立依据下述假设。

① 华为绝大多数员工是愿意负责和愿意合作的，是高度自尊和有强烈成就欲望的。

② 金无足赤，人无完人；优点突出的人往往缺点也很明显。

③ 工作态度和工作能力应当体现在工作绩效的改进上。

④ 失败铺就成功，但重犯同样的错误是不应该的。

⑤ 员工未能达到考评标准要求，也有管理者的责任。员工的成绩就是管理者的成绩。

第六十六条——建立客观公正的价值评价体系是华为人力资源管理的长期任务。

“员工和干部的考评，是按明确的目标和要求，对每个员工和干部的工作绩效、工作态度与工作能力的一种例行性的考核与评价。工作绩效的考评侧重在绩效的改进上，宜细不宜粗；工作态度和工作能力的考评侧重在长期表现上，宜粗不宜细。考评结果要建立记录，考评要素随公司不同时期的成长要求应有所侧重。

在各层上下级主管之间要建立定期述职制度。各级主管与下属之间都必须实现良好的沟通，以加强相互的理解和信任。沟通将列入对各级主管的考评。员工和干部的考评实行纵横交互的全方位考评。同时，被考评者有申诉的权利。”

当绩效考核制度被纳入到《华为基本法》中时，证明了华为公司开始对绩效导向制度的重视。员工在每年年初都要制定绩效目标，然后努力去完成目标，在这个完成的过程中，主管也要帮助下属依据实际情况及时调整目标。在年底考核的时候，绩效结果直接和激励机制挂钩。目前华为实行以个人业绩承诺为基础的全面绩效管理的考核体系，目标层层分解，所有员工围绕个人绩效目标展开工作，基层员工每半年考核一次。

华为的绩效考核具有从上而下的特点，绩效考核分为A、B、C三个档次，这三个不同档次之间的绩效奖金差距是5000元左右。那么公司如何来评定员工位于什么档次呢？一方面是直接看业绩，另一方面这是按照员工的比例来固定分配：一般情况下，5%的A档次，45%的B档次，45%的C档次，而剩下的5%的员工被看作是最末一档，属于末位淘汰的一档。如果员工连续几个月都被评为C档或者末档，就会面临降级或淘汰的危险，职位和奖金都会大幅降低。

这种考核制度增加了企业决策的透明度，绩效考核单一目了然，员工可以了解自己哪一方面做得不错，而哪一方面做得不够好；公司也能够依据考核单予以必要的奖惩，而不会担心引起过多的公平问题。2001年前后，华为的人力资源工作指标已经越来越细分化，对员工的工作任务描述也越来越详尽清晰。在这样的背景下，员工的考核制度也要更加精细化。目前，华为采用的是季度考核、年度总评的绩效考核方式。日报、周报、月报、季度报和与之相应的阶段性考核，保证了主业的不断增长和员工阶段性的成长欲望能够不断得到满足，而这是内部人才市场建设的一个重要基础。

华为公司也通过绩效考核的管理强调了以责任为结果的价值导向，建立了一种自我管理、自我约束的机制，管理者和员工之间不断设立目标，不断进行问题的反馈，这样就有效提升了业绩，实现了绩效改进，也促使员工能力不断得到提升。

7. 对事负责，而不是对人负责

> 市场部机关是无能的。每天的纸片如雪花一样飞啊，每天都向办事处要报表，今天要这个报表，明天要那个报表，这是无能的机关干部。办事处每一个月把所有的数据填一个表，放到数据库里，机关要数据就到数据库里找。从明天开始，市场部把多余的干部组成一个数据库小组，所有数据只能向这个小组要，不能向办事处要，办事处一定要给机关打分，你们不要给他们打那么高的分，让他们吃一点亏，否则他们不会明白这个道理，就不会服务于你们，使你作战更有力。
>
> ——任正非

很多人都说中国企业最大的管理问题就是人事管理问题，企业中的干部和员工花在人际关系和人事处理上的时间，有时候比工作时间还要多。正因为人际关系的复杂性，在工作当中，很多人都习惯了对人负责，而不是对自己的工作负责，下属在工作时完全是抱着为上司服务、为上司工作的态度。

这样的情况在很多公司里都存在，华为也不例外。任正非在《北国之春》中说："华为由于短暂的成功，员工暂时的待遇比较高，就滋生了许多明哲保身的干部。他们事事请示，僵化教条地执行领导的讲话，生怕丢了自己的乌纱帽，成为对事负责制的障碍。对人负责制与对事负责制是两种根本不同的制度。对人负责制是一种收敛的系统；对事负责制是依据流程及授权以及有效的监控，使最明白的人具有处理问题的权力，是一种扩张的管理体系。而现在华为的高中级干部都自觉不自觉地习惯于对人负责制，这也使流程化IT管理推行困难。"

对人负责带来了很大的问题。比如管理中出现了很多不必要也不重要的环节，员工们缺乏决断能力和自主选择的能力，事事都要请示上级，都要征求上级的同意，结果严重影响了办事效率。另一方面，对人负责制很容易滋生派别主义和利益团体，一些干部会形成自己的权力圈子，或者无故增加一些内部的编制，而那些机关干部很可能根本就不能为企业带来任何增值的行为。

任正非对此进行了表态："现在流程上运作的干部，他们还习惯于事事都请示上级。这是错的，已经有规定或者成为惯例的东西，不必请示，应快速让它通过。"在那之后，华为正式全面推行对事负责制，而对事负责制给予了员工更多的自主选择权，也让员工的工作更具效率。

公司规定，只要出现问题，员工就可以先着手进行解决，而不用再像过去那样，先汇报、先等待，然后按照命令做事。事实上，只要问题不是太严重，只要不是涉及一些重大利益的事情，员工完全可以在职责范围内予以解决。对事负责制是建立在流程管理上的一个制度，能够充分调动员工的主观能动性，并提升员工的责任感和执行力。

比如2005年，一个刚刚从大学毕业的大学生进入华为的研发部门工作。在某个周末，这个新员工忽然发现很多无线通信类产品线上，出现了大批不合格产品。而华为向来都非常重视质量以及对客户的服务，这么多的残次品会给公司的生产带来很大的亏损，而一旦这批不合格的产品进入市场，很可能会让公司的形象严重受损。为了尽快找出问题所在，他也顾不得向上级报告这件事，而是立即开始进行检查。经过一个下午的努力，他终于发现了生产设备上的问题，于是立即进行维修，最终让设备恢复运转，从而确保了设备在工作日的正常运转。

华为一直以来都在思考如何让员工更主动更积极地参与到企业的整体运作当中来，其实培养员工的责任感就是一个重要的方法。华为要求每个员工都应该具备对工作认真负责的责任感，都应该确保自身的积极性和投入度。为了培养员工这种对事负责的意识，任正非强制规定“对明哲保身的人一定要清除”，对那些害怕承担责任，对那些“事不关己高高挂起”的人，华为绝对不会留下。比如在华为公司，很多人效益不高，工作没进步，但是自认为很少犯错或者从未犯过错，因此绝对可以继续留在公司上班。而任正非却提前断绝了这种不健康的想法，“没犯错就可以当干部吗？有些人没犯过一次错误，因为他一件事情都没做。而有些人在工作中犯了一些错误，但他管理的部门人均效益提升很大，我认为这种干部就要用。对既没犯过错误，又没有改进的干部可以就地免职。”

对事负责制实际上让员工与工作岗位建立起了更加紧密的联系，员工对于工作的选择也更加理性。在过去，员工都认为上级让自己干什么工作，自己就去干什么工作，但很多时候，上级的安排也是盲目的、不合理的。想要真正做到人才与职位的匹配，那么最好就是自主选择工作。

正因为如此，华为公司在招聘新员工时，会先给每个员工发放一张职位申请表，让员工自己选择工作岗位和部门，而不是像过去一样，让上级部门直接进行安排。这种自主选择可以确保员工选择自己最喜欢、最擅长的工作，也能激发他们工作的热情。不过自主选择仍然会存在一些问题，一些员工可能会选择一些级别较高、挑战难度更大的职位。所以公司额外地做了一些调整的余地。比如一旦员工在工作中感觉到不适应，或者无法做出让人满意的成绩，那么公司会对这些员工的职位进行调整，以便做出更加合理的安排。

另外，对事负责制改变了员工从属于某个人或者仅仅听命于某个人的工作态度，而是从大局上看待自己的工作，将自己的工作纳入到整个管理体系和运作流程当中来对待，而不是仅仅将其放在部门内部以及上司可管理和控制的范围之内。这种变化有助于让员工之间建立起更加完善的沟通机制，有助于提升员工对于工作流程和工作体系的把握。

“对人负责”其实是建立在对企业领导人“无所不能”的人性假设基础之上的，管理者为了树立权威，为了更好地控制企业，会给员工施加一种管理压力，让他们顺从自己的权力去行动，并且唯命是从。这种制度在创业初期，可能会起到一定的作用，毕竟领导者的个人魅力不可忽视，而且确实可以起到拉拢和引导他人的作用。不过随着企业的不断发展，随着企业流程精细化的要求，“对人负责”已经不能适应发展的需要。

而企业推行“对事负责”的制度，就是通过创建科学高效的管理流程避免人和人之间不必要的纠缠，让人人都有清晰化的工作目标和过程，从而形成管理的聚合效应。任正非希望通过这种变革和转变，来避免华为进一步陷入管理的误区当中。

当然，“对事负责”并不意味着员工可以忽略上司的命令，也并不意味着员工可以任意地擅做主张。对事负责制的前提就是确保自己能够遵守公司的要求和安排，只有把自己当成一个优秀的执行者，才能真正体现出对事负责的精神。

8. 成本控制比市场扩张更有效

我们的确在海外拿了不少大单，但我都不清楚这些单子是否赚钱。

——任正非

2001年年初，任正非发表了《华为的冬天》这篇文章，在文章中，他首次对华为即将进入寒冬做出了警示，但鉴于行业内整体形势不好，像华为这样的电子公司一直处于低利润的水平上。比如国家信息产业部在2005年做过一项统计，发现当年的前10个月，电子百强企业平均营业收入利润率仅为1.8%，下降到历史最低点。

而美国在这两年也出现电信运营业并购潮，其根本原因就在于行业越来越不景气，毛利率太低，企业需要通过并购来节省成本。而且通过并购，可以扩大运营企业的规模，从而增加自己在价格方面的话语权。这样的现象让任正非感同身受，所以，从2006年年初开始，任正非再一次将“冬天论”搬到华为公司的演讲台上，有意思的是，那时候华为正处于一个高速发展的黄金期，业务扩张和市场扩张都非常惊人。

任正非忧心忡忡地指出了华为面临的重大危机："我们现在面临着很困难的局面，全行业毛利率下降，客户对价格有完全的话语权，说降价我们就只能降价，即使送也很难，一些业界喊得很响的战略市场几乎没希望赚钱。所以我们不能被销售规模的增长迷惑了，以为形势一片大好，其实近几年的经营性净利润率在不断下降，去年已低于8%，而鉴于研发、市场都必须持续高投入的行业特点，经营性净利润率低于6%就很难支撑了，所以现在这个盈利水平，我说给客户听，他们都表示吃惊。"

这一次，任正非旗帜鲜明地提出了要降低和控制好成本，而降低成本绝非仅仅在产品质量、人员薪酬等方面下功夫，还要在企业管理和运营成本上面挤压水分。在过去很长一段时间内，华为的发展速度很快，扩张速度惊人，而且创造了巨大的财富，因此很多华为干部开始把自己当成富裕阶层，开始有意无意地增加各项开支，将地区部的消费水平拉到一个很高的水平上。有一次，任正非进行内部考察，发现很多部门内部，搞行政服务的人就多达13个人，这简直让人匪夷所思，更重要的是，行政人员无限制的增加，会间接地增加一些为他们服务的人员，而公司最终也要为这些服务人员增加服务和成本。

任正非还重点查看差旅费和办公费用，因为很多不必要的开销以及成本浪费就是出现在这两个项目上，这是两个高消耗的水龙头。他经常会查看公司前一年的财务报表，结果常常发现办公费用和差旅费用的增长率均远远高于收入的增长率，也就是说，员工们出差和办公费用一直在不断增长，可是业绩却并没有成正比例地上升。这种情况让他感到忧虑，因为此时的华为已经成为一家运作成本极高的公司了。

有一次，华为公司的财务总监向任正非报告，他们开除了一个外派的财经人员，原因就在于这个员工经常在上班时间做其他的事情，而且利用公司电话聊天，结果一个月就打掉了16000元的电话费。

由于浪费严重，任正非毅然决然地决定推动内部的改革。他坚决要求公司一定要建立严格的财务预算和审核机制，将一些不必要的内部成本消耗去掉，同时要求所有华为人艰苦奋斗。任正非认为未来3~5年是整个产业最困难的时候，因此建议公司全体上下一定要勤俭节约，不能像以前一样大手大脚地花钱。

为了强调这一点，任正非下达了死命令，将艰苦奋斗和勤俭节约的品德纳入到干部考核和选拔的体系中来。“我要的是敢于在上甘岭爬冰卧雪的人，只有做到这样，我才能提拔你为将军。将军当然要能打仗，但只能在爬冰卧雪中去培养。不愿意爬冰卧雪的我们就不认同，就不给你这个机会。”这样就让很多干部改变了以往不计成本的高消费行为，及时刹住了内部的一些不正之风。

他当时还提出了一个基本的要求，那就是一定要看劳动投入产出比，要各个部门制定合理的绩效目标。部门述职抓核心指标，要把今年的指标和去年的指标进行对比，如果指标不好，那么相关的述职人员就要下去。任正非表态说：“一年改进10％就很不错了，改进5％我也接受，3％我也接受你，不改进我就要撤掉你，而且工资要降下来。工资要计入成本，以后我不看人均销售收入，转到考核劳动投入产出比。这样部门主管就不会去袒护人，不合适他就要换人。”

任正非还将成本控制和奖金挂钩，规定总体费用的增长率不能超过公司收入的增长率，而且总体费用率必须要在前一年的基础上下降1~2

个百分点。如果公司的费用降不下去，那么公司全体的奖金都要打折扣。这些相关的惩罚措施，实际上有助于约束员工的浪费行为，并培养员工的成本意识。

当然，成本控制还离不开效率的提升，效率的提升往往是降低成本的关键。任正非要求公司一定要确定各重要经营单位（如地区部和产品线）的成本经营基线、效率基线，并明确每年的提升目标。比如在2005年和2006年，华为的人均效率为西方发达友商平均水平的1/2.6，因此任正非要求公司的人均效率必须每年都提升15%以上。

华为公司的一个地区部负责人说过："我们和对手比的就是成本。如果我们比对方低几个点，甚至十几个点，那我们就能活下去，对手就活不下去。我们希望自己是活下去的人，我们一定要精细化运营。"无论是各种开销的限制，还是效率的提升，实际上都体现了华为向精细化运营模式转型的一种现实需求。

9. 把握好公司的现金流

你们说要做世界第二，我很高兴。为什么呢？苹果年利润500亿美金，三星年利润400亿美金，你们每年若是能交给我300亿美金利润，我就承认你们是世界第三。你们又说电商要卖2000万部手机，纯利润是1亿美金，一个手机赚30元，这算什么高科技、高水平？

—任正非

对企业的成长来说，通常都要关注三个非常重要的数据：一个是经营利润的增长，一个是销售收入的增长，还有一个就是现金流。与收入相比，现金流是更为“敏感”的显性指标。而在2009~2012年这四年中，华为OCF（经营现金流）/收入数据分别为：16%、17%、9%、11%、9%。仅在2012年，华为的现金流约为214亿元，到了2015年，经营现金流为493亿元。相关的数据表明，华为的营业利润与现金流的年复合增长率高达25%以上，而2015年我国国有企业的平均营业收入利润仅为6%。

这些数据的背后，实际上更能体现出华为对于现金流的重视，任正非此前说过这样的话：“我们假设国内有一个网站手里还有5000亿美元的现金在烧，它就可能会把中国电信烧死。反正我不要钱，我就与电信拼烧钱。不要钱，花光用光，现金流都没有了，没有现金流就死了，死了就成功了。可惜他没有现金，我没有5000亿。我算了一算，中国电信的最后一口气是多少，是500亿美金，那我只要有501亿美金，这个商业模式就成功了。所以说，现在对现金的把握是非常重要的。”

在这些讲话中，任正非强调了现金流的一个重要作用，就是竞争中的抗击打能力，只要现金流充足，那么企业的生存能力就可以得到保障，即便遭遇危机，也能够安然度过。因此任正非多次强调，企业一定要确保现金流和回款的健康。

其实在华为公司积极拓展海外市场的时候，任正非就开始注意到这一点了，那时候他就已经意识到华为未来可能遭遇到的困境。因为华为需要加快走出去的步伐，积极拓展海外市场，可是对于一个处于急速扩张，并将业务扩散到全球多个大市场上的跨国企业来说，往往需要大量的投资，而企业本身的资金是不可能无限的，唯一的办法就是加快现金周转的速率，通过庞大的现金流来支撑企业持续性的扩张。

不过，国际市场不同于国内市场。由于社会、政治、经济、文化因素的影响，海外市场的回款速度比国内要慢很多，回款期太长就会带来一定的风险，阻碍内部的资金循环，并导致周转不灵而让所有的投资陷入困境。

这其实是任何一个跨国公司都会遇到的问题，而任正非在处理这一问题时，显示出了出色的预判能力。早在2004年以前，任正非就预见性地设置了专门负责回款的市场财经部门，由这个部门来专门解决回款延迟、回款难等问题，而这个部门也确实提出了很多非常有效的追款办法。

为了保证不会出现回款困难而导致现金流受到影响的情况，华为采取了预付款的形式。也就是说，在签订项目合同之前，华为通常会让对方先预付30%的预付款；等到项目完工时，对方进行产品抽样，样品合格的话就支付40%的款项；等到完成全部的交货后，再付清剩下的30%。这种先支付预付款的形式可以最大限度地保障公司的利益，而分期付款也符合合作方的利益需求，因此是一个非常合理平衡的模式。正是依靠这样的模式，华为才能够在海外市场上降低现金流不足的风险。

在很多时候，华为还会在合作中拉入第三方来降低类似的风险。比如华为会有效利用政府的协议，通过中国政府与这个国家建立合作，先让中国政府和对方进行贸易交易，然后华为再从政府那里获得资金。也可以寻找合作伙伴一起投资，这样可以实现风险均摊，并有效降低回款风险。

另外，华为也拥有自己的销售策略——在必要的时候可以通过降低价格来维持自己的竞争优势，可以通过适当的低价来确保现金流。任正非说："在销售方法和销售模式上，要改变以前的粗放式经营模式。我宁肯卖得低一些，也一定要拿到现金。"他对此打过一个非常生动的比方："大家以为我卖的设备原来是100元钱，我90元卖掉了就亏10元，这种合同坚决不做。但是如果坚决不做，公司就亏损了23元，因为所有的费用都分摊了，在座的开会用的桌子，屁股坐的椅子费用都分摊进去了，还要多拿23元贴进去才能解决这个问题，甚至可能还不止这个数。如果亏了10元钱卖，能维持多长时间呢？就是消耗库存的钱。消耗、消耗、消耗，看谁能耗到最后，谁消耗得最慢，谁就能活到最后。市场就是这种规律。”

从目前来说，这些模式都比较成熟，对于华为现金流的控制会起到非常重要的作用，而且也提升了华为公司的市场生存能力，哪怕在最不景气的时候打消耗战，华为也有充足的底气来赢得对抗。

事实上，在当前的市场环境下，现金流的作用越来越明显。由于竞争变得更加激烈，市场饱和度不断增加，再加上销售价格的下降，很多企业都出现了财务泡沫，而泡沫的存在会将公司进一步带入困境之中。前些年，由于全球IT市场的泡沫非常严重，很多规模很大的设备制造商和运营公司纷纷破产，一些老牌的巨头企业也失去了往日的竞争力和活力。可是华为却能够依靠充足的现金流，顺利度过寒冬，并且在寒流之后迅速爆发出了惊人的能量和强大的竞争优势。

任正非自己也承认：“这个冬天过去，没有足够现金流支撑的公司，春天就不存在了。这个时候我们的竞争环境就会有大幅度的改善。西方公司由于巨大的财务泡沫对他们已产生了打击的影响，他们自己已经乱了阵脚。（他们）乱了阵脚我们做什么呢？乘胜追击，争取更多的市场、更多的机会，我们就能活到春天，活到春天，我们存的粮食吃光了，再种。”

现代企业在国际化进程中，往往会盲目进行扩张，或者将所有的注意力放在扩张上，而忽略了现金流的管理，实际上充足的现金流才是确保企业能够在扩张中高枕无忧的坚实后盾。就像苹果公司一样，这些年它能够在激烈的竞争环境中，保持强大的优势，就在于它拥有世界上最多的现金流，而华为如今也在尽力打造这样一件现金流的棉袄，以应对可能到来的寒冬危机。

10. 用高效的执行力来推动企业的发展

> 干部需要具备的三方面能力，成功的决断力、正确的执行力、准确的理解力。仅具备准确的理解力，适合在机关做干部；具备正确的执行力，可以做个部门的副职；具备成功决断力的干部可以做部门一把手。第四种是人际能力，我们选拔干部主要是以这四种能力为标准。理解力就是说，一个干部，他都听不懂你在讲什么，那怎么去执行，怎么能做好呢？要加强中层干部的执行力，高级干部要有决断力。
>
> ——任正非

任正非曾经提出了“上层做势，基层做实”的口号，并将其作为华为公司工作体系中的一个重要理论，在这个理论中，实际上体现出的是华为内部明确的分工体系和分层体系。在华为公司，华为的工作人员一般会分为高中低三个层级：高层人员负责做好企业的蓝图规划和战略制定工作，为员工提供行动的动力和指南；中层干部主要职责是制定规划和任务；下层人员的主要任务就是负责将上层的工作计划和目标完全付诸到具体的行动当中。

在这个三位一体的层级体系中，华为有效确保了战略、战术的制定与实施，确保了各项工作目标的实现。而在很多企业中，企业往往会出现失衡。比如绝大多数企业都重视策略的制定，都重视对各种先进理念的探讨和思考，却很少会将大量精力花在如何实现这些理念上，而执行力实际上才能产生真正的价值，只有将那些好的想法、理念，坚决贯彻下去，付诸实施，才能产生真正的效力，因此如何提高执行力才是整个计划和目标得以实现的关键。

很多企业并不缺乏好点子，但是它们缺少优秀的执行者，缺乏高效的执行力。而这种高效的执行力首先体现在服从方面，一个员工是否愿意服从上级的命令，是否愿意按照上级的指令行动，这至关重要。在这一方面，任正非提倡的是一种领导的权威文化。在华为内部，“老板文化”或者说是“上司文化”，原本就比较盛行，尽管这些年来，华为的民主化进程和分权行动取得了很大的进步，但是任正非始终都在强调一点：老板或者上级领导想要任免谁，想要下达什么样的命令，下级人员通常是无权干涉的，他们只能去服从和遵守。从个人情感和程序上来说，他或许愿意倾听一些不同的意见和声音，也愿意给员工一些反驳的机会，可是仍旧会提醒对方“你要做的就是服从”。

有人说任正非很独裁，但实际上他更愿意将其当成一种团队纪律。这些年，他一直主张华为向西点军校学习那种军事化的管理模式，并且一直都希望将自己的员工培养成一支执行力出众的强大队伍。对于企业来说，保持领导者的权威和权力是非常有必要的，上级有必要约束员工的行为，并让他们按照自己的意志行事。

执行力体现的不仅仅是单纯的服从。执行者在接受命令之后，应该立即行动，而不是借故拖延，因为执行力是有时间效力的，任何一个任务如果超过规定期限，很可能就会丧失最佳的机会。所以华为公司向来不喜欢拖延，任正非本人也是一个雷厉风行的领导者，只要认定了的事情，肯定会在第一时间完成。

有一次，华为总部的几个年轻财务雇员在电梯里大声抱怨公司没有在研发基地设立一个账务系统，以致大家总是为结账报销的事情在基地和总部之间两头跑。大家在发牢骚的时候，根本没有注意到任正非当时就站在电梯里，等到他走出电梯时，那几个年轻的财务雇员吓得一言不发。不久之后，华为研发基地就在任正非的授意下新建了一个账务系统。

通过这种出色的执行力，任正非向所有的华为人都传达了“立即行动”这样的观念，而这也符合狼性团队的生存原则，机动性、立即执行、快速向目标发起攻击，这些本身就是华为公司应该具备的特质。

此外，执行力兼顾了工作中的时间、效率、质量与价值，按时、保质、保量地完成工作是执行力的基本要求。因此，去做不一定代表员工有意愿将工作做好，去做不一定代表员工一定能够将工作做好，好的执行力是需要一个好的执行效果的，没有结果的是执行力中不合格的执行力。而顺利完成工作，不仅仅需要个人的能力表现，还需要端正自己的工作态度，不要轻易找借口，要保持足够的专注和毅力。华为公司要求员工“一次只做一件事”，其实就是担心目标太多会分散执行者的注意力，从而降低成功的概率。

当然，最重要的一个方式，就是任正非在华为内部推行绩效责任制。他要求所有的干部要签订绩效承诺书，公司会依据前一年的工作业绩，来制定新一年的工作要求与目标，包括客户满意度、人均销售收入、销售订货、销售发货、销售净利润等指标。之后就将这些指标进行分解，让下一层的干部接受任务，对指标立下“军令状”，而基层管理者则会要求和命令员工执行下去。这种绩效承诺书的模式实际上给所有的干部和员工都增加了束缚力，他们会想办法尽快完成工作任务。

将执行力进行制度化，这是任正非对于华为公司人力资源管理和应用的一个重要要求，他不希望公司内部出现只说不做，或者说得多做得少的情况。将执行力与考核制度进行挂钩，就可以对所有的员工形成压迫感，他们也一定会更加专注于执行任务。与此同时，为了提升员工的执行力，华为还专门为员工设置了三个考核层次，分别是持平、达标、挑战，很显然达到挑战级别的员工，总是能够主动去超额完成任务，确保工作价值和效益的最大化，而这样的员工更容易受到上级的青睐。

对于华为公司来说，它在过去很长一段时间内都保持着强大的执行力，这让它成了市场竞争中最令人恐惧的对手，而这一切正源于卓有成效的管理。任正非曾经说过，管理首先是对人的管理，如何让员工发挥出最大的价值，是管理者工作任务的重心。能够让员工保持一流的执行力，能够让员工顺利执行公司制定的目标，这是华为公司管理成果的一个重要展示。

第三章
企业文化——华为生产力的另一种延伸

“一个优秀的稳定的企业，不仅拥有先进的技术，拥有合理的组织结构，拥有非常完善的管理体系，此外也必定拥有非常丰富的企业文化。相比于技术、资金、人员这些硬件，企业文化作为企业软实力的主要组成部分，实际上往往更能代表一个企业的形象，对企业发展的影响往往也更加广。良好的企业文化能够有效促进企业的发展，引导企业的前进方向，并确保企业可以在一种更加稳定的状态下一直发展下去。技术和资金也许可以帮助企业赢得一时的竞争优势，但是唯有企业文化可以确保企业基业长青，而这恰恰是华为一直着力打造企业文化的原因。”

1. 像狼一样进攻

> 目前公司有很多人不愿意艰苦奋斗了，我非常担忧。特别是一群拿着大把股票的老员工，自认为每年靠着分红就可以过着无忧无虑的日子，每天在工作岗位上虚度光阴，对组织的贡献已经不大了。国家在打虎，我们也可以杀猪嘛，今后就要杀一些养的太肥，每天只会哼哼的猪，把这些猪肉分给那些正在疯狂忘我工作的饥饿的狼。
>
> ——任正非

如果对华为公司进行剖析，那么就会发现华为公司最大的特征就是“狼性”，而和狼结缘还要追溯到华为发展的初期。那个时候，华为公司一穷二白，各个生产要素都比竞争对手弱，生存压力很大。所以任正非直接提出了“活下去是第一要务”的口号，那么该如何生存呢？这是一个最现实的问题。

任正非当时认为狼的生存能力是最强的，因为狼具有敏锐的嗅觉和极强的攻击性，而且耐力惊人，只要发现有肉，老远就能嗅到，而且会奋不顾身地扑上去。这种特质正是华为人当时所需要的，因此任正非干脆号召大家向狼学习，并慢慢形成了一种具有华为特色的企业文化。

作为通信设备的制造商和供应商，华为的主业就是销售。而在销售中，最直观地体现出了华为人狼性的一面：具有敏锐的市场嗅觉，总能够发现商机；保持着良好的作战纪律，相互协作；保持整体力量外向型攻击态势；对目标展开疯狂的追击，耐力十足，而且为实现目标常常会利用各种手段。

正因为如此，任正非明确提出了狼性生存法则：“企业要发展就要发展一批狼，狼有三大特性，一是敏锐的嗅觉；二是不屈不挠，奋不顾身的进攻精神；三是群体奋斗的意识。”这三个品质，正是任正非对于华为人的要求，也是华为狼性文化的精髓。在狼性文化的基础上，任正非还提出了“薇甘菊战略”。薇甘菊是一种非常恐怖的野草，只需要一丁点儿的养分和空间就可以快速生根发芽，而且迅速占领地盘。任正非认为这是符合华为攻占市场，并推行国际化进程的一个战略，也是对华为企业文化的一个完善。

首先，是培养敏锐的市场嗅觉。在竞争当中，华为要求每一个员工都保持敏锐的嗅觉，要善于发现市场，把握发展的机会。正因为如此，华为每一步走来，常常能够做到先发制人，先于对手把握商机，进而占领市场。

在1999年，华为就预先察觉到预付费业务即将推出，所以暗中做好了技术准备。结果当移动公司提出这个业务时，华为由于拥有了足够的技术储备，在第一时间获得了合同的订单。当时华为公司从中国移动公司手中拿到了25个省市点的业务承办权，并且还在第二期项目招标中，获得了移动公司高达8.2亿元的合同。

这种嗅觉需要在日常的工作当中接受训练和培养。任正非曾经说过："以后的IRB（投资决策评审委员会）人员，对市场的灵敏嗅觉，应像香水设计师一样，能够灵敏区分各种客户需求。这种嗅觉就是对客户需求的感觉。那么，这种嗅觉能力来自哪里？来自客户，来自与客户聊天、吃饭。"他希望华为人能够主动接触客户与市场，能够透过这种接触来把握最细微的市场信息。

其次，是培养不屈不挠、奋不顾身的进攻精神。这是华为最显著的一个特征，这里表现出了华为进攻的积极性和持续性。在华为内部，员工必须具备不屈不挠的意志，哪怕困难再大，也要勇往直前，不能轻易退缩和放弃。任正非认为市场竞争非常激烈，只有坚持到底，只有保持持续的激情，才有机会生存下去。

有一次，华为驻尼日利亚的一个代表与客户谈项目，结果对方的CEO当面拒绝了他的合作请求，因为对方已经定有两家西方厂商，因此不准备再选第三家。表态之后，对方甚至不准备继续说话，转身就离开了。尽管被泼了一盆冷水，但这个代表并没有放弃，而是继续寻找合作的机会。某天晚上，他听说这个CEO准备在第二天中午结婚，结婚地点是北方的一个小镇。于是他在第二天顾不上下大雨，和另外一个工作人员一起坐飞机赶往婚礼现场。

当CEO在婚礼现场见到这两个浑身被雨淋得透湿的中国人时，心里万分感动，于是答应给华为进行项目投标的机会，而这个代表也抓住机会，阐明华为产品的优势，并最终在竞争中脱颖而出，生生从对手手中抢走了一大块的地盘。

这不过是华为抢夺市场的一个缩影，实际上华为能够从一无所有，到成为市场上最强大的领导者，依靠的就是这种不懈的努力和永不放弃的精神。哪怕困难再多，哪怕对手再强大，在华为人眼里，只要还有一丝机会，都值得为之努力。

第三是培养团队合作和群体奋斗意识，在任正非看来，狼虽然凶狠，有毅力，攻击性非常强，可是就个体的攻击能力而言，还是非常有限的，仅仅依靠一匹狼的力量，是难以捕获猎物，也难以和狮子、老虎等大型猛兽对抗竞争的。想要获得生存的空间，狼就要结成群体，还要结成一个协作意识超强的群体，这样就可以依靠团队作战的力量，击败其他的竞争对手。

在华为公司，任何员工从来都不会独自去面对竞争对手，一旦发现了市场商机，华为常常会采取全员出击的方法，依靠人数优势和团队力量来赢得竞争。比如华为在发展的初期，为了吸引更多客户的关注，每一次在参加通信展览时，别的公司只安排一个人来接待客户，而华为却安排10个人来接待，这10个人分工明确，而且服务周到，通过完美的配合，很快就从别人那儿抢走了客户。

有家企业曾经和华为一起竞争河南市场，可是进入市场后，不无感慨地说："这是一场你很难赢得的竞赛，因为你会发现自己面前永远站着一群华为人。"正是因为采取合作的方法，华为常常可以击败比自己更强大的对手，从而轻易地占领市场。

而正是因为具备这三个特性，华为人才将狼性精神发挥到极致，狼性文化也开始深入到每一个员工的理念当中去。这种文化对华为人的工作具有重要的指导意义，也让华为变得越来越强大，不过对于那些竞争对手而言，很可能就是一场噩梦。实际上，华为的攻击性引起了很多竞争对手的恐惧，甚至像爱立信、思科这样的巨头，也对它胆怯三分。尤其是当华为在非洲、亚洲和欧洲市场迅速扩张时，大家都在惊呼“狼来了”，而美国政府更是对华为准备进军美国市场感到惊恐，为了保护本国产业，它干脆想办法对华为设置贸易壁垒。

无论如何，狼性文化已经成了华为最具特色的标签之一。在竞争中，华为的狼性文化不一定是最好的；在管理上，华为的狼性文化也有很多自带的缺陷，但无论是从竞争还是从管理上来说，它一定是最有效的。

2. 以奋斗者为本

这些年在管理变革中，涌现出大批优秀人才，我们从选拔“蓝血十杰”开始，就对他们实施表彰，以鼓励那些默默无闻做出贡献的人。郭平说要寻找“蓝血十杰”，我认为一定要找到并授予他们光荣，而且逐级地评选鼓舞那些做出贡献的人。我们不仅要选拔未来的优秀人才，也不要忘记历史功臣，这样才能让未来迈进的步伐更加坚定。新生力量取代我们，是历史规律，但过去为公司发展牺牲了青春、健康、生命的人，永远都要记住他们曾经为华为公司可持续发展奠定了基础。

——任正非

任正非曾经提出了“以奋斗者为本”的理念，并将其打造成华为的企业文化。那么什么是“奋斗者”呢？依据华为人的理解，“奋斗者”首先能够为他所服务的企业、客户创造实实在在的价值；“奋斗者”会通过自己的努力与付出，提升个人的综合能力，实现个人成就；“奋斗者”是能为整个社会前进发展做出一定贡献，也会为自己所从事的领域、行业做出突出性贡献并受到社会尊重的人。

这些奋斗者正是华为所需要的人力资源，也是推动华为不断获得发展的主力军，因此华为必须重视这个群体，必须通过制度来保障奋斗者的权益。在华为官网上，有一段文字凸显出了华为公司对于奋斗者的重视："我们没有任何稀缺的资源可以依赖，唯有艰苦奋斗才能赢得客户的尊重与信赖。奋斗体现在为客户创造价值的任何微小活动中，以及在劳动的准备过程中为充实提高自己而做的努力。我们坚持以奋斗者为本，使奋斗者得到合理的回报。"

在这儿，华为点明了一个主旨：坚持以奋斗者为本，并给予奋斗者合理的报酬。而在"以奋斗者为本"的这个文化体系内，其实包含了以下几个基本要点。

第一，企业人力资源和干部管理的制度、政策都是以奋斗者来定位的，各项工作围绕着奋斗者群体来进行。

第二，华为公司的本质就是一个以奋斗者为本的文化体系，奋斗者是企业唯一的真正财富。

第三，树立"为客户服务，为提高自我而做的努力才叫奋斗"的奋斗观。

第四，员工奋斗的动力是为了他和他的家人过体面的生活。

第五，奋斗者主观上为自己，客观上为国家、为人民，将个人利益融入国家、集体利益当中。

第六，"不让雷锋吃亏，不让焦裕禄患癌症"的制度保障。

第七，"以奋斗者为本"在分配激励上要向奋斗者倾斜，提倡拉大差距，奖励无上限。

第八，干部提拔也要向奋斗者倾斜，贡献者才有晋升资格。

在这些要点中，揭示了奋斗者的本质，以及华为对于奋斗者的激励措施——从企业管理的角度来说，以奋斗者为本的文化体系应该建立在管理机制的基础上，而华为恰恰将考核和激励制度纳入到以奋斗者为本的体系中来。

比如任正非提出“工者有其股”的股权分配制度，目的就是让每一个奋斗者都享受到企业发展的红利。可是“工者有其股”的方式并不能完全体现出对奋斗者的重视，也不能给予奋斗者真正公平的利益保障。任正非曾经说：“如果这些努力贡献者没有得到利益，这是我们的战略失败。并不是已达到上限的一般的贡献者也要跟风，他们跟了风，获得了不该获得的配股，或者升职快了些，也是我们的战略失败。我担心有些优秀的贡献者由于我们这次的排他条件及其他东西使他们失去增股的机会。”在他看来，很多贡献突出的奋斗者并没有受到重视，没有获得应有的报酬，而一些能力稀松平常，没有为企业创造太多价值的人反而优先享受了企业发展的好处。

他认为利益分配是体现“以奋斗者为本”的一个重要方式，企业应该处理好按绩效分配和按股权分配的关系，要确保利益要向创造业绩的一线“奋斗者”倾斜。所以任正非后来提出了“获取分享制”，即华为每年的利润分配在股东分配之前，先作为奖金以绩效为依据发放，从而确保那些创造了价值的奋斗者能够获得相应的报酬。

不仅如此，在干部选拔上，任正非同样坚持以奋斗者为本，那些深入到一线的奋斗者，那些创造了更多价值的奋斗者，那些具有吃苦耐劳和艰苦奋斗精神的奋斗者，往往会得到优先提拔和晋升的机会。任正非还明确表示，要按照最终的贡献来进行评判，只有做出了成绩，只有对公司有贡献，才具备被提拔的资格。

那么该如何区分普通劳动者和奋斗者呢？对于不同的奋斗者，又该如何进行利益分配和评判、选拔呢？2011年4月，任正非在一次内部讨论中，将公司职员划分为三类：第一类是普通劳动者，第二类是一般奋斗者，第三类是有成效的奋斗者。第一类员工将工作当成一种维持生计的手段，缺乏更大的动力，也难以产生太多的价值。第二类员工有着自己的奋斗目标，工作尽职尽责，积极性和投入度比较高。第三类则全心全意投入工作中去，不仅能够按时完成工作任务，还能有所发挥和创造，能够为企业的发展带来很大的价值。

任正非认为第一类员工可以适当被接纳，公司可以依据公司的发展情况，给予他们一些报酬以作为适当的关怀。对于第二类员工，只要他们的贡献比公司支出的成本大一些，那么还是可以给他们安排合适的岗位的。而针对第三类员工，任正非认为公司一定要给予更多的报酬，要给予他们奖金和股票。

这种划分为利益分配提供了最基本的依据，任正非当时还表态说，要将公司的剩余价值与有成效的奋斗者一起分享，因为这批奋斗者才是华为的中坚力量，华为需要以这些人来获得持续的发展。

以奋斗者为本，实际上是将华为从过去的平均主义中解放出来，也改良了过去在人力资源管理、利益分配、人才选拔制度上的缺陷，它使华为的各项制度真正协调统一起来。更重要的是华为打造了一套更为合理的企业文化体系，对企业员工的成长起到了很好的指导作用，也为华为未来的管理方向和发展方向指明了道路。

3. 烧不死的鸟就是凤凰

> 干部要以平常心面对变革导致的岗位调整，要以大局为重。清理下来的干部不要患得患失，可以在基层岗位上创造新的成绩，随时欢迎你上升到你能胜任的岗位。下去，也不能取代底下干得好的人，否则队伍全乱了。已经正确的队伍不能乱动。
>
> ——任正非

任正非曾经说过，只有经历过九死一生，才称得上是成功，无论是对企业，还是对个人，都是如此。只有那些经历过挫折，并且在挫折中勇敢站立起来的人，才称得上是真正的成功者。所以任正非一直都希望所有的华为人都能够拥有在困难中浴火重生的勇气和耐力，成为烧不死的凤凰，而这也成了华为企业文化的一个重要部分。

如果说华为公司中谁真正践行了"烧不死的鸟就是凤凰"这个口号，那么首先一定是任正非。作为创业者，任正非本身就是从坎坷中一路走来的，他所经历的恰恰是一只凤凰浴火重生的经历。

1983年，任正非从部队退役。由于很难找到工作，他最终进入一家电子公司，并且经过数年的拼搏，努力爬到了经理的位置。可是由于操作失误，他在一次商业投资中，被骗走200万。最终他被公司开除，还欠下了一堆债务。

在走投无路的情况下，任正非开始自主创业，并利用仅有的2.1万元钱创办了华为公司。尽管最初的想法是做一点事来维持生活，但是创业后，任正非才发现一切都要比自己想象中的更加艰难。由于资金、技术、经验全面落后于竞争对手，华为在很长一段时间内都难以获得太大的发展。虽然当时依靠着代理交换机也能维持正常运营，可是任正非认为这不是长久之计，如果没有自己的核心产品，没有自己的核心技术，那么华为迟早会被淘汰。

之后，任正非下定决心，带领团队日夜加班，投入到新产品的研发工作中。那一段时间可能是任正非一生中最晦暗的时期，公司根本没有任何多余的资金来搞研发，任正非还要想办法去借高利贷来筹集资金。不过，也正是因为如此，锻炼了任正非的意志力和抗击打能力，越是在艰苦的环境下，他越是激发出了强大的奋斗动力，也许正是在那个时候，任正非和团队成员获得了精神上的升华。

经过不断地努力和奋斗，在1994年，华为终于推出了C&C08数字程控交换机。这是华为第一次真正意义上获得的成功，也是任正非创业以来，获得的第一次成功，它为华为日后的发展和任正非日后的成就奠定了坚实的基础。虽然任正非一再表态，华为还算不上成功，因为它还没有面临过太大的危机，不过对于任正非来说，经过困难的洗礼，他已经将成功牢牢抓在手中了。

成功后的任正非，知道个人的成就离不开生活的淬炼，离不开各种艰苦环境的历练，只有那些失败和困难才是人生的试金石。2002年，任正非在与智能、主控等部门部分员工的座谈会上，发表了题为《效益，满怀信心迎接未来》的演讲，他说："在一个躁动的社会里，一个人能够平静地对待一切，甘于平淡，耐得住寂寞，这不是没有出息，这才是伟大。大家可以在业余时间看看历史书，很多历史人物都受到了磨难，但是他们在磨难中成长了。因此说，磨难也是一笔财富。"所以多年来，他一直都鼓励员工一定要积极面对困难，要在挫折中坚守自己的信仰，更要懂得迎难而上，只有经历过困难，并征服这些困难，才能够成长为有担当的人，才能够应对工作中的各种压力。

比如华为公司拥有非常严格的考核体系，任何人如果不能达标，都可能会受到惩罚，包括降低薪资，或者下放到更低一级的岗位上去工作。正是因为如此，很多心态不成熟的员工或者自认为遭受不公平待遇的员工，可能会心生不满和抱怨，或者干脆选择离职。对此，任正非觉得员工还是应该改变自己的心态，要将暂时的挫折当成一种历练。

任正非曾经在《致新员工书》中说："您有时会感到公司没有您想象的公平。真正绝对的公平是没有的，您不能对这方面期望太高。但在努力者面前，机会总是均等的，只要您不懈地努力，您的主管会了解您的。要承受得起做好事反受委屈，'烧不死的鸟就是凤凰'，这是华为人对待委屈挫折的态度和挑选干部的准则。没有一定的承受能力，今后如何能做大梁。生活的评价是会有误差的，但决不至于黑白颠倒。要深信，在华为，是太阳总会升起，哪怕暂时还在地平线下。您有可能不理解公司而暂时离开，我们欢迎您回来。您更要增加心理的承受能力，连续工龄没有了，与同期伙伴的位置差距拉大了，我们相信您会加步赶上。”

在这一方面，他曾经将毛生江当成一个非常典型的榜样进行宣传。1996年，华为开展了市场部集体大辞职的运动，毛生江当时是市场部的代理总裁，是市场部仅次于孙亚芳的二号人物，但是由于业绩不达标，他辞掉了代理总裁的职位，并且在再竞业中降职为终端事业部总经理，薪酬也大幅压缩。

为了安抚那些被降职的人员，任正非曾经在内部发表讲话：“我们要求降职的干部，要调整好心态，正确地反思，在新的工作岗位上振作起来，不要自怨自艾，也不要满腹牢骚。在什么地方跌倒就在什么地方爬起来。特别是那些受委屈而降职的干部，无怨无悔地继续努力，以实际行动来证明自己，这些人是公司宝贵的财富，是将来继承大业的可贵人才。组织也是会犯错误的，一时对一个人评价不公也是存在的。”

尽管如此，可是当一个人从一个高高在上的代理总裁，一眨眼之间就成了终端事业部总经理，心里肯定还是难以接受的。好在毛生江及时调整了自己的心态，并且迅速投入到工作当中去。毛生江被派到的山东办事处，存在诸多问题，前任的负责人和经理都没有办法收拾这个烂摊子，因此市场比较混乱，业绩也不好。很多人担心毛生江可能顶不住这样的压力，毕竟作为一个下放者，他的心态和积极性一定会受到影响。

不过毛生江还是将这些压力转化成了动力，并且先对办事处进行了改革，废除了一些不合理的管理制度，改良了原先日渐废弛的体系，让这个办事处的效率迅速得到了提升。接下来，他才开始将主要力量放在开拓市场上。由于在市场部工作多年，他对于市场的了解可能比任何人都要多，对于如何开拓市场，也有自己的想法和办法。因此，在短短一年时间内，山东办事处的工作业绩就获得了突破，当年的市场销售额同比增长了50%，而回款率更是接近90%。

相比于前些年，这样的成就简直让人感到不可思议，而毛生江的能力在山东办事处得到了最大程度的锻炼和展示，这也为他的回归奠定了基础。2000年年初，公司任命毛生江为公司的执行副总裁，这个在外下放多年的功臣，终于依靠努力，重新获得了成功。

也许是从毛生江身上看到了自己当年的影子，又或许是从毛生江身上看到了华为人不屈不挠的特质，鉴于一些高级干部被下放后直接离职，任正非对毛生江的回归非常高兴，于是给予了他很高的评价："毛生江从山东回来，不是给我们带来一只烧鸡，也不是给我们带来一只凤凰。因为虽说烧不死的鸟是凤凰，但凤凰也只是一个个体，凤凰是生物，生物是有时限的。我认为他给我们带来的是一种精神，这种精神是可以永存的。"

毛生江事件也许只是华为人员调整和变动中的一个个案，但是它却代表了华为企业管理和企业文化中的一个典型特质。而正是凭借这种能上能下的文化基因和管理制度，华为公司不仅有效保证了人力资源的流动性和员工队伍的活力，更重要的是打造了一个强大的精神符号。"烧不死的鸟是凤凰"正是这个精神符号中的一部分，多年来这个口号已经成为华为人的精神指引，为每一个进入华为的员工提供了精神上的帮助，也让华为的抗压能力变得越来越强。

4. 做好自我批评的工作

市场部集体大辞职是一场洗礼，他们留给我们所有人的可能就是一种自我批判精神。如果说4年前我们华为也有文化，那么这种文化是和风细雨式的、像春风一样温暖的文化，这个文化对我们每个人没有太大的作用。必须经过严寒酷暑的考验，我们的身体才能成为最健康的。因此市场部集体大辞职实际上是在我们的员工中产生了一次灵魂的大革命，使自我批判得以展开。

——任正非

2000年9月1日，华为召开了一场特殊的“颁奖大会”，也是华为公司倡导的“反幼稚”活动的一部分。目的就是批判那些缺乏市场化、工程化意识，在开发过程中只注重实验室性能，而忽视技术、产品的市场价值以及推广问题的研发人员。每次开展这样的活动时，总有一些研发人员会主动上台“领奖”，那些奖品就是他们在工作失误中产生的废品，以及因不必要的失误导致的维修所产生的各种费用单据等，公司还会给他们发放由此造成的其他损失的凭证。

员工们上台后会遭受大家的嘲笑，每一个获奖者都面红耳赤，但是任正非还要求每个获奖者把“奖品”带回家，放到客厅最显眼的地方，每天都看一看，以此来鞭策自己继续改进自己的工作。

这样的活动只有一个目的，那就是增强员工自我批判的意识，让员工自己寻找问题，自己去认识到自身存在的错误。任正非说：“只要勇于自我批判，敢于向自己开炮，不掩盖产品及管理上存在的问题，我们就有希望保持业界的先进地位，就有希望向世界提供服务。”由此可见，这种自我批评的活动实际上和企业发展的战略目标息息相关。

而在华为内部，实际上已经形成了一种自我批评的文化氛围。任正非非常欢迎外界对华为在发展过程中出现的问题提出批评，也要求华为人在内部进行自我批评。他将批评当成一种止血的方法，更将自我批评当成预防出血的方法，因此倡导内部所有部门以及部门内部的所有人员一定要定期做好自我反省的工作，要定期进行自我批评，防患于未然。

任正非曾经问过员工一个问题：“我的水平为什么比你们高？”大家都回答说“不知道”。任正非笑着说：“因为我从每一件事情（成功或失败）中，都能比你们多体悟一点点东西，事情做多了，水平自然就提高了。”正是因为懂得思考和自我反省，任正非才能够及时发现和了解自己的短处，才能够在自我批评中改进自己的弱点，所以最终不断获得自我提升。

实际上，无论是自我反省，还是自我批评，都和任正非的危机意识有关。作为一个日益扩张的跨国公司，任正非发现随着企业的不断发展，内部出现了组织上的病变，比如出现组织懒惰、疲劳、臃肿的现象，出现了山头主义、英雄崇拜、小团体政治、背叛和哗变等情况。那么如何才能治疗这些病变呢？首先就是要进行流程化改革，在管理制度上消除病变；其次就是注意干部要改变自身的管理模式，完善干部的能力。

任正非认为中高层干部作为企业的领导者和管理者，他们的决策是否正确，直接影响着企业的发展，因此中高层干部应该尽量减少错误，而他们的自我批评也就成了任正非一直强调的重点。不久之后，任正非主持编撰了《我们眼中的管理问题》这本书，他在书中进行了自我批评，同时号召中高层的干部进行自我批评、自我反省，并让他们改进和增强自己的管理能力。为了给自我批评打造一个良好的环境和氛围，华为创立了“心声社区”，在这个开放的社区里，任何人都可以对他人提出中肯的批评，也可以在里面做自我检讨、自我分析。

为了强化自我批评的意识，任正非开始将干部考核与自我批评联系起来。他当着所有的干部，说出了自己的基本要求：“凡是不能自我批判的干部，原则上不能提拔；群众对他没意见的干部要重点审查；群众意见很大的干部要分门别类进行识别与处理，若不是品德问题，那么这样的干部是可以培养的，我们还要再给他机会。社会是会自动产生惰性，而不会自动产生创新的，领导干部没有自我批判能力，那么公司很快就会消亡。没有自我批判能力的干部不能当干部。”在任正非看来，一个找不到自己缺点和问题的干部，已经没有发展空间了，因此也没有必要进行提拔了。

除此之外，公司也改变了相关人员的职能，比如公司将过去的客户经理制，转变成为客户代表制。客户经理单纯地和客户进行联系，这是单向的推介式的流程，而客户代表要代表客户来监督公司的运作，并站在客户的立场来批评公司。这种转变实际上就是一种内部的自我批评模式，如果客户代表没有及时提出批评，那就会被视为是失职的表现。而客户代表实事求是地提出批评，可以促使市场部及时改进自己的工作，从而更好地迎合市场和客户的需求，给予客户更为完善的服务。

通过制度上的变革和约束，有效地提升了员工进行自我批评的积极性，也确保了华为公司内部形成良好的自我批评的氛围。2008年，任正非在《从泥坑里爬出来的人就是圣人》一文中，系统诠释了自我批判在华为历史上的作用："20多年的奋斗实践，使我们领悟了'自我批判'对一个公司的发展有多么的重要。如果我们没有坚持这条原则，华为绝不会有今天。没有自我批判，我们就不会认真听取客户的需求，就不会密切关注并学习同行的优点，就会陷入以自我为中心，必将被快速多变、竞争激烈的市场环境所淘汰；没有自我批判，我们在面对一次次的生存危机时，就不能深刻自我反省、自我激励，用生命的微光点燃团队的士气，照亮前进的方向；没有自我批判，就会故步自封，不能虚心吸收外来的先进东西，就不能打破游击队、土八路的局限和习性，把自己提升到全球化大公司的管理境界；没有自我批判，我们就不能保持内敛务实的文化作风，就会因为取得的一些成绩而少年得志，忘乎所以，掉入前进道路上遍布的泥坑陷阱中；没有自我批判，就不能剔除组织、流程中的无效成分，建立起一个优质的管理体系，降低运作成本；没有自我批判，各级干部不讲真话，听不进批评意见，不学习不进步，就无法保证做出正确决策和切实执行。只有长期坚持自我批判的人，才有广阔的胸怀；只有长期坚持自我批判的公司，才有光明的未来。自我批判让我们走到了今天，我们还能向前走多远，取决于我们还能继续坚持自我批判多久。"

到如今，华为已经将自我批评成功纳入到企业的文化体系当中去，并且对企业的发展起到了非常积极的促进作用。正是因为自我批评意识的提升，华为人的素养和能力才有了提升，企业的管理效率和管理水平也才能够获得突破。

5. 胜则举杯相庆，败则拼死相救

你看Google赚了很多钱，但在中国只招50个人，它的年薪是很高的，我们和他们是有区别的。华为公司以前实际上是三流人才的公司，一流人才、二流人才跑光了，但是我们为什么能胜利，就是因为我们团结，团结起来就是巨大力量，全世界没有一个公司有15万人，还像我们这么团结。

——任正非

很多人说华为是狼，那么这些话多半是指华为公司的营销人员，华为的营销人员数量之多、素质之高、分布之广、收入之高在中国企业史上是前所未有的。更重要的是，这些营销人员总能够拧成一股绳，能够形成一股合力，他们在团队协作方面的效率往往让客户惊叹，更让竞争对手感到胆寒。华为公司当初为了迅速抢占河南市场，决定投入比对手多数倍的人力。任正非一声令下，让分布于各地的上千名销售人员全部停下手中的工作，并在几天之内赶到河南聚集，在如此声势浩大的队伍面前，华为的竞争对手只好知难而退。

一般情况下，华为从签合同到实际供货只要4天的时间，而这种效率源于良好的协作能力。华为采用矩阵式管理模式，这个管理模式最大的特点就是灵活性比较高，企业内部各职能部门可以通过互助网络来实现相互配合和相互呼应，从而在第一时间内对所要解决的问题做出回应。

在营销的时候，华为会将各个部门有效地调动起来，并且形成紧密的配合，同时还把供应链上公司以外的环节，当成公司的一个有机整体，从而让外协人员变成华为团队的一个有机组成部分。通过优秀的管理模式和出色的配合能力，华为成了一台由“狼群”组成的高效运转的“战争机器”，在市场上不断实现扩张。

除了市场营销之外，华为的客户服务水平也是国际一流的，因为任正非将华为的客户服务体系打造成了一个系统工程，客户工程部从来不是唯一一个参与接待工作的部门。为了提升服务的效率和质量，华为公司内部几乎所有部门都会参与到接待工作当中来，而且每个部门都有自己的职责分配，一切工作都是在组织严密的流程下，有条不紊地轻松完成的，各个部门之间相互配合，共同协作，将客户接待和服务工作做到完美。

有一次，华为准备开拓非洲某个小国的市场，依据过去的经验，大家知道在非洲投资首先应该找到该国的总统，因为总统是三军首脑，权力很大，而且往往还是生意人。当时华为为了谈判顺利，事先了解到这位总统喜欢斗鸡，而且对此研究很深。为了投其所好，当地经理马上制定“作战方案”，并迅速反馈到华为总部。总部收到信息后，就安排相关部门立即邀请中国的斗鸡专家研究中国斗鸡和非洲斗鸡的渊源，不仅为中国最好的斗鸡拍照，还写了一本关于中国斗鸡文化的书，并利用关系邀请了中国大使负责赠送这本书。结果总统看到书后，立即决定和华为公司进行合作。在整个行动中，很多部门都参与进来，这样才确保了该市场经理能够快速解决问题。

在多年以前，很多外国公司一直都认为华为没有自己的核心竞争力，但实际上当时华为的核心竞争力就在于它的营销战略，就在于它拥有一支狼性团队。在创业过程中，华为曾经以三流的技术打造出一流的市场，一流的市场回报，最后产生了一流的产品，而西方企业则借助一流的技术，慢慢做出了三流的市场，这种差距实际上就是讲究团队合作的狼群战术导致的。

在多达十几万人的大队伍中，华为的任何一项工作都能够有条不紊地进行，从这一方面看来，华为不仅仅是狼群，其实更像是一个超大的蜂群，而任正非也一直希望员工能够像蜜蜂一样进行工作，希望华为能够打造一个类似于蜂群的团队。蜜蜂是世界上最勤劳且组织性、团队性最好的动物之一，在蜂群中，每一只蜜蜂都有自己明确的职责。有的负责采蜜，有的负责清扫，有的负责打仗，有的负责筑巢，有的负责产卵，有的负责哺育下一代，所有的蜜蜂都参与到团队工作当中来，并且有着明显的群体作战的模式。尽管一只蜜蜂的力量往往可以忽略不计，但不计其数的蜜蜂一旦形成一个群体，就可以完成很多令人类也感到匪夷所思的工作。所以任正非认为一个好的团队应该像蜜蜂一样分工协作，要建立起超强的群体意识，要培养团队行动的企业文化。

这种文化根植于每一个员工的意识当中，也根植于每一项工作、每一个制度的各个细节当中。比如很多人关注到了华为公司的一个细节，那就是华为每一次招聘基本上都是针对应届毕业生，原因其实很简单，因为应届毕业生缺乏工作经验，没有太多的想法，对华为而言，他们还是一张白纸，因此可塑性非常强，华为也可以将自己的理念和文化思想更快地传播给他们。而对于那些有了工作经验，有了各种想法和思想的老员工，他们在工作中的个体意识往往很强，个性化比较突出，往往很难融入团队中，这非常不利于团队协作。

不仅仅是在招聘中，在员工培训时，华为公司更是会设置一些团队合作项目，一旦某个员工不能达标，就会让整个团队受到惩罚，将个人绩效和团队绩效进行捆绑，以此来锻炼和培养员工的团队意识。这种考核与监管体系在后来更是体现出明显的团队倾向性，比如华为公司日常的KPI（关键绩效指标）往往是考核整个部门的业绩，只要指标不合格，那么整个部门都会受到惩罚，这样就可以促使部门内部形成荣辱与共、唇亡齿寒、共同奋斗的团队观念。

而在干部选拔中，那些具有团队意识的员工往往是公司优先进行选拔的对象，比如任正非在“三优先”原则的第一条中就提到了这一点：“优先从优秀团队中选拔干部，出成绩的团队，要出干部，连续不能实现管理目标的主管要免职，主管被免职的部门的副职不能提为正职。”这个制度实际上将员工个人的晋升与团队表现结合起来，从而督促员工要注重团队合作，要懂得将个人表现和团队表现完美融合在一起。

任正非认为：“华为的企业文化是建立在中国优良传统文化基础上的企业文化。全体员工要团结合作，共同奋斗。”因此公司内部不允许个人主义、英雄主义行为的发生，“胜则举杯相庆，败则拼死相救”的团队精神，就是在互帮互助、团结协作的传统文化基础上产生的，同时也是通过管理模式和管理制度的设定来保障的。

也正是因为如此，华为公司为团队合作精神打造了坚实的基础，也为华为的内部协作注入了文化基因。

6. 奉献精神存在于每个华为人的基因中

> 当代中国更迫切地呼唤英雄的群体，华为青年应该成为这样的英雄。谁能说今天的土博士，不会是明日的世界英才。我国只有在教育、文化、科技方面领先，才能走出让人欺辱的低谷。有志的中华儿女，应该献身于祖国的事业。
>
> ——任正非

华为公司一直都在倡导向雷锋学习、向焦裕禄学习的理念，原因就在于雷锋和焦裕禄是乐于奉献且主动奉献的人。在华为公司的创业过程中，任正非曾经说过，自己为华为倾尽所有，不仅牺牲了家庭生活，也牺牲了个人的健康，他自己承认在2000~2003年间，自己处于脆弱、崩溃的边缘，一直承受着病痛的折磨，还动过两次癌症手术。不仅仅是任正非，还有其他员工，也一直都在为公司持续性地付出，持续性地奉献自己的力量，尤其是在创业初期，当时华为处于最艰难的时刻，但是员工们依然跟着任正非一起奋斗，毫无怨言。

华为的前非洲运营主管威尔森·杨曾经回忆说，客户们知道他们每周七天每天24小时都能呼叫到华为的技术人员，而这个案例甚至成了宾夕法尼亚大学沃顿商学院的一个研究案例。另外，一位华为公司的销售经理在2011年给法国里昂商学院写了一封信，他在信中提到："我们圣诞节也没有假日。"在这个西方人最重要的日子里，他经常一边与同事庆祝圣诞节，还要一边为客户维修服务器。

多年来，任正非一直在培养"雷锋"，也一直都在打造一个乐于奉献的企业文化。据说在创业初期，见到员工们都在没日没夜地工作，任正非对他们开玩笑，让他们都休掉妻子或者干脆不要结婚了，这样就可以花更多的时间用在工作上。虽然只是一句玩笑话，但是很多人的确将奉献和投入当成了生活的常态。

在华为20多年的发展史中，很多人都和任正非一样，为华为牺牲了很多。尽管有很多功臣获得了相应的报酬，也成功站在了前台，接受大家的掌声和赞美，但还有一大批人一直处于默默奉献的状态之中，他们的工作也许并不那么起眼，但是对整个公司的发展至关重要。

最明显的就是华为市场部、中研部、中试部、生产总部以及企管部门中的那些秘书，虽然他们并不像研发人员或者市场营销人员那样出彩，也没有机会被大家所熟知，但实际上公司每一次的宣传、展销、推广活动，都离不开他们。这些人成天处于忙碌状态，和一大堆文件以及琐碎的小事为伍，并且常年被公司排除在体系之外，但他们仍旧心甘情愿地付出，仍旧保持着工作的积极性。

在华为内部，一直流传着这样一个故事：一名海外市场部的普通秘书，忽然向领导提出休假两个小时的要求，而在此前，由于工作需要，她已经连续好几个月没有休息过一天了。当时她对领导说出去一趟办急事，领导问她是什么急事，她忽然大声说："给我两个小时，让我嫁出去，否则就嫁不出去了！”紧接着，她用这难得的两个小时去领了结婚证，然后很快又回到公司上班。

这种工作态度和奉献精神让任正非非常感动。任正非对此既感到羞愧，也感到自豪，他觉得华为公司过去一直都没能重视这些默默无闻却在默默奉献和付出的秘书。但也正因为如此，这样的奉献精神更加难能可贵，也更加值得推广。有一次，一位创业时期的秘书忽然因车祸去世，他当时为这位秘书做了宣传：“她，是华为的功臣，是一位真正的英雄。她永远作为一名无名英雄，被我们怀念。”并且他建议那些熟悉她的人，一定要把她的事迹写出来，以教育后人向她学习，以便将这种奉献精神传播开来。

实际上，这些年来，华为的绩效考核体系就是围绕着奉献精神来打造的，在华为内部，每个人获得的利益分配和晋升都和最终的贡献值大小有着直接的关联。那些能够为企业创造更多更大价值的员工，往往会在考核中获益更多。虽然，如今的华为并不崇尚无休止的加班，并不崇尚员工为了工作而脱离个人的生活，但是考核体系中的这种倾向性，还是让更多的华为人甘愿为公司付出更多。

不过，奉献与贡献值并不完全对等，贡献值体现的是一个结果，而奉献则体现出一种态度。《华为基本法》中明确提到了华为人的奉献精神，并且将奉献分为三个层次：

一、员工奉献自己的价值，使团队更加卓越。而公司则要为员工提供良好的发展通道，使员工心甘情愿地做出贡献。

二、为客户奉献自己的价值。比如通过产品为客户创造价值；通过正规营销和咨询服务，为客户提供问题的解决方案，为运营商增加收入并提高竞争力；通过培训以及传授管理经验的方式提升客户管理水平。

三、为整个社会和社区贡献自己的价值。包括掌握核心通信技术的自主知识产权；提升销售额，多缴纳税金；进行扶贫救灾的捐款，以此来明确自己的社会责任感。

在这里，华为将员工的奉献精神从过去的“干了多少工作、吃了多少苦、为企业创造了多少价值”的狭隘观念中挣脱出来，让员工不仅要对自己的工作、对自己所在的工作岗位负责，还要对客户负责，要提升对客户的服务质量，通过奉献来增强客户的满意度和信任感。而最重要的是，员工要将个人目标与企业目标融合起来，要将个人的责任感与企业的社会责任感结合起来，通过自身的努力和奉献，来增强企业的社会地位以及社会影响力。

有人说过，员工的奉献精神最能体现出一个企业的活力和竞争力。华为之所以能够长久地保持强大的竞争力，之所以能够从一个不起眼的小企业，变成世界上最大的通信设备制造商，原因就在于它打造了一支敢于奉献的队伍，就是因为它在内部打造了无与伦比的具有奉献精神的企业文化。

7. 把握《华为基本法》的基本理论

我们在进行第二次创业活动，从企业家管理向职业化管理过渡。我们正在进行《基本法》的起草工作，《基本法》是华为公司在宏观上引导企业中长期发展的纲领性文件，是华为公司全体员工的心理契约。

——任正非

1994年，华为在推出C&C08数字程控交换机之后，迅速从一个依靠代理交换机艰难度日的企业，成长为国产厂商的佼佼者，此后的华为开始走上快速发展的道路。不过高速的扩张之路也让一些原本隐藏的问题迅速凸显出来。最明显的就是内部组织的管理和沟通出现了障碍，按照任正非的理解，华为想要获得持续的健康的发展，一定要注意进行组织改革和管理改革，但是员工的兴趣点却仍旧停留在产品的研发和生产上。

为了消除这种隔阂与分歧，任正非很快在内部开展了一场以“华为兴亡，我的责任”为主题的管理大讨论。在讨论中，他将如何融洽高、中、基层之间的关系作为一个重点，不过这一次的大讨论并没有达到预期的效果，而且他还在讨论中还发现了更多的问题和矛盾。比如员工的工作积极性越来越低，在高工资面前，员工的工作动力不断下降。另外，公司的管理也存在滞后的问题，很多管理制度和理念已经严重阻碍了企业的发展，尤其是组织机构的臃肿和不合理设置，让华为的运作效率变得越来越低。

这一切归根结底就是企业文化建设不力。虽然在1994年，有很多上级领导来华为进行参观，并且称赞华为的企业文化非常好，但实际上，华为人根本不了解什么是企业文化，也不知道什么是好的企业文化，什么是不好的企业文化，因此对过去的思想和经验进行梳理，被提上议事日程。

任正非曾经对自身的企业文化建设做过一个总结和解释：“华为走过的10年是曲折崎岖的10年，教训多于经验，在失败中探寻到前进的微光，不屈不挠地，艰难困苦地走过了第一次创业的历史阶段。这些宝贵的失败教训与不可以完全放大的经验，都是第二次创业宝贵的精神食粮。当我们第二次创业，走向规模化经营的时候，面对的是国际强手，他们又有许多十分宝贵的经营思想与理论，可以供我们学习参考。如何将我们10年宝贵而痛苦的积累与探索，在吸收业界最佳的思想与方法后，再提升一步，成为指导我们前进的理论，以避免陷入经验主义，这是我们制定‘公司基本法’的基本立场。”

另外，华为当时的企业文化没有形成一个体系，缺乏内部的文化传递系统，缺乏持续的理念依据，缺乏对战略与核心竞争力的思考，缺乏文化的牵引与约束，缺乏更高的精神追求，缺乏良好的文化继承与创新机制，也缺乏统一的文化基因，使得公司的管理陷入混乱无序的滞后状态。任正非认为组织变革与流程再造的本质就是文化变革，因此打造一个好的企业文化体系成了华为公司一个必须要完成的工作。

有了这个模糊的想法后，任正非立即安排公司内部的总裁办去做，总裁办把华为的主要文件，包括用人制度、薪酬制度、管理制度等放在一个夹子里再加一个封面，贴上一个条，上面写着《华为基本法》，接着就草率地交到任正非面前。但任正非看了一眼就直摇头："这不是我要的基本法。"总裁办主任问道："那你要什么基本法？"任正非回答说："我要知道还用你来做吗？我自己就早干了。"

当时他遇到了正在华为做培训的几位中国人民大学教授，就将自己的想法提了出来，而对方则答应帮忙做管理咨询。正是因为如此，任正非和这些教授开始了艰难的摸索工作。在这个咨询和摸索的过程中，其实一开始大家准备着手打造一套合理的营销体系，但是随着咨询内容的扩展，逐渐延伸到人力资源、生产管理等领域，最终聚焦到企业文化和管理大纲上，这个时候，整个文化体系开始慢慢形成雏形。为此华为成立了专门的项目组，负责整理和提升华为管理大纲，并将其命名为《华为基本法》。

《华为基本法》虽然是对华为管理思想、管理制度的一次综合表述与总结，是华为公司进行各项经营管理工作的纲领性文件，是公司制定各项具体管理制度的依据。但是作为中国企业第一个完整系统地对其价值观的总结，作为中国第一部总结企业战略、价值观和经营管理原则的"宪法"，它对中国的企业文化建设起到很大的推动作用，更是构建了华为企业文化的基本框架。

实际上，《华为基本法》的主体结构由两个大的部分组成：一是核心价值观，它强调追求什么，不追求什么，以及为什么要有这样的追求，这是企业文化的核心内容；二是基本政策体系，它强调如何追求，即系统的做事原则，涵盖了企业的决策系统、行为准则等内容，这是华为企业文化的具体表现。仔细进行分析，就会发现这两个部分中的每一个细节都能够体现出华为与众不同的文化特质。

在《华为基本法》确定之后，华为内部的每一次运作，都体现出华为企业文化的特质，也都受到华为企业文化的引导和约束。此后，华为管理制度的实施和变革，基本上都是依据《华为基本法》来进行的，员工的行为方式也受到这一法则的影响，作为企业文化的总结性纲领，它为所有的华为人提供了行动上的指引。

从宏观层面来说，《华为基本法》的出现，是华为企业文化的具体再现，也标志着我国民族企业在培育现代企业文化，以强化内部法制建设促进企业向市场化、国际化、规范化方向发展迈出了实质性的一步。作为中国企业第一部真正有影响力的企业文化大纲，它在业界被迅速传播，成为中国民营企业的企业文化启蒙读本，并也在中国企业的企业文化建设进程中发挥了重要作用。《人民日报》曾这样评价《华为基本法》的诞生：“它是中国民营企业走出混沌，完成系统思考的标志。”可以说，基本法的出现基本上让企业文化建设成了时代潮流下的一个必然趋势。

8. 狼性文化中的人性化管理

我不主张以组织的方式来实现员工的自我解放，而是倡导员工自觉自愿，自我娱乐，以自己承担费用的方式来组织和参与各种活动。公司不予任何补贴，凡是补贴的，只要不再补贴了，这项活动就死亡了。“青春之歌”是一个好的名字，一歌、二歌……五歌……，各具特色，吸引不同性格与生活取向的人，其实就是各种俱乐部。员工在这些活动中，锻炼了自己，舒缓了压力，也进行了有效的沟通，消除自闭、自傲……

只要这些活动不议论政治，不触犯法律，不违反道德规范，我们不去干预。一旦有违规行为，我们可以对有关员工采取免除其行政职务以及辞退等方式来解决。总之释放员工的郁闷，应通过多种途径和渠道来解决，靠组织是无能为力的。

——任正非

很多企业界的老板都问过这样一个问题：为什么我们有价值观，我们也有军事化的管理和严格的制度约束，但是却不能像华为公司一样，让员工乖乖听话，让员工死心塌地地为公司的目标而奋斗？

这些疑惑也许道出了所有企业家的心声。简单来说，那就是如何抓住员工的心，如何让员工心甘情愿地忠于企业，并为企业默默付出。从管理的角度来说，单纯的制度约束肯定有一定的局限性，更重要的是要有合理的企业文化进行引导，而这种企业文化中首先就要具备一定的人性。

在这一方面，宗教也许给所有的企业家都提供了一个好的思路。世界上有三大宗教，还有无数的小宗教，大多都流传了几千年，而且至今还在影响人们的思想和行为，即使是科学技术发达、社会生活空前开放的今天，在互联网不断颠覆人类思维方式与传统价值观的时代，宗教教徒仍然有增无减。之所以会出现这样的情况，首先就在于宗教并不完全是神性，而恰恰体现出了十足的人性。宗教诉诸人对世界的恐惧与不安全感，有效安抚了人类受伤的心灵，这使得它们轻易就征服了大批的信众和教徒。

如果企业也和宗教一样，体现人性，那么必定也能够征服更多的员工，而华为在这一方面堪称佼佼者，任正非甚至被称为人性化管理的大师。提到华为公司，很多人的第一感觉就是严格、军事化管理、艰苦奋斗、缺乏自由，而且在过去，有很多竞争对手恶意抹黑华为，在媒体上大肆宣传，将其抨击为一家血汗工厂，很多外国企业更是认为华为的成功就是建立在“剥削员工劳动力”的基础上的。但实际上，在相对压抑的工作环境下，华为还是体现出了浓厚的人情味，在人性关怀方面，华为做得比多数公司都要更加出色。

2008年以后，华为内部开始频繁出现身患抑郁症的员工，还有一些员工选择了自杀。这些事情让任正非立刻警觉起来，因为他之前由于巨大的家庭、工作压力，也曾患上抑郁症，作为过来人，他非常了解抑郁症带来的痛苦和危险，所以立即写了一封慰问信。

任正非在信中忧虑地表示："华为不断地有员工自杀与自残，而且员工中患忧郁症、焦虑症的不断增多，令人十分担心。有什么办法可以让员工积极、开放、正派地面对人生？我思考再三，不得其解。"这种困惑让他彻夜难眠，也让他感受到了身上沉甸甸的责任。尽管如此，他还是依据自身的经验给那些患有抑郁症的员工提供了一些不错的建议，并鼓励他们克服心魔，尽快回归到正常的生活中来。

不久之后，员工们发现自己的邮箱经常会收到来自公司高层的邮件，邮件的内容非常简单，就是提醒员工要注意劳逸结合，注意身体健康以及注意交通安全。很多人觉得这不过是公司在作秀，或者说是借此来减少公司所承受的舆论压力。但是那么多年过去了，这些温馨的邮件一直都在继续发送。虽然这样的邮件并不能起到什么太大的作用，但至少让员工感受到了公司对他们的关怀。

2008年，华为发布了《2008华为社会责任报告》，并在报告中明确提出首次设立首席员工健康与安全官以及进一步完善员工保障与职业健康计划。而为了帮助员工摆脱抑郁症，也为了防止更多的员工患上抑郁症，任正非要求华为经常安排心理医生替员工进行心理检查和辅导，为此，华为内部干脆成立了一个荣誉部。所谓的荣誉部，实际上是公司设立的一个心理辅导中心，在这里，公司会安排一些心理医生，聘用一些德高望重的老教授，专门对员工进行心理辅导，帮助员工梳理和调节身心。公司一直都建议员工每隔一段时间就去荣誉部进行检查，看看自己是否患有抑郁症，或者是否具有抑郁的倾向，从而防止心理疾病加重。

而在日常的工作中，任正非也转变了自己的想法，公司不再提床垫文化、加班文化的字眼，而是用艰苦奋斗之类的语言来代替，过去那种注重物质奖励的狼性文化中，也慢慢加入了很多人性关怀。因此，他开始呼吁员工不能为了工作而工作，要注意调节身心，注意放松自己，并在工作之余享受生活。对于一些工作压力比较大，或者身体负担太重的员工，他特意安排其去海滨度假，或者去五星级酒店里享受一下，而相关的费用全部由公司支付。

不仅仅是对员工进行关怀，任正非还曾写信给员工的妻子，在信中，他给员工的妻子提出了很好的工作建议和生活建议。在很多企业中，都会将工作和生活摆放在对立面，至少企业不会过于重视员工的生活状态，更不会想到与员工的家属进行沟通交流。而华为的这种沟通实际上恰恰显示了公司将员工当家人看待，将员工的家属也当成家人来看待的理念，而这有效拉近了公司与员工的距离，也有效平衡了员工的工作与家庭，使得员工更加安心地为企业而工作。

任正非曾经说过，企业的管理最终是对人的管理，人是企业中最重要的因素，因此他一直都强调要保护个人的利益，要给予员工更多的尊重和信任。狼性文化虽然有助于提升员工的工作状态，但是也对员工的生活带来了很多负面影响，更容易让企业遭受“剥削”“无情”等误解。而一个好的企业不仅仅应该具备好的制度，还要注重人文情怀，要具备足够的人情味，不仅对员工的工作要关心，对员工的生活也要重视起来，这样才能够让员工更容易产生主人翁意识和归属感，也更容易让他们对企业更加忠诚和信任。

9. 用诚信来打造企业的品牌

爹还是那个爹，娘还是那个娘。做企业就是要对得起客户，你给他们满意的产品，他们就付钱养活你。华为走到今天，就是靠着对客户需求给予宗教般的信仰和敬畏，坚持把对客户的诚信做到极致。

——任正非

在现代市场竞争环境中，企业越来越重视无形资产的价值，比如说品牌。一个好的品牌无疑会增加企业的竞争实力，让竞争者率先获得竞争的优势。而好的品牌实际上靠的是良好的市场口碑，产品的技术、质量，以及售后服务这些都是企业赢得口碑的关键，而这些口碑往往会体现在一个核心问题上，那就是诚信。所谓诚信，简单来说，就是你所给予的是否和最初许诺的保持一致。在现代市场经济体系下，诚信成了一个日益严峻的问题，也成了企业越来越重视的话题之一，在很多时候，诚信决定了一个企业的生存与发展。

2016年2月23日，任正非在西班牙巴塞罗那接受了记者的提问。其中有一位记者提问道："华为对于像华为当年一样正走在起家路上的中小企业有什么建议？”任正非想了想回答说：“不要管理复杂化了。小公司只有一条，就是诚信，没有其他。只要你对待客户有宗教般的虔诚，就像磨豆腐就要一天天好好磨，终有一天你会得到大家的认同的。中小企业还想有方法、商道、思想？我说没有，你不要想得太复杂了。你就盯着客户，就有希望。就是要诚信，品牌的根本核心就是诚信。你只要诚信，终有一天客户会理解你的。”

而在华为公司，任正非一直都在要求所有的员工都要保持诚实守信的态度，不要去欺骗客户、欺骗合作伙伴，也不要欺骗同事。很多人非常好奇任正非在企业内部为何会拥有如此大的影响力，他所说的每一句话几乎都会受到大家的拥护。其实原因就在于任正非所说的每一句话都能够得到兑现，比如他常常在讲话中提到企业的发展目标，比如增加多少员工，增加多少营业额，卖出多少产品，这些几乎都会实现。这样一来，大家都觉得他是一个非常守信用的人，也愿意相信他，并跟着他一起奋斗。

任正非非常欣赏西点军校的荣誉准则，其中的第一条和第二条就分别是“我们决不说谎”“我们决不欺骗”。任正非认为，任何人在面对问题时，要有一说一，有二说二，要实事求是地表达自己的观点。

有一次，任正非对某财务总监进行了评价：“你最近进步很大，从很差进步到了比较差。”当时很多人都觉得任正非的话太过严苛，听起来很伤人。但任正非并没有说假话，而是如实地指出了对方身上的问题，如果他说谎话，当面称赞对方做得好，那么可能会让对方自我感觉良好，从而停止进步。

在面对他人的时候，任正非始终保持端正的态度，始终以最真诚的方式来面对别人。他不是一个喜欢说谎的人，也不是一个将客套话说得很圆润的人，真诚正直成了他身上一个重要的标签。而这种特质也影响了华为人的品质，比如华为在组织批评与自我批评的活动时，员工往往会认真地对他人提出批评。

多年来，任正非始终坚持诚信做人、诚信做生意的原则，从来不会对客户弄虚作假，不会刻意将一些残次品卖给客户。他曾经建议华为员工看电视剧《商道》，这部电视剧讲的就是韩国红顶商人林尚沃的经商之道，林尚沃是一个非常守信用的人，始终坚守商业规则，始终诚信待人，这是他最终获得成功的原因。任正非希望通过向林尚沃的学习，来提升员工的商业觉悟和商业道德。

此外，华为一直加强管控，一旦发现员工有欺骗客户的行为，或者接到客户有关上当受骗的投诉，那么这个为客户服务的员工就会受到严惩。公司还因此建立了诚信档案，每一个员工的信用记录都会登记在册，一旦出现了违背诚信原则的话，就会成为档案上一个无法抹去的污点。

这个诚信档案的建立不仅仅是针对内部人员的，还重点针对合作伙伴。因为有很多友商和合作者同样会出现违约行为，会出现不守规矩的行为，这种做法很可能直接在买卖合作中损害华为公司的利益，或者产生连带效应，破坏身为合作方的华为的形象。华为也有相应的档案记录，如果对方的诚信有问题，那么华为将终止与对方的合作。

2014年，华为继续强化落实管控机制，要求华为在全球范围内的员工都必须遵守《华为员工商业行为准则》，公司还会安排一年一度的全员培训，以便让员工更好地消化和理解这一准则。通过制度的约束，让华为员工建立起诚信意识。

而在《华为合作伙伴行为准则》中明文规定："禁止合作伙伴通过虚假项目、虚增客户需求、阴阳合同以及提供虚假签收单、虚假验收单等方式协助华为员工确认虚假收入、提前确认收入、故意延迟确认收入等。禁止合作伙伴通过任何形式伪造华为公司印章和公文函件。"为了确保合作伙伴不会因为违反诚信原则，而影响华为的市场业务，华为公司要求所有合作伙伴、供应商都要签署反贿赂的诚信廉洁协议，这样才能有效保障公司的利益，并维持合作双方关系的稳定。

这一系列的举措，使华为成为行业中诚信度最高的企业之一。虽然有很多对手都非常害怕华为来抢夺自己的市场，还有很多对手一直都在就华为的管理进行抹黑与责难，但是在交易过程中，它们也承认华为是一个讲诚信的企业。而对于客户而言，华为更是一个值得信赖的好伙伴。由于得到了市场的认可，华为的生意也就越来越好做，品牌形象也就越来越好。

2003年1月23日，思科以侵犯知识产权为由起诉华为。这个官司虽然只是一个普通的知识产权纠纷案，但是对华为来说，却不容有失，因为一旦败诉，华为将会被贴上盗取他人知识产权、不守信用的标签，这对立志开拓美国市场并想要扩张全球市场的华为而言，可能会产生很大的负面影响。华为最终依靠着此前积累的好名声以及对证据的把握，及时证明了自身的清白。鉴于过去几年里，外国企业多半难以在与美国企业的纠纷中胜诉，华为的胜利为它在业内树立了更好的形象，也让很多公司坚定了和这个遵守商业规则的跨国公司合作的决心。

10. 公平不是搞平均主义

我们的价值评价体系不可能做到绝对公平。如果用曹冲称象的方法来进行任职资格评价的话，那肯定是公平的。但如果用精密天平来评价，那肯定公平不了。我们要想做到绝对公平也是不可能的。

——任正非

1995年时，华为当时已经有500多人的团队，这个时候，当人力资源经理把他们的薪酬数字报给任正非的时候，任正非不可能对每一个人的绩效都熟悉，也不可能轻易签字。在这样的情况下，任正非就要求公司内部尽快设计出一个薪酬方案制度来，并迅速成立了一个薪酬设计小组。可是这个设计小组在成立三个月的时间里，大大小小一共开了十几次会，结果每一次都吵不出一个最终的结果。虽然吵架并没有解决问题，但是大家还是在吵架中找出了问题，积累了经验。后来华为请香港的咨询公司来做设计。

而经过几年的改良和完善，如今华为已经建立起比较科学合理的薪酬制度和分配制度，而这个分配体系的最大特点就是公平。有很多人认为公平就是对等，就是平均，但实际上公平是一个相对的概念，华为的公平也是一个相对概念上的公平，而不是绝对意义上的平均主义。而正是这种公平的价值评价体系和分配体系，使得华为打造了公平的企业文化。

这种分配制度的公平性主要体现在四个方面：遵循价值规律，按外部人才市场的竞争规律决定公司的价值分配政策；引入内部公平竞争机制，确保机会均等，而在分配上充分拉开差距；树立共同的价值观，使员工认同公司的价值评价标准；以公司的成就和员工的贡献作为衡量价值分配合理性的最终标准。

最明显的就是，20多年来，在内部分配上，华为始终坚持以业绩考核为基础，每一个员工所能获得的工资、奖金、股权分配、职务晋升都要以个人的业绩考核为标准，而不是像过去一样，依据个人的能力、经验，或者和领导的亲属关系来决定。任正非曾经建议领导干部要有领袖心态，要有全局的观点，坚持把握好内部分配的公平原则，坚持以责任结果导向来评价下属，不能因为对方是自己的人，不能因为对方和自己关系亲近，就想办法给予对方很多好处，而将那些真正有贡献有价值的人才忽略掉。

还有一些老员工，自认为在华为待得时间很久，对华为也足够了解，因此可以依靠工龄来获得更多的报酬，可以在内部分配和选拔中占优。但是危机意识一直非常强的任正非对此给予了否定："我们处在一个竞争很激烈的市场，又没有什么特殊的资源与权利，不奋斗就会衰落，衰落后连一般的劳动者也保护不了。我们强调要按贡献拿待遇，也是基于这种居安思危的考虑。我们从来不强调按工龄拿待遇。经常看到调薪的时候有人说‘这个人好几年没涨了，要涨一点工资。’为什么？这几年他的劳动质量是否进步了？他的贡献是不是真大了？员工的报酬不能随工龄而上升。”

比如，很多人提到“工者有其股”，就会认为这是华为老员工才能享受的待遇，这是干部才能享受的待遇。还有一些人认为，所谓的股权分配，指的就是公司里的每一个人都享有股权。但实际上华为公司并不会仅仅将股权分配给少数人，任正非多年来一直都在稀释自己的股权比例，目的就是争取让更多的员工能够享受到股份，这是体现他公平思想的一个方式，不过这种公平也是有限度和条件的，也就是说，享受股权分配的人必须做出贡献，而且不同的员工会按照贡献值的大小做出相对均衡的分配。

对于这一点，任正非曾经说过：“我们公司的薪酬制度不能导向福利制度。如果公司的钱多，应捐献给社会。公司的薪酬要使公司员工在退休之前必须依靠奋斗和努力才能得到。如果员工不努力，不奋斗，不管他们多有才能，也只能请他们离开公司。”从这个方面来说，华为反对绝对的公平主义或者说是平均主义，认为只要是公司员工就获得相应利益分配的想法不符合公司的公平法则。实际上，华为的薪酬制度虽然会产生一些待遇上的高低，也会产生贫富差距，但从本质上来说对任何一个员工都是公平的：无论你是不是老员工，是不是一直都跟着任正非；无论你是不是毕业于名校，是不是掌握了更多的技能，只要成绩出色，就可以分享到更多的红利。

对于任正非来说，这个世界没有绝对的公平，华为也不提倡绝对的公平主义，也不赞成实行平均主义的企业文化。华为只负责为员工创造一个相对公平的竞争环境，负责为员工打造一个相对公平的发展环境。可以说，每一个员工在机会上都是平等的，没有谁比谁更占优势，这其实也是华为公司长期坚持“以奋斗者为本”的一个重要表现。

1931年，美国历史学家詹姆斯·特拉斯洛·亚当斯在《美国史诗》这本书中提到了一个轰动性的概念“美国梦”。美国梦的核心就是机会平等，每个人都可以通过自己的努力获得更高的社会地位。而如今有越来越多的人提出了“华为梦”的说法，因为在华为相对公平的环境下，只要通过努力，每个人都有机会获得非凡的成就。

如今，华为依旧在努力打造一个更加公平的环境，一直努力探索企业按生产要素分配的内部动力机制，尽量使创造财富与分配财富合理化，以产生共同的更大的动力。而随着企业文化的不断完善，随着制度建设的不断完善，华为的内部分配将会更加均衡，内在的公平性也会得到提升。

11. 细节决定一切

世上有许多“欲速则不达”的案例，希望您丢掉速成的幻想，学习日本人踏踏实实、德国人一丝不苟的敬业精神。

——任正非

很多用户在使用华为手机后，就会发现华为手机的技术未必是市场上最先进的，华为手机的价格也未必是市场上最低廉的，华为手机的各种性能也未必是最全面的，可是经过比对，用户就会发现华为手机用起来很舒适，也很方便，而且性价比也很高。实际上用户之所以会产生“华为手机很好用”的想法，原因就在于华为手机对于细节的把握非常到位。作为一个以市场为导向、以客户需求为主的品牌，华为手机并没有盲目追求技术上的先进，而是主张以用户的实际体验为设计标准。

事实上，华为手机的产品外观设计非常合理，与一些重要的技术点，都经过精心雕琢，充分考虑到了用户的真实体验，极具人性化。比如对于很多上班族来说，经常会在上下班的过程中戴上耳机听歌，无论是公交车上，还是地铁上，都比较喧嚣，为了掩盖外界的噪音，听歌的人常常会将音量调到最大，这样做的后果就是伤害耳朵和听力。

针对这个问题，华为主动研发并为手机配备了降低噪音的耳机，比如华为AM180主动降噪耳机就是一款非常不错的产品。降噪耳机其实在市场上已经见怪不怪了，不过很多降噪耳机的降噪功能往往是以牺牲音质为代价的，会降低用户对音乐的感受度。而在这一方面，华为的AM180主动降噪耳机就不存在这种情况，可以说影响几乎是微乎其微的。

如果继续深究，就会发现在细节方面，华为的这款降噪耳机还具备很多优势。比如说过去的降噪耳机体积比较大（体积大的耳机能够容纳更为复杂的降噪电路），而华为的降噪耳机外观非常精致，而且采取了浅耳式设计，耳机上方的耳撑设计，可以根据自己的情况，调节大小，贴合耳廓，这样长时间佩戴起来也比较舒适；华为降噪耳机标配了3对大中小不同尺寸的耳套，以便适应不同用户的耳道大小，通过调节，可以符合绝大部分用户的使用需求。该耳套采用的是人体食用级无机硅胶耳套，高活性吸附紧贴耳朵，即便用户在佩戴时有一些较为激烈的动作，也不会轻易脱落，佩戴非常牢靠；华为降噪耳机具有接听电话的功能，还可以直接利用手机电池来充电。

这些细节处理看似无关紧要，但却为用户带来了极大的便利以及更加舒适的体验，因此一经推出就受到了市场的欢迎，有很多用户甚至专门去购买这类耳机。而华为公司最近两年的手机业务之所以能够越来越火爆，依靠的不仅仅是技术，不仅仅是营销渠道，还有对细节的精准把握，而正是因为如此，才为它吸引和积累了更多的用户群。

如果从华为企业的整体来看，就可以发现细节不仅仅是华为手机业务中的要点，也是整个华为公司非常重视的东西。关注细节、掌握细节成了华为企业文化的一部分，或者说华为打造出了非常完善的细节文化，而这些细节文化在研发、生产、营销、服务以及内部管理当中都起到了重要的作用，为华为品牌的塑造奠定了基础。

比如在研发生产过程中，任正非要求员工一定要注意把握好产品的每一个细微之处，要尽量发挥出工匠精神，对每一个细节进行打磨，尽量完善产品的设计与性能。

在营销和服务的过程中，任正非更是强调细节处理，要用最真诚的态度、最细心的状态去面对市场和客户。比如华为公司明确规定员工必须在响铃3次以内接电话（因为3次之后，多数人的耐心会降低）；当客户上门时，必须立即起身；必须记住每一个客户的名字以及相关信息；客户来参观的时候，必须提前出门迎接，必须为客户安排好食宿。很多都是一些细节性的问题，但也是大家在日常工作中容易忽略的东西，所以任正非一直向员工强调并强化这一点，以此来打造最完善的服务体系。

在内部管理上，华为采取流程化管理的办法，争取将每一个流程以及流程中的每一个细节都进行合理把握，从而确保整个流程的顺畅，并且不会出现太多细节上的错误。任正非说过，流程化管理是企业管理的核心，也是企业必须做好的工作，由此可见华为对细节的处理非常老道，也非常在意。

通过对细节的控制和管理，华为打造出了关注细节的企业文化。员工从一进公司开始，就会进行严格的培训，公司会刻意通过培训来强化员工把握细节的能力和意识。有个华为员工曾经向外界透露，华为给每一位刚进公司的员工培训时都要讲《谁杀死了合同》这个案例，在公司看来，所有的细节都有可能直接或间接地造成公司的崩溃，或者带来利益上的威胁，因此公司会让员工反复熟读和了解合同，争取把握住任何一个细节，防止在签订合同时遗漏最重要最关键的信息。

在日常经营管理工作中，企业往往会将焦点放在那些大方向上，却往往忽略对细节的关注，因为多数人都认为细节总是显得无关紧要，似乎没有必要在一些小事情上斤斤计较，或者投入太多的精力。可是一个公司的垮台和衰落，并不总是从一些战略性的决策开始的，有时候一个微小的细节失误也会让企业的发展毁于一旦。在华为人看来，任何一个企业的工作都是由一个个细节拼凑而成的，没有对细节的关注，企业的整体工作就会显得粗放和不够精细。而精细化一直以来都是华为追求的目标，一直都是华为在重点打造的模式。

第四章

干部素养——好的管理离不开好的管理者

“任何一个企业都想打造出一个完美而强大的团队，而一个好的团队首先需要一个好的管理者和负责人。在企业中，好的干部往往能够带出好的队伍。因此企业在推行内部管理、在打造奋斗型团队的时候，首先应该注重干部素质的培养，只有确保干部拥有很高的素质，很强的管理能力，才能够真正打造一支实力出众的队伍。华为公司多年来之所以能够获得快速而稳定的发展，并不仅仅是因为拥有一大批艰苦奋斗的奋斗者，还在于拥有一支素质出众、能力突出的优秀干部队伍。”

1. 管理者要拒绝独裁主义

两次创业最大的特点就是要否定个人权威，最主要、最核心的问题就是走向规范化、职业化，淡化我个人对公司产生的影响，改变过去个人说了算的情况，使企业不因为企业家的离开而停止运作。其实，企业走向这种规范化、职业化的道路，也是给自己掘墓……所以马克思说："资产阶级培养了自己的掘墓人。"现在华为推行职业化管理措施，也是我给自己掘墓，我也会被历史否定，但正是否定之否定，才推动了社会历史的前进。如果没有后浪推前浪，没有新叶摧陈叶，没有否定之否定，这个社会就不能进步。

——任正非

有一次，中银董事长肖钢来华为公司访问，当时他和任正非以及华为公司轮值CEO徐直军一起谈论管理。当肖钢问任正非一些有关管理的问题时，徐直军突然笑着说："老板懂什么管理？我们的IPD变革，他就知道那三个英文字母。"这话一说出口，让肖钢以及在座的人都很尴尬，可是徐直军面不改色，就像什么事情也没发生过一样，而任正非更是笑着连连点头，根本看不出有丝毫的生气。因为对任正非而言，他自己原本就不大精通管理，而且管理工作也不是自己的职责，他自己缺乏管理知识是非常正常的。

在很长一段时间里，任正非都被当成华为的活体招牌，再加上他创始人以及总裁的身份，大家自然而然会认为任正非什么都干，而且什么都会干，毕竟大包大揽一直以来就是中国民营企业家的特长。但是，在1999年与新员工的座谈会上，任正非对台下的员工道出了实情："我个人对华为没有做出巨大的贡献，真正做出巨大贡献的是中高层骨干与全体员工。他们努力建立了各种制度、规范，研制、生产、销售了不少产品……不是我一个人推动公司前进，而是全体员工一起推动公司前进。我的优点就是民主的时候比较多，愿意倾听大家的意见，我个人既不懂技术，也不懂IT，甚至看不懂财务报表……唯一能做的是，在大家共同研究好的文件上签上我的名，我是形式上的管理者。我认为大家总比我一个人想得细致一些，所以我可以放心地签上名。文件假如签错了，在运行中有问题，我也不会指责大家，只要再改过来就行了，大家这次总会进步一点。每次我们都共同完成了一次修炼，次数多了，大家水平也就提高了。"

在这一番谈话中，任正非谦虚地将自己的工作和职责表述了一番，但是这些话的背后实际上体现出了任正非的分权意识，也许并不是任正非真的干不了其他工作，而是有意识地远离那些工作，并将权力适当地分散给更适合的人。

事实上，在中国民营企业中，多数企业家都是"权力控"或者是潜在的"权力控"，依靠经济力而非政治力来获得权力，成了他们追求的重点。正因为如此，在面对企业发展，以及改革实现企业可持续发展所必需的利益分配机制和权力分配机制时，企业家们会习惯性地将自己推到前方更高的舞台上去，这样就会发生企业家与下属争夺权力的现象。最终会滋生出个人崇拜和独裁管理。华为在过去也是一个集权的企业，少数高层干部几乎控制了所有的部门和业务，内部出现了“团体政治”和“山头主义”，很多机构官僚化非常严重，导致机构臃肿、办事效率低下，最终成了发展的阻碍。正因为如此，华为开始进行组织结构及人力资源机制的改革，而它改革的宗旨是：从过去的集权管理，过渡到分权制衡管理。

首先，高层干部那儿，任正非实行了轮值主席制度，在那些掌握实权的高层干部中，没有谁是固定的CEO，也没有谁可以永远地独掌大权，这一点就连创始人任正非也不例外。为了保持权力的分散，保持各方力量的平衡，华为安排那些高层干部轮流担任CEO，这样就能有效避免一家独大的情况出现，也让公司的权力机制变得更加灵活。

其次，采取了大平台管理的模式，华为主要有销售和服务平台、财务平台、生产和供应链平台、研发平台。在这些平台共享的基础上又分为4大产品线和20多个地区部。而各个地区部采取矩阵管理的方法，可以实现内部的信息共享。

这种模式就像一个分布式网络结构，既有中央处理器也有各个分处理器。其中，各个业务单元既是独立的作战中心（有自己的大脑和决策权），也是纵横交错的一个网元，可以通过网络来获得所需的信息和帮助。另外，公司提倡谁离客户最近，谁就是领导阶级，把指挥决策中心往一线迁移，对一线充分授权，从而避免了高层不授权、中层不决策的情况出现。在2003年后，华为内部的各大体系都在向国际一线延伸，从全球市场的角度来建设业务目标、组织建设、业务流程、人员规划，就连研发的产品规划也以客户需求来驱动，不同的市场出现不同国家的版本规划。

大平台管理改变了过去高层将权力一把抓在手中，不肯轻易授权的情况，其最大优势是权力分散后，资源得到最大限度的共享，因此适合大兵团作战。但缺点同样明显，层级比较多，而且容易出现主要领导人之间的博弈，因此需要做好流程管理。

再次，华为建立了三权分立制度，华为的治理结构有一个非常明显的特点，那就是在各个3级部门以上的组织内部，都会成立办公会议、行政管理团队，并在公司级各功能组织间成立跨部门的委员会，像战略与客户委员会、人力资源委员会等。

办公会议、行政管理团队、委员会构成了华为三权分立的模式。这三个组织，其职责各有不同，议事规则也不同。办公会议主要负责部门日常业务运作，强调首长负责制，而且首长有最后的批准权；行政管理团队主要负责干部任命之类的人力资源相关工作，强调的是集体决策，实行一人一票制，不过团队领导有最后的否决权，而没有最后的批准权；委员会侧重于务虚，专门讨论公司的未来发展方向等，对重大决策有否决权。

这三个不同组织实际上形成了提议权、批准权、否决权上的三权分立，有效避免了权力在某一个组织机构或者某个人身上过度集中的情形出现，从而实现了权力的有效制衡。三权分立是华为公司内部推行的一种分权制衡机制，尤其是在干部任命上，更是如此，如部门首长有提名权，没有批准权；管理团队有批准权，没有提名权；委员会有否决权，而且党委考察干部品德，有一票否决权。这种相互制衡的模式，可以确保干部任命的合理性，防止出现裙带关系和“山头主义”。

华为通过多方的改革，始终保持内部权力的均衡，始终在最大限度地避免独裁管理。另外，任正非也一直都在为干部注入新的管理思想，一直都在努力清除独裁主义和个人主义思想，提升干部的素养以及管理水平，并取得了卓有成效的结果。

2. 高级管理者要淡化个人成就感

我个人谈不上伟大，我是个普通人，我自己什么都不懂，也什么都不会。只能借助比我更专业和更有能力的人，我们不懂管理，就花钱请IBM来帮我们做流程和供应链管理，请Hay来做职位评价体系与任职资格体系。

我个人能力不够只能靠团队智慧来决策，靠机制和制度来管人所以我们推行轮值CEO，形成适度民主加适度集权的组织决策体制。我对具体业务不清楚我日益远离经营，甚至远离管理，变成一个头脑越来越发达，四肢越来越萎缩的人。华为发生的很多事我都不知道，我是看了田涛和吴春波写的《下一个倒下的会不会是华为》这本书才知道华为曾经发生了这么多事的。我什么都不懂，我就懂一桶糨糊，将这种糨糊倒在华为人身上，将十几万人黏在一起，朝着一个大的方向拼死命地努力。

——任正非

2006年，CCTV将任正非评选为“年度经济人物”，可是任正非却“很不识趣”地拒绝出席典礼，央视还特意派人去邀请他，但他还是拒绝出席，并且声称放弃领奖。很多人批评他摆架子，毕竟有着经济界

“奥斯卡”之称的“年度经济人物”是很多企业家梦寐以求的奖项，也是企业家个人荣耀的重要体现。不过对任正非来说，他觉得一切的成就都是所有华为人共同努力的结果，华为是一个利益共同体和命运共同体，自己即便是华为的创始人和最高领导人，也不能独占荣耀，拒绝领奖正是出于对个人英雄主义的排斥。

在很长一段时间内，华为都是一个依靠个人英雄主义来获得发展空间的企业。华为内部最初的那些干部都和任正非一样，是对华为的发展起过重要作用的功臣。不仅如此，就连这些人的故事往往也带着传奇色彩，因此个人英雄一度成了华为最耀眼的标签，尤其是任正非，更是被当成了华为的精神象征，将任正非个人的成就当成华为的成就，将华为的辉煌当成个人的辉煌。

这种个人英雄主义曾给华为的管理带来过一定的便利，因为个人成就突出，华为员工对任正非都有崇拜心理，因此他们都愿意跟着任正非一起奋斗，都愿意听从任正非的召唤，只要任正非说的，大家一定会遵从。这样等于增强了公司内部的凝聚力，任正非往往可以轻易地将力量集中起来。

不过当一个干部越来越重视个人的成就，越来越重视个人英雄时，企业的管理就会出现独裁倾向，低效率的工作状态也随之出现；同时还会出现盲目崇拜，导致政治小团体的出现；还会影响干部和员工之间的关系，并损伤员工工作的积极性。所以随着任正非对管理的看重，他开始排斥个人英雄主义，开始要求高层干部一定要看淡个人成就，不能以功臣自居。

任正非在《一江春水向东流》中说：“我是在生活所迫，人生路窄的时候创立华为的。那时我已领悟到个人是历史长河中最渺小的这个人生真谛。”这种领悟随着华为的发展而变得越来越深。在任正非看来，一个人的力量无论多么强大，也始终还需要依靠团队来实现人生的目标和理想。

正是因为如此，任正非非常反感别人将华为成功的帽子戴到他一个人头上，也非常反感别人将企业发展和高层干部过度联系起来。他始终坚持一点：企业的发展是整个团队共同努力的成果，离开了广大员工的奋斗，企业家和其他管理者什么也做不成。正因为如此，他一直试图让自己的成就看上去无足轻重。

任正非曾经谦虚地对媒体说：“我又不懂技术，又不懂财务，又不懂管理，其实我就是坐在他们的车上，他们在前面拉，我出来看一看，以为都是我搞的。”“我那时最多是从一个甩手掌柜，变成了一个文化教员。业界老说我神秘、伟大，其实我知道自己名实不符。真正聪明的是十三万员工，以及客户的宽容与牵引，我只不过用利益分享的方式，将他们的才智黏合起来。”

从话中可以看出，任正非将自己的作用说得几乎是可有可无的，而这恰恰是他提倡的去英雄化运动的一个表态。他以身作则，为所有的干部做出了一个榜样，让他们也和自己一样，主动揭掉罩在头顶上的神秘光环，消除身上的英雄气，将自己当成公司中的一名奋斗者，将自己看作是团队中的一员。

在整个华为公司，有很多员工一直都在为公司默默付出，他们的地位也许很低，工资也不算高，还不能分享到股权，但这些人仍然是公司中最重要的支柱。如果过度强调少数管理者的成就，或者过度宣扬管理者的英雄事迹，实际上是对基层员工所做努力与贡献的抹杀，是对华为公平体系的践踏和破坏。

如今，团队协作已经成了企业发展的利器，任何一个企业想要获得发展，首先就要打造出一个强大的团队，而内部团结并不能仅仅依靠物质激励的方法来维持，还需要所有人在态度和理念上把握好集体主义这个核心概念。因此，管理者一定要转变思维和态度，不能将企业内部的工作完全当成个人的事务，不能将企业获得的成就当成个人的成就，只有将成就和荣誉实现共享，只有让所有的员工都成为企业成长、成功的见证人以及参与者，才能在企业内部打造和谐的氛围。

任正非自然也明白人人都喜欢英雄，而且华为也需要呼唤英雄，但是这里的英雄并不是个人，并不是少数高层管理者，并不是那些执掌大权的人，而是一个群体，一个为相同目标共同努力的群体。在华为公司，这个英雄就是所有的华为人，就是那些为华为目标而艰苦奋斗的奋斗者。所以真正的英雄，应该是一个团队标签；真正的成就，应该是团队所有成员的成就。干部们将所有的功劳独揽，那么员工的积极性就会大打折扣。

所以在任正非看来，一个好的干部，不应该将个人的名利看得太重，更不能盲目邀功。作为团队的管理者和引导者，高级干部更应该具备团队意识，更应该将个人的成就纳入集体成就中去，要时刻以集体利益为先，要懂得突出集体的力量和作用。只有淡化个人成就，只有让更多的员工进入功劳簿，整个企业才会形成巨大的凝聚力，企业的管理才能够变得更加顺畅、更加高效。

3. 好的领导应该有一股傻劲儿

华为走到今天是华为人的“傻付出”舍得付出，我们从几百万做到今天的近4000个亿经历了多少苦难！流了多少辛酸泪！这是华为人用命搏来的。华为人就是比别人付出了更多华为人付出了节假日，付出了华为人的青春和身体健康，靠的是常人难以理解和忍受的长期艰苦奋斗。

——任正非

如今越来越多的人开始关注华为，开始关注华为的成功，而华为成功的模式以及成功的秘诀，也成了外界揣度和分析的重点。各种有关华为成功的理论和方法层出不穷，但实际上作为最有发言权的任正非，对于外界的各种猜测和赞美，却始终保持低调的姿态。

任正非说：“华为没那么伟大，华为的成功也没什么秘密！华为为什么成功？华为就是最典型的阿甘，阿甘就一个字‘傻’，阿甘精神就是目标坚定、专注执着、默默奉献、埋头苦干。”在他看来，华为之所以能够取得快速的成长，之所以能够屹立在世界最高的竞争舞台上，原因不在于华为人有多么聪明，不在于华为人的能力有多么强大，而在于华为人足够傻，他们都拥有一股傻劲儿。

华为能够走到今天，就是因为拥有一大批傻傻投入和傻傻付出的人，他们牺牲自己的节假日，牺牲自己的生活，牺牲自己的健康甚至是生命，义无反顾地投入到华为的奋斗工作当中去。在多年的工作生涯中，任正非弄得一身病痛，还患上了抑郁症和癌症，有人说他很傻，这样卖命究竟是为了什么。任正非也觉得自己很傻，但是这种傻恰恰是一个奋斗者、一个管理者必须具备的精神。

任正非曾经将华为比作乌龟，他觉得乌龟是一个坚定的行动主义者，只要认定了一个目标，就会坚持不懈地往前爬，丝毫不理会自己在路上看到了什么，也丝毫不会受到外界因素的影响。尽管爬得很慢，但是却往往可以爬到终点站。一个好的领导不应该当兔子，而要学习乌龟精神，要傻傻地为目标而奋斗，而这种傻是回归商业精神的一种最佳方式。

很多人认为任正非就是一个“傻子”，当公司连工资也发不出的时候，他还要坚持创业；当别人在房地产和股市中转型，并且一夜暴富的时候，他还在坚持走老路；当其他公司纷纷上市圈钱的时候，他一个人仍旧带着一帮手下大谈理想。他看上去是一个理想主义者，也是一个务实主义者，一辈子都将理想扛在肩上慢慢前行。

任正非也明白单独依靠自己一个人，是没有办法带领华为走得更远的，因此他需要培养出更多优秀的干部，要培养出更多傻傻付出、傻傻前进的干部。事实上，华为中的很多干部都是华为的老功臣，他们当初跟着任正非一起创业，经历过最艰难的日子，公司忙的时候，他们跟着任正非一起加班；公司发不出工资的时候，他们主动提出不要薪水。等到公司发展壮大之后，他们开始获得大量的股权，但是为了照顾更多的奋斗者，为了打造更加公平的分配体系，这些人在任正非的带领下，开始主动稀释自己的股权份额，任正非是整个华为公司股权最多的人，也不过是占据了1.42%的份额，而其他的干部更少。如果对比其他公司的股权分配比例，就会发现任正非和其他管理人员的股权实在少得可怜。

此外，华为在安排工作时，通常会与所有华为人签署《奋斗者协议》。在协议中，奋斗者必须声明自己要主动放弃带薪年休和法定假期，还要放弃加班费，自愿买断工龄等。这些协议对于普通的员工来说，往往都会让人觉得很苛刻，对于那些职位更高、待遇更好的干部而言，更是如此。可事实上，不仅仅是员工会签署这个协议，很多干部也会签署这样的协议，这样的情况也许听起来让人感到不可理解，毕竟那些领导和干部，根本不需要通过那种苦行僧似的奋斗来证明自己，来提升自己的报酬。但偏偏就有很多干部会犯傻，会顺利签下这份协议。

这就是华为干部的一个觉悟，也是华为干部素养的一个集中体现，也许在外人看来，很多干部的做法显得有些难以理解，但对华为人尤其是干部来说，他们对这一切都已经习以为常了。尽管公司没有特别要求华为的干部必须要足够傻，才能获得提拔和晋升，但事实上，那些傻的干部，的确更容易受到公司的重用，因为他们总会像乌龟一样，做出出色的业绩，而华为的分配制度和业绩考核制度都是向奋斗者倾斜的。

比如，在华为进行市场部集体大辞职之前，有很多位高权重的干部被降级处理，也有很多默默无闻的基层员工和干部被调到高层职位上。那些基层工作者，可能之前的薪水很低，职务也不高，但是却始终坚守岗位，默默无闻地当雷锋。而这种品质正是任正非所看重的，也正是华为所需要的，因此将他们提拔上来，完全符合华为发展的需求。

有个华为干部曾经回忆说，自己当初在华为干了差不多十年，也没有获得重用，自己有些气馁，想要放弃。妻子也劝他跳槽，毕竟在其他公司里，他完全有机会获得更好的发展空间，完全有能力拿更高的工资。但他最终还是傻傻地坚守在原来的岗位上，默默地将自己的本职工作做好。正因为这份傻傻的坚持，他之后获得了公司的重用，被外派到欧洲，成为欧洲某地区市场的负责人。

这样的情况在华为公司有很多，正如任正非所说“不会让雷锋吃亏”，也许公司目前的公平体系并不那么完善，总有一些默默付出的人被公司无意中忽视掉，总有一些奋斗者会被遗忘，但是只要坚持下去，华为一定会尽量予以补偿，会确保每一个雷锋都能够获得相应的报酬。

任正非曾经说过，干部是队伍中的领路人，他们的一举一动往往会影响着员工的行为。都说一头狮子带领的一群绵羊，可以战胜一只绵羊带领的一群狮子，原因就在于领导者。所以他多年来一直都要求干部提升自身的素养，要干部率先做出奋斗者的表率，毕竟想要让所有的华为员工傻傻地投入到工作当中去，领导者和干部首先就要表现出一股傻劲。而一个心无旁骛、带着团队冲锋和厮杀的领袖，他的队伍也一定会战无不胜、攻无不克。

4. 管理要无为而治

作为一个自然人，受自然规律制约，有其自然生命终结的时间；作为一个法人，虽然不受自然规律的约束，但同样受到社会逻辑的约束。一个人再没本事也可以活60岁，但企业如果没能力，可能连6天也活不下去。如果一个企业的发展能够顺应自然法则和社会法则，其生命可以达到600岁，甚至更长时间。中国古人所讲的“道法自然”就是这个道理。我们现在讲的实事求是也是这个道理。企业经营管理必须“法”（遵循）自然法则和社会法则，必须不断地求“是”（规律）。

——任正非

到如今，华为拥有十几万员工，年营业额更是突破600亿美元，它已经成为世界上最大的通信设备供应商，也成为世界上规模最大的跨国公司之一。其产品和解决方案应用于全球170多个国家，服务于全球运营商50强中的45家，以及全球1/3的人口。

相比于华为的发展规模，华为内部的管理方式更令人称道。管理如此大的企业，并确保这个庞大的机构维持正常运转，一定需要超强的控制力以及非常精妙的管理体系。正因为如此，很多不太了解华为的人，认为任正非以及其他干部一定采取了非常强势的管理，但事实上却正好相反，任正非在管理华为时，所坚持的就是“无为而治”的方法。

“无为而治”是我国传统文化的核心思想之一，是道家思想体系中的一个重要的组成部分。而所谓的“无为”，并不是让人什么都不做，“无为而治”，要求管理者遵循客观规律，尊重人性，在具体的行动中要有所为有所不为。而这正是华为公司一直以来追求和强调的管理效果。

在最初发展的时候，整个华为公司只有6个人，后来陆陆续续有人加入进来，但是整体的规模不大，因此任正非一般情况下都是一个人进行管理，相关的制度也非常有限。随着规模的扩大，部门越来越多，职能也越来越细化，部门内部的管理者开始适当分权，但整体上仍旧处于“人治”的状态，干部是所有工作的重心和绝对权威的人物，具有绝对的决策权和否决权。

在这一阶段，华为的企业管理实际上具有非常明显的特征，那就是干部的手伸得很长，管理的影响几乎无孔不入，工作的各个方面都会有干部管理的影子。因此员工往往成为绝对意义上的执行者，缺乏自主选择的权利，一切以上级的命令为主。尤其是研发部门的员工，原本需要依靠自由发挥来提升创造力的他们，在上级的干涉和压制下，自身的研发能力也大打折扣。这种完全服从的模式，实际上体现出的就是管理者的过度管理以及过度干涉。虽然，管理者看上去每天都兢兢业业，每天都在奔波忙碌，但是开始工作效率并不高，而且上下级的关系也处理得非常糟糕。他们一个劲地强化管理，想方设法强抓管理的方法并没有让企业的运作变得更加顺畅，反而导致了一系列的负面影响。

由于干部与员工的矛盾冲突越来越大，工作效率也越来越低，干部管理模式的改革成了任正非重点考虑的问题。他去贝尔实验室进行考察的时候，发现贝尔实验室的员工们每天可以适当安排自己的工作，可以选择自己最擅长的方法，可以相对自由地发挥出自己的创造力，因此他们的工作积极性很高，效率也很高。任正非由此受到了启发，既然强制性的管理模式不合适，那么不妨适当放宽限制，降低管理者对工作的介入程度，让管理人员和干部慢慢从员工的工作中退出来。

此外，在1995年，华为将研发出来的C&C08数字程控交换机推入市场，结果引起了很大的反响，华为公司开始为自己的快速扩张之路打基础。可是随之而来的扩张也带来了很大的管理问题：

首先，为了适应扩张发展的需要，公司准备对工资分配机制进行重新设置，可是分配到底是依据能力、职位、绩效还是其他要素，成了大家争论不休的焦点，业绩评估矛盾一时难以调和。

其次，公司紧跟潮流，在全公司范围内大规模推行ISO 9001标准，可是在重整后的业务流程体系中，却发现如何定位各个部门和岗位的职责、权限成了一个大问题。

第三，企业的快速发展带来了企业文化的混乱，大家分不清企业文化到底是床垫文化、狼性文化、雷锋文化，还是校园文化。这些片面的文化思想根本不符合任正非对企业文化的定位，因此打造一个清晰明确的企业文化成了华为需要迫切解决的问题。

在这样的背景下，任正非提出了要打造《华为基本法》的要求，而“无为而治”的观点也是这个时候被提出来的。任正非认为打造《华为基本法》最关键的目的就是实现无为而治，通过制度的设立和企业文化的打造，减少管理者对员工工作的一些不必要、不合理的干预。从这一层面来说，《华为基本法》实际上成了实现无为而治的一个重要工具。

“无为而治”观点的提出，实际上体现了华为对制度、对精神的看重。任正非认为企业必须拥有健全合理的制度，拥有自己的核心价值观和企业文化，以此来约束和引导员工们的工作，而不是让管理者每天都进行监督、控制和指导。

2000年，《华为人》的报纸上刊登了一篇文章——《无为而治》，公司立即组织副总裁以上的干部，举行了以公司治理为题的考试，而任正非也发表了讲话。在讲话中，他认为一个职业管理者的职责就是实现组织目标，因此实现组织目标不应该受到个人成就欲望的驱使，而应该受到社会责任感的驱使。而这一点被任正非当成管理者进行“无为而治”的动机。

任正非要求干部一定要提升自己的管理素养，要坚决按照流程和制度来安排好自己的管理工作，要坚决将各项制度落实到实处，包括公司的任职资格制度、考核制度、末位淘汰制度。管理者应该将科学化、合理化的管理体系推展开来，并一一落实；倡导精神革命和企业文化的建设；注重对企业不同阶段战略目标进行调整，以及内部员工绩效的调整；激励员工创新；用宽容的心态面对员工，给予员工更多自主发挥的空间等。这些就是“无为而治”管理下的要点，管理者只有从这几个方面做好自己的工作，才能真正实现“无为而治”，才能让企业内部的权责分配更加均衡，也才能确保工作效率的提升。

5. 干部要从一线中选拔

在华为，没有基层实践经验的机关人员，都叫“职员”，不能直接选拔为管理干部。拥有决策权的正职，必须来自一线，而且要经常转换。总部不是巴顿将军休息的地方，实行任期制，定期返回前线，不断轮流循环。没有成功实践经验的干部直接冻结晋级、晋职、晋薪和配股，且不能平级调动。

——任正非

在第二期品管圈活动汇报暨颁奖大会上，任正非对着台下的华为员工发表了一次讲话：“现在我们需要大量的干部，干部从哪里来？必须坚持从实践中来。如果我们不坚持干部从实践中来，我们就一定会走向歧途。是不是外来的‘空降部队’就一定不好呢？很多公司的历史经验证明，‘空降部队’也是好的，但是其数量绝对不能太大。问题在于我们能不能把这支‘空降部队’消化掉。如果不能消化掉，我认为我们公司就没有希望。那么，我们现在有没有消化‘空降部队’的能力呢？没有。因为我们每级干部的管理技能和水平实际上都是很差的……

“比如说，从哈佛大学来的几个博士，他们做的那套东西我们适应不了，结果，我们既没有受到教育，他们也没有发挥作用。如果我们把他们用到负责岗位上，他们那个指挥系统可能就会乱得一塌糊涂。但是，如果我们不用他们呢，像我们这样的‘农民’，何时才能革命成功呀。所以公司就确定了一条方针：从我们自己队伍里培养我们的骨干。就是依据公司一系列干部制度和政策，靠自己的努力来培养自己的跨世纪干部。”

在任正非看来，哪怕是高学历的硕士和博士，哪怕是在国外大企业有过工作经验，也不一定就适合华为公司。没有实践就没有发言权，任何一个人想要在华为公司担任干部，就一定要经受住基层的考验，一定要拥有一线的工作经验。否则，哪怕学历再高，也不过是纸上谈兵，根本不会起到多少实际的指导意义，一旦遇到实际困难，反而会陷入到瞎指挥的境地中去。

一直以来，任正非都坚持把握一个原则：“猛将必发于卒伍，宰相必取于州郡。”并将其作为检验人才、选拔人才的一个重要标准。因此任何一个人想要晋升为干部，首先要做的就是在基层、在一线接受锻炼，去体验一线的工作模式和工作需求，去了解公司基层最基本的情况，这样才能确保自己日后的管理有迹可循。

“参加实践活动”“进行实践检验”是华为文化的一部分，实践出真知，在华为公司内部，任何一个理论，任何一个观点，都需要进行实践检验，无实践经验的人不能得以提拔和重用。1997年，任正非在一次编委会工作座谈会上谈道：“实践出真知。当实践积累到一定程度就会产生理论的突破。理论是对实践的归纳，但理论的突破往往都建立在实践的基础上。一个人的文章写得好不好，非常重要的一点在于他的实践经验。真正充满真知的人往往是历经实践，善于总结的人。”

在华为公司，有位员工曾经深得任正非的欣赏，这个员工当初在生产总部工作，任正非破格将他提拔为部门经理，而且在前往日本考察的时候，将其带在身边。回来之后，就立刻把他安排到物料部、财务部工作，当时很多人都看出来任正非在有意培养这个员工。

有一次，该员工突然给任正非写了一个报告，在报告中，他表态说自己对集成电路的芯片设计很感兴趣，因此想要调到研发部门工作，没想到任正非直接在他的报告上批了四个字——“胡说八道”，不仅如此，任正非还让财务部把他的工资降了下来，并当面斥责他说：“你愿意设计芯片，只要人家要你，你就可以去。”在任正非看来，这个员工根本就没有这方面的特长，更重要的是他没有任何从事芯片设计的工作经验，因此根本不具备去研发部工作的条件。

事实上，华为公司有一个著名的五级双通道晋升模式，公司内部的员工都可以选择两条不同的职业发展通道来获得晋升。一些希望借助自身专业能力优势，或者喜欢发挥专业特长的员工可以选择专业通道。而那些渴望进入管理层，或者对管理情有独钟且具备管理能力的员工，可以选择管理通道。

每一个员工都可以依据自身的实际情况来做出选择，为自己寻找一条最合适的职业发展通道。而不论是哪一个通道，哪一种晋升模式，华为都在通道中设置了若干等级，以此来增加它们的过滤功能。对于任何一个人来说，只有连续三年绩效达到12分，才有资格申请更高一级，而想要达到12分，就必须进入基层，必须在实践中锻炼，通过一线的体验来提升个人的能力。

华为强调实践是检验真理的标准，从实践中选拔干部。华为这几年严格控制考核体制，考核体制已形成了一种范本。公司虽然也一直从高校中招聘毕业生，也非常重视学历，但是并没有将学历看得太重要，更没有将其当成人才招聘和选拔的唯一参考标准。事实上，华为在干部考核表上唯一不设的一栏就是学历，它更加注重的是员工以往在公司工作的评价，也就是说过去的实践经验和工作经历会成为重点考核的标准。华为曾经从哈佛大学招收过一些博士生，但是他们来华为后出现了“水土不服”的情形，其中一个很重要原因就是没有在华为的基层待过，不了解一线的工作状况，因此在管理上出现了脱节的现象。

有很多公司会选择从国外或者其他公司招聘人才，但是相比于直接从其他大公司招揽管理型人才，华为从内部通道中培养出来的干部，往往对管理工作更加得心应手，由于在基层锻炼过，由于事先深入了解了一线员工的工作环境、工作状态以及工作需求，这些干部对于管理工作有着更多的发言权，他们也将华为内部的工作做得有声有色。

在华为公司，人们更喜欢去做，而不是站在一旁，运用一大堆的理论知识指手画脚，任正非本人也不喜欢那些只会纸上谈兵的“书生干部”。他认为：“任何一种理论本质上都是不值钱的，因为所有的绩效都是通过劳动和实践创造出来的。”正因为如此，他坚持以在一线工作和实践过作为人才选拔和干部选拔的标准，从而确保干部的管理工作与基层的实际情况相契合。

6. 好的干部源于艰苦的环境中

> 我们也会对后备干部加大培养力度，艰苦地区的员工会更容易获得被培养的机会，也不是唯有这条路才是晋升之路。大幅度地培养干部只是一个方法，是在一定范围内，速度快一点地培养一批干部。不是唯有被培养的后备干部才能够晋升，我们过去成功的干部选拔方法都是有用的，除了这些方法，还会有更多的优秀干部产生的方法，我们不能教条化。将军实际上是打出来的，没有艰苦的战争磨难，是不会产生将军的。
>
> ——任正非

在任正非看来，“艰苦地区出成绩也要出干部”。不仅如此，任正非还要求将员工在艰苦地区的工作当成干部选拔的一个考核标准，提倡在“上甘岭”上选拔干部，并明确表态要把那些具有高尚情操、忠诚、责任心、使命感、敬业精神、客户服务意识、工作能力且敢到艰苦地区去，愿意吃苦耐劳的员工，选拔到公司干部队伍中来。把那些善打硬仗，能够在艰苦条件下攻克难关的干部，培养为华为的各级接班人。

之所以将“在艰苦的环境中工作”纳入干部考核体系，是因为随着华为的发展，任正非渐渐发现了一个非常严重的问题，由于华为员工变得更加富裕，大家都开始特别反感出国，公司甚至一度没有办法向市场派人，因为那个时候大家都想着在北京买房、在家陪小孩，都想待在好地方工作。万般无奈之下，任正非想到了一个主意，那就是提高海外市场员工的待遇，并且降低海外员工干部选拔的标准。

为了鼓励培养去艰苦地区工作的干部，华为在干部培养的政策导向方面出台了一个“三优先”“三鼓励”政策，其中一条优先原则就是：优先选拔责任心强、在一线和海外艰苦地区工作的员工进入干部后备队伍培养。而当时华为大学的第一期干部培训班就办在尼日利亚这个条件艰苦的非洲国家。

其中一条鼓励政策是：鼓励机关干部到市场一线，特别是到海外一线和海外艰苦地区工作，奖励向一线倾斜，奖励大幅度向海外艰苦地区倾斜。

“三优先”“三鼓励”政策的推出，在华为内部引发了一股出国热。对国内的很多员工也起到了很大的激励作用，尤其是很多在海外市场的外籍员工，纷纷表态想要去最艰苦、最危险的地区工作。他们觉得这样对提升自己的外语能力，成为国际化的人才有很大的帮助，与此同时还可以拿到更多的薪水。这样就对国内市场的员工形成了压力，大家出国工作的积极性也相应得到了提升。

实际上，为了吸引员工前往艰苦的海外市场，华为公司将海外员工的工资在国内工资基础上提升30%，满三年后还将发放15万人民币的安家费。不仅如此，每天还为海外员工提供补助，越危险、越艰苦的地方，补贴越高。有人做过统计，发现在2004年时，华为海外合同销售额为56亿美元，而当年华为公司的奖金派发明显地向海外市场、危险地区和艰苦地区倾斜，很多艰苦和危险国家的奖金更是比国内普遍高出6~10倍。

不仅如此，在任正非的授意下，华为很快做出了明确的规定：2004年以后干部选拔首先看他愿不愿意去艰苦地区，如果不能去艰苦地区工作的，不管是多么优秀的人，也不予考虑。2005年以后，华为公司给所有干部发放一张表格，让他们在表格上标明自己愿不愿意去海外艰苦地区工作，对于那些不能自愿申请到海外艰苦地区工作的，无论多么优秀，资格多么老，都不会得到提拔。而对于那些来华为应聘的新员工，如果明确表示不愿意去海外艰苦地区工作，公司在原则上也不会录用。

这些规定实际上与华为想要实现全球化的战略部署息息相关，如果中高层干部不愿意出国，不愿意去一些条件比较艰苦的国外开发市场，那么国际化进程必定受到影响。正因为如此，华为必须在干部政策上设置这样的硬性条件，通过奖励和惩罚的方式来刺激员工做出更符合公司战略目标的选择，以此来为全球化战略服务。

任正非曾经提出要让干部坚守“上甘岭”，他自己也非常喜欢谈论“上甘岭战役”，这个战役是1952年发生在朝鲜战场上的一次苦战，也是中国战史上非常重要的一次战役。在战斗中，中国人民志愿军和朝鲜人民军一起对抗联合国军，结果双方都出现了惨烈的伤亡，不过依靠着强大的耐力，中国人民志愿军和朝鲜人民军最终守住了上甘岭。任正非以坚守“上甘岭”为口号，以坚持让干部去“上甘岭”历练为口号，本意就是要求干部一定要进入艰苦的环境中进行锻炼。

如果说进入一线能够有效增强干部的实践能力，那么进入艰苦环境中工作，对干部的锻炼意义更大，作用也更好。按照任正非的理解，干部应该有担当精神，应该有高于常人的毅力和耐力，而越是在艰苦的环境中，就越是能够体现出干部的责任感、忠诚度以及奋斗的态度；越是接受最艰难最复杂环境的考验，就越是能承担起管理的重担，越是能够培养出异于常人的能力、毅力，以及抗击打的能力。

任正非认为华为给员工的好处就是“苦”，“苦”后才会有成就感，才会提升个人的欲望，才会对公司前进的方向更有信心，“苦”能够带来新的想法和力量。即便现在华为的待遇越来越好，员工的生活水平越来越高，但任正非一直要求干部要具备艰苦奋斗的精神，不能因此而懈怠，不能因此就忘记了华为人一直以来都在坚持的精神。而艰苦奋斗最佳的模式就是在艰苦的环境中工作，让干部进入艰苦的环境，让干部保持艰苦奋斗的传统，这正是任正非渴望保持干部队伍活力的一个重要设想。

7. 干部必须进行岗位轮换

> 华为的管理进步，正如郭平说的，要立足在项目管理进步的基础上，好好培养及选拔项目管理的8大员，建立起成熟的程序、庞大的优质管理队伍。我们要以战略预备队的方式，建立起项目管理的干部、专家资源池，要通过人员循环流动任职的方式，把先进的方法、高效的能力，传递到代表处去。要善于发现“金种子”，并让他们到各地去开花。这些变革都是各级组织发挥价值创造的机会，也是培养干部、识别干部的实践基地。
>
> ——任正非

前华为副总裁李一男，某一次给任正非写了一个报告，他在报告中建议高层领导一年一换，这样就不容易形成个人权力圈，不容易造成公司发展整体不平衡。任正非觉得这个建议非常好，于是决定立刻在公司内部进行推广。

不过，这种岗位轮换的制度并不是华为的专利，实际上，早在多年前，IBM公司就实行了一种名为“2-2-3”的岗位轮换制度，IBM公司规定一名员工如果在一个职位上工作2年，而且上一年的绩效考核是2

（即良好）以上，那么在他用3个月时间处理完在原职位所遗留的事务之后，就可以申请调换岗位。这种制度确保了IBM内部人才的快速流动，也激发了企业内部的潜力与活力。

不仅如此，像德国西门子公司、瑞典爱立信公司、美国柯达公司也都在公司内部或跨国分公司之间进行了成功的岗位轮换，它们都曾依靠这种轮换制度来保持旺盛的生命力和竞争力。

在学习和借鉴了西方企业先进的制度之后，任正非在一次内部谈话中说道："我们有一个原则，高中级主管要进行岗位轮换。有个副总裁给公司写了一个报告，建议高层领导应一年一换，不然容易形成个人权力圈，造成公司发展整个不平衡。我们主张没有周边工作经验的人不能当主管，没有基层工作经验的人不能当科长。我们对基层操作人员实行相对固定的政策，提倡'爱一行、干一行，干一行、专一行'。

"干部轮换有两种：一是业务轮换，如研发人员去搞中试、生产、服务，使他真正理解什么叫作商品，那么他才能成为高层资深技术人员。如果没有相关经验，他就不能叫资深，使他们朝这个方向努力。二是岗位轮换，让高级干部的职务发生变动，既有利于公司管理技巧的传播，形成均衡发展，又有利于优秀干部快速成长。"

在这里，任正非明确规定，中高级干部必须强制轮换。因为职位越高的管理阶层，越容易对企业发展造成大的影响。经过多年的发展，任正非发现华为内部一些积习很深，某些干部在部门内形成了利益团体，形成了职位和权力的垄断。另外过于稳定的岗位也让很多干部出现了消极怠工、故步自封的倾向，这些很容易对企业的发展造成不良影响。

任正非曾经将内部出现的封闭、拖沓现象称为淤泥，华为就像一条大河一样，只有保持快速流动的状态，才能将泥沙冲洗得干干净净，一旦速度变慢，那么泥沙就会慢慢堆积起来，直到有一天，整条河再也流不动了。在他看来，华为公司总有一天也会充满淤泥的，那时候华为就会走向死亡，因此他非常警惕地告诉所有华为人："为了使我们的淤泥永远不会产生，华为公司在管理中不会产生一个沉淀层，华为公司要加强内部劳动力市场的循环和流动，在考核评价中确定对人的价值评价……华为公司一定要有一种制度化的程序来保证这个企业不会产生一个沉淀层，不能让水流缓了以后，岸边都是淤泥。这不是靠领导人，靠一个人领导一个人，然后一个人盯一个人能够解决的。如果我们不加强干部的考核、评价和循环流动的体系，公司总有一天会出现谁都愿意留在有空调的房间里，享受舒舒服服的日子，谁都不愿意去艰苦奋斗的局面，那么我们这个公司就死定了。我们至少在二三十年内保持一定比例的速度发展，不能降低这个速度，一旦降低速度发展，我们内部就没有机会了。那你只能在那儿等着，等20年也没有机会。"

换岗的目的就是在公司内部建立一个比较活跃的劳动力市场，从而促进人才的合理流动，实现人力资源的合理配置，激活潜力。比如换岗会带来经验上的交流与传播，实现信息与经验的共享；换岗会避免结成利益群体，破除权力和职位的垄断，给大家创造一个相对公平的晋升环境；换岗实际上也是一个新的学习机会，每一次换岗，都会为相关人员学习新的知识和技能创造条件；换岗使得每一个人都变得更加灵活，也使得每一个人都变得并非不可或缺。有人戏称华为是最稳定的公司，无论谁离开公司，无论公司里少了谁，都不会造成太大的影响，其他人可以立即补充上来。

在华为公司，很多干部都经历过岗位轮换，最具代表性的可能就是华为前执行副总裁毛生江。自从1992年进入华为之后，毛生江在华为13年的职业生涯中，一共在8个部门工作过，个人的职位也随之变动了8次，他曾先后担任华为研发部经理、生产部总经理、终端事业部总经理、华为电气副总裁、华为山东分公司总经理、华为市场部副总裁、华为国际营销部副总裁、华为高级副总裁等一系列职务。很多人对于这样的经历感到不可思议，但在华为内部，有很多类似于毛生江这样的人，也正是因为拥有很多这样的干部，华为内部的循环变得更加顺畅。

不过，华为的干部换岗并不是盲目的、随意的，而是遵循一定的原则和规律，毕竟每年出现大量的人事横向流动，会加重人事部门的负担，并给业务部门的工作造成一定的影响。在一般情况下，干部所换的多是一些和自己工作相关的岗位，他们擅长的一类工作，这样干部可以发挥自己的优势；要考虑岗位的实际需要和换岗人员实际能力；岗位轮换的时间周期必须科学合理。另外，换岗也必须坚持自主自愿的原则，在这一方面，华为始终做得比较到位，因此成效显著。

8. 努力培养超越自己的接班人

管理者必须具有培养超越自己的接班人的意识，具有承受变革的素质，这是企业源源不断发展的动力。没有前人为后人铺路，就不能人才辈出。只有人才辈出，继往开来，才会有事业的兴旺发达。每个管理者都必须开放自己，融入到企业的文化中，具有能上能下的心胸，只有能屈能伸的人，才会有大出息。

——任正非

1994年，58岁的杰克·韦尔奇在美国费尔菲尔德市整整待了一年，在这一年的时间里，他几乎每天晚上都在失眠，非常痛苦。后来他在自传中这样写道："选择继任者的工作不仅是我职业生涯中最为重要的一件事，而且是我面临的最困难也是最痛苦的选择。整个过程几乎使我发疯，给我带来了无数个难以成眠的夜晚。"

这种接班人的选拔是很多优秀企业都会面临的问题，其中包括CEO的接班人培养和选择，也包括公司所有干部阶层的接班人培养。新陈代谢是一个企业发展中最基本的规律，企业的队伍需要在不断的淘汰和更替中发展和壮大起来，尤其是干部队伍更需要及时输入新鲜血液。毕竟，一个企业想要持续发展下去，想要让管理制度延续并不断完善，想要让企业文化一直传承下去，那么就需要培养出一批新干部。

但是新干部的选拔想要做到合理有效，往往非常困难，毕竟里面会牵涉很多主观判断的因素，而且还需要充分做好平衡工作。而华为目前的干部选拔有两种方式，第一种是从外面引入，也就是说华为公司从外面招聘一些有经验的管理人员，比如直接从其他公司招聘管理者。第二种就是内部培养，这是华为目前最主要的干部培养方式，也是确保接班人能够把握形势，提升管理水平的一个重要方式，毕竟内部培养的接班人对管理工作更加了解，对相关的流程也非常熟悉，这是一个天然的优势。而且内部培养出来的干部，在员工心目中更具有权威性和说服力，因此管理效果可能会更好一些。

那么华为对干部接班人是如何进行培养的？又是按照什么样的流程来进行培养的？这就和《华为基本法》有很大的关联。

事实上，华为在最初制定和起草《华为基本法》时，只设有五章内容，基本涵盖了企业文化与经营理念，可是在这些内容当中，实际上包含了任正非对人力资源的强烈关注，如“我们强调人力资本不断增值的目标优先于财务资本增值的目标”“认真负责和管理有效的员工是华为最大的财富”等，于是人力资源管理成了公司重点思考的对象。

不仅如此，公司一直希望将企业成功的基本原则和要素系统化、规范化、制度化，同时也希望能够将企业家的智慧升华凝结为企业的智慧资产，从而不断地传承发展下去。而提到传承，接班人问题成了大家关注的焦点。正因为如此，华为公司干脆特别增补了第六章，专门用来阐述对各级干部接班人的要求和接班人的产生方式。

虽然任正非的接班人一直没有确定下来，但实际上对于干部的接班人，《华为基本法》中有着非常明确的要求：“高、中级干部任职资格的最重要一条，是能否举荐和培养出合格的接班人。不能培养接班人的领导，在下一轮任期时应该主动引退。仅仅使自己优秀是不够的，还必须使自己的接班人更优秀。我们要制度化地防止第三代、第四代及以后的公司接班人腐化、自私和得过且过。当我们的高层领导人中有人利用职权谋取私利时，就说明我们公司的干部选拔制度和管理出现了严重问题，如果只是就事论事，而不从制度上寻找根源，那我们距离死亡就已经不远了。”

从这个规定中，可以看出，华为已经将接班人问题当成了干部考核的一个标准，干部接班人问题成了考验每一个干部工作素养的一个重要参考，这实际上体现出了华为对干部责任感的要求。在其他很多公司，干部们只负责自己任内的事务，而不会想谁来接自己的班，谁会成为接手自己的工作的人。在他们看来，新干部的培养、选拔和上任，是公司决策层和人事部门的工作，和自己没有太大的关系。可是华为却偏偏要将接班人问题丢给每一个在职的干部，因为华为公司认为，一个好的干部应该拥有大局观，应该拥有发展的战略眼光，应该为公司的长远发展多做考虑。他们有责任为企业的发展出谋划策，有责任为企业完成权力交接做出自己的贡献。

正因为如此，任正非才会将接班人培养当成华为干部在任内必须解决的“私人问题”。不仅如此，而且还要求干部尽量培养出超越自己的接班人，以确保管理工作的进步，确保新的干部能够做到与时俱进。华为规定，每个干部每年必须培养两个接班人，这是一个硬性的标准和要求，如果没有达标，那么该干部的考核成绩就会受到影响。

在2009年以后，华为开始借鉴IBM的继任计划的方式，所谓继任计划，实际上就是接班人计划，是IBM公司确定关键岗位的后继人才，并对这些人才进行开发的整个过程。这个继任计划对IBM公司的持续发展起到了至关重要的作用。比如，它能为公司培养和储备关键的人才；能提高管理者对未来角色和挑战的准备，建立起企业持续经营和稳定的人力资本，防止因人才流失引起的公司经营和业绩的大的波动；能充分激励员工，留住高素质的人才。华为借鉴了这种模式，并采用关键岗位群的方式对目标岗位进行干部的储备。也就是说，在华为公司内部的主要管理体系里面，每一个体系选择了不多的岗位，来进行整个岗位群的储备，而干部所要做的就是从这个人才储备库中选拔和培养出最优秀的、最适合的接班人。

尽管每一个干部对于接班人的理解不同，培养和选拔的方法也不相同，但是干部接班人的选拔还是需要遵守华为公司内部选拔的一些基本原则和基本标准。比如，任正非在1998年3月发表的《要从必然王国，走向自由王国》的文章中，他就对接班人提出了两个基本要求："一个企业能长治久安的关键，是它的核心价值观被接班人确认，接班人又具有自我批判的能力。"也就是说，任正非认为，一个接班人最基本的素养就是要认可公司的核心价值观。这样就使得他们日后的管理工作不会出现太大的偏离，不会做出一些违背核心理念的事情。而自我批评则是一个干部督促自己不断实现自我完善、自我提升的方法。

除此之外，干部还必须培养接班人的艰苦奋斗精神，必须安排接班人进入一线和基层锻炼，必须培养接班人的集体意识和团队合作意识，还必须在他们的能力、业绩以及个人品德作风上进行考核，以便打造一个优秀的接班人。

9. 干部需要具备广阔的视野

想做一个好的领导者、管理者，你要把阅读面、视野展开，要看清行业的变化，才能规范好内部的行为。眼睛只看内部，忙着规范内部的行为，规范完了就被淘汰了，为什么？因为不适应未来的变化。所以我强调视野很重要，视野不完全来自经验，还要来自学习。

——任正非

很多人认为干部的作用在于引导，因此干部常常被当成企业的引路人，通常由他们负责指明企业发展的方向，负责带领团队前进和突围。从某种程度上来说，领导和干部们的视野决定了企业发展的宽度和深度，也决定了企业发展的高度。如果一个企业中的干部都是短视的人，那么企业的发展必定会受到限制。

任正非在《谈干部队伍建设》的文章中说道："公司业务发展的快速全球化决定了我们很多既有的思维模式和管理技能都需要得到更新与提高，干部要以更为开放、积极的心态去面对未知的世界；具有结构性思维能力的干部，才能够清楚地看到问题的本质并抓住工作的重点，干部不光要盯住‘短木板’解决眼前的问题，更要有建立机制以防范问题的能力，这样才能避免‘头痛医头、脚痛医脚’，才能提高管理的效率。视野开阔的团队领导者能看清整体与局部的关系，而视野狭窄的干部则有可能忽视战略机会与战略制高点，甚至带领团队用正确的方法做错误的事情，局部的胜利却造成全局的被动，最终导致战争失败。”

任正非一直崇尚大局观，希望干部们能够用全面的视角看待问题，用发展的眼光看待问题，要能够看到事情背后的原因以及发展趋势。在过去很长一段时间内，干部都处于比较封闭的状态，只看重暂时的利益，看重暂时的发展需求，而忽略了把握战略制高点，结果常常因小失大，因为一时的利益追求而错失了更大的发展机会。

比如，在过去很长一段时间内，华为在市场竞争中会采取低价策略，通过更低的价格来打压竞争对手。这样的方式的确为华为的生存争取到了更大的空间，也让华为获得了更大的市场份额。可是低价策略的出现让整个市场都容易陷入到价格战的恶性循环中去，而且低价实际上不仅压缩了华为的利润空间，还让华为背负了“产品低端”的恶名。从长远来看，显然不利于华为的发展以及品牌形象的树立。

对此，任正非认为低价的出现显示出了华为管理者市场目光的短浅，所以他迅速做出调整，坚持在海外市场上以高价和对手进行竞争，这样不仅让华为的利润有了增长，还成功借助这些竞争，提升了自身的品牌价值。通过这件事，任正非对干部的战略目光和视野有了更多的要求。

按照任正非的说法，“华为是一群从青纱帐里走出来的土八路”，缺乏更大的格局和战略思维，也无法看得更远。想要适应新的竞争环境，就需要扩大自己的视野，要学习新的管理方式。2003年，华为邀请北京大学哲学系的张世英教授、韩水法教授、李中华教授和王博教授以及中国社科院的庞朴教授、余敦康教授和原海军政治学院的吴琼教授来公司做哲学培训。主要内容是“西方现代哲学论和谐相处”“新教伦理与资本主义精神”“《周易》与思维方式”“无用之用”“说无谈玄”“回到轴心时代”“战争指导规律与大战略”等课程。

当时任正非亲自听课，并要求所有华为总监以上的干部都要参加培训。而这样的阵势让人觉得有些摸不着头脑，毕竟哲学看上去和经营管理并没有太多直接的关联，而且也没有办法直接将这些哲学思想运用到经营管理工作当中去。因此，即便是进行授课的教授们也对任正非的做法感到惊讶。面对各种质疑，任正非解释说参加哲学培训的最终目的是提高管理干部的哲学素养，从而开阔干部的视野，重塑其思维模式，以适应新的挑战。

除此之外，任正非一直要求华为的干部平时多学习、多看书、多和不同的人进行交流，要懂得通过不同的信息接收渠道来了解和掌握更多的知识，这样就可以丰富自己的知识，拓展自己的眼界。

如今，随着华为全球化进程的日益推进，打造一个全球化的企业，已经成了华为公司发展的重要目标，而在追求国际化、全球化的道路上，首先就需要打造一支具有国际化战略眼光和视野的队伍。最近几年，华为公司一直都在想办法从国外引进一大批的管理者，因为这些管理者对于国际市场的情况更加了解，他们也具备国际化的视野和思维，想问题想得更远。2000年，任正非在与某国际管理顾问公司人士谈话中提到：“过两三年后，公司管理规范了，我们要引入一批胸怀大志的人进入公司，来激活沉淀层。”

其实，在华为开拓海外市场的时候，很多干部都出现了“水土不服”的情况。他们在国内市场上的业务能力非常突出，可是一到了海外市场，就会出现各种问题。这些问题不能仅仅归结于文化习俗的差异，最根本的原因还在于很多华为干部过去一直都封闭在国内市场这个相对狭小的空间里，缺乏更广阔的视野，对于外界的很多信息不够了解，对于一些新的思维方式也无法接受。

所以，这些年任正非一直都在向国外先进的企业学习，而每一次出国考察，他都会将一堆管理人员带在身边，让他们出国长长见识，认识一下国外先进的管理理念和管理思路，并扩大自己的思维格局。因此任正非坚持要将更多的华为干部送到海外市场去锻炼，以此来打造一批专业化的、职业化的、国际化的干部队伍，从而服务于华为的国际化战略。

而在内部的干部选拔中，任正非也不敢有丝毫的放松，他要求把是否具有广阔的视野当成干部选拔的一个重要标准。尽管这种非量化的指标无法直接纳入到考核体系中来，但是已经在考核中具备了一定的倾向性。在华为公司内部，那些看得更远、更高、更深的员工，往往更容易获得提拔和晋升，他们也成了干部建设的一个榜样。

10. 宽容是干部的一个重要品质

> 我们要不拘一格地选拔任用一切优秀分子，不要问他从哪里来，不要问他有何种经历，只要他们适合攻击“上甘岭”（各部门、各专业、各类工作……不要误解了只有合同获取才是“上甘岭”）。我们对人才不要求全责备，求全责备优秀人才就选不上来，“完人”也许做不出大贡献。除了道德遵从委员会可以一票否决干部外，对工作中的差错，要宽容，不抢答的干部不一定是好干部。
>
> ——任正非

任正非在谈到华为干部的选拔标准时，提到了宽容，他认为任何一个好的干部首先应该具备宽广的胸怀。因为他觉得“没有人会承认自己不具有宽广的胸怀，但知易行难，人的本我都含有自私、狭隘的成分，宽广的胸怀必须经过后天的修炼才能得来。具有宽广胸怀的前提是以事业成功为重，在这个前提下，做到求大同存小异，宽容地处理来自于他人的不同意见甚至冲突；包容性与原则性并不矛盾，宽广的胸怀应该以原则性为保证，否则就会是非混淆，走向新的狭隘。对于自己反对的人或反对自己的人，要清楚地知道对方的优点是什么，有哪些值得肯定与学习的地方；对于自己青睐的人，更要清楚地知道对方有哪些缺点需要改进。具有宽广的胸怀才能团结人和用人所长”。

提到宽容，任正非认为这是一个干部必须具备的特质，也是领导者获得成功的一个重要品质。因为在工作中，人接触的无非只有两个方面：一个是同物打交道，比如车间里的员工成天和机器打交道；另一个就是同人打交道，干部最常见的就是与人打交道，包括上级和下级。而且与人交流原本就是干部的必修课，是考验一个干部管理能力的重要指标。

由于人与人之间的思维想法不同、性格不同、能力不同、所处的职位也不同，沟通交流的过程中难免会出现一些矛盾冲突，而想要化解这些矛盾就需要做到宽容，就需要干部以宽容、开放的心态去包容对方。

任正非说：“公司要宽容‘歪瓜裂枣’的奇思异想，以前一说‘歪瓜裂枣’，就把‘裂’写成劣等的‘劣’。你们搞错了，枣是裂的最甜，瓜是歪的最甜，他们虽然不被大家看好，但我们从战略眼光上看好这些人。今天我们重新看王国维、李鸿章，实际上他们就是历史的‘歪瓜裂枣’。我们要理解这些‘歪瓜裂枣’，并支持他们。他们可能超前了时代，令人不可理解。你怎么知道他们就不是这个时代的凡·高，这个时代的贝多芬，未来的谷歌？”

众所周知，任正非是一个非常低调务实的人，并不喜欢过多地出现在媒体的镜头当中，也不喜欢高调展示自我。不仅如此，他还要求底下的人也要保持低调的品质。不过对于华为消费者BG CEO余承东而言，似乎已经习惯了高谈阔论。他自己也承认：“我就是想把工作做好，但肯定是一个有缺点的人，不擅长和人打交道，性格东冲西撞，说话容易得罪人，而且有什么问题直接说。虽说对事不对人，但事情和问题总是与人有关的，一不小心可能就树敌了。”

余承东自2010年开始出任华为消费者BG CEO以来，行事高调，屡有惊人之语，往往在华为内外掀起轩然大波。一度还出现过被禁言的风波，他也差点因此而下课。可无论公司内部出现了多少非议，任正非始终以包容的心态看待这个能力出众的男人，并提纲挈领地说过这样一句话：“允许异见，就是战略储备。我对自己的批判远比我自己的决定要多。”他觉得既然需要余承东的能力，那么就要适当尊重他的个性，如果凡事都用道德制度去审判，那么就可能导致很多人才的流失。

在任正非看来，企业中包含着非常复杂的人际关系，在一个组织内部，领导者要去影响、去促进、去激发组织当中的个体来追随自己并实现整个组织的目标，就需要协调好不同部门之间、不同利益团体之间、不同阶层之间的关系，一定程度上的协调、妥协和协同就显得很有必要。

在1999年之后，华为逐步进入了平稳的发展阶段，那个时候，华为公司的员工不断增多，部门结构也趋于稳定，企业形成了基本的经济模式。不过企业的发展也暴露出了粗放型管理模式的落伍，更高效、更科学的管理模式已经成为新的需求，这个时候，对于管理模式的改革已经被提上议事日程，任正非决定让华为的管理更加细化，更加有人文色彩。

比如华为的干部，正日趋年轻化，他们都处于血气方刚的年纪，干劲冲天，有的不大懂得必要的妥协，也不知道如何去协调好工作与人际交往的关系，这种直来直往的个性，往往会给工作带来较大的阻力。因此任正非一直强调妥协和宽容，希望能够以一种相对包容的心态来缓解分歧、冲突和对抗。他要求管理者收敛起对人对事的浮躁情绪，不能盲目冲动行事，而应该多一些理解和体谅。无论是在经营还是内部人员管理中，都要掌握灰色管理的方法，不能过于理性地做出判断，一些上纲上线式的极端管理，往往会令公司的管理陷入僵局。

1997年，任正非邀请美国Hay公司为华为做人力资源薪酬管理变革，一次与美国Hay公司代表韦女士在讨论干部任职资格考核时谈到了干部的缺陷问题，韦女士说："我在雇人时也非常注意这一点，我认为一个人60％应该是挑战性的，20％是有压力的，10％是恐惧的。如果一个人在一个岗位上完美无缺的话，就会厌倦这个岗位。所以，对于您的这些狼来说，不管是老狼，还是小狼，都必须要让他们感受到挑战和压力。因此，在我们建立这个任职资格系统的时候，可能没有一个人是完美无缺的。"

对此，任正非也表示赞同，并认为华为要做的，首先是保证公司未来的冲锋，如果过分追求完美无瑕的干部，那么可能会造成冲锋干部队伍的缺乏。因此，任正非认为，选拔干部也要根据不同的环境、不同的条件，发挥其不同的优势，一方面要积极努力朝干部选拔原则方向去努力、去靠拢，以保证干部队伍的高素质和高作战能力；另一方面，华为不追求干部选拔的绝对完美，对干部不能用一个统一的、僵化的模式来评价和选拔。

任正非觉得一个好的干部，一定要善于容忍下属的缺点与问题。有一次，任正非公开在一次干部述职会上批评一位公司高层领导，这位领导虽然严于律己，但待人同样非常严苛，对下属的要求很高。任正非觉得对方如果不懂得宽以待人，不知道宽容和包容下属的话，很可能会被大家孤立。

所以一个好的干部在待人的问题上，应该能做到知人善任，而不是求全责备，只要那些有能力有特长的下属没有犯原则上的错误，没有太大的生活品德问题，那么就不要用异样的眼光去看待他们，就不要因为那些缺点而抹杀他们的优点。宽容他人，本身就是提升干部管理水平的一个重要方式。

11. 防止“堡垒从内部攻破”

我们腐败最主要的表现就是惰怠，挣了钱不想好好干活，是惰怠！小富即安，安于现状，不思进取，就是惰怠！曲意逢迎，欺上瞒下，拉帮结派，也是惰怠！今年可能会分钱很多，人力资源系统给我一个报告，他们非常担心。挣的钱越多，越是公司最危险的历史时期。为什么呢？因为人会因此而惰怠。唯一阻止公司发展的就是内部腐败，这个腐败就是惰怠。

——任正非

2007年9月29日下午，华为在总部召开了《EMT自律宣言》宣誓大会，在EMT成员任正非、孙亚芳、郭平、徐直军等人的带领下，华为公司200多名中高级干部一起出席了会议。在会场上，大家一起举起右手，庄严宣誓：“我们必须廉洁正气、奋发图强、励精图治，带领公司冲过未来征程上的暗礁险滩。我们决不允许‘上梁不正下梁歪’，决不允许‘堡垒从内部攻破’。我们将坚决履行承诺，并接受公司监事会和全体员工的监督。”

实际上，早在1998年，任正非就在《不做昙花一现的英雄》这篇文章中提出了警告："过去十年来，大量干部被提拔上来，公司对干部的情况不甚了解，个人的履历可能由于种种原因有不真实的地方、家庭成员的情况可能也有变化，现在我们要求干部在这些地方要加强透明度。你可以放弃对公司的透明度，而公司也可以放弃你做干部的权利。在这个工作中，我们一定要尊重、相信干部个人对这个问题的陈述，这种陈述也是个人对企业的承诺，这种承诺我们是可以理解的。

"我们还要清理干部的腐化，绝不允许不良的现象存在。当然我们要重证据，尊重本人的申诉，宁可信其无，不愿信其有，我们的目的是让人改正。对干部的管理，一是要让其自我约束，二是公司进行约束。"

在这里任正非实际上对"堡垒从内部攻破"的各种可能性进行了分析，比如，干部的透明度不够，腐化现象比较严重，干部抵制诱惑的能力和自我约束能力偏弱。这些都可能会导致整个干部队伍的腐化和堕落，最终影响企业的管理，并降低企业管理的水平和效率。

其实对华为来说，经过20多年的发展，早已经在世界上奠定了自己的市场地位，也证明了自己是能够经得起市场的考验的，因此在面对外部竞争环境的时候，华为并没有表现得太过担心，而且华为的干部队伍也绝对经得起市场竞争的压力和考验，能够证明自己是足以带领员工把握竞争优势的管理者。

但是很多时候，真正的威胁并不是来自外界，毕竟外界的压力往往可以让干部变得更加强大，可以激励他们不断强化和完善自身的领导能力，提升自己的管理水平。反倒是那些内部因素很可能会腐蚀干部们的管理才能，会让干部队伍变得人心涣散，会破坏干部原有的团队协作精神和意识。任正非曾经说过："华为最大的压力就是发展太快，赚的钱太多了。如何解决对内分配的矛盾问题，我觉得是最难的问题。华为真正碰到的敌人不是别人，而是我们自己。”

物质激励是一把双刃剑，一方面容易激发人的工作动力，提升工作的积极性，但是另一方面很可能会激发出人的野心和欲望。在物质的刺激下，人的贪念可能会越来越大，对于物质的追求也会越来越偏离轨道，为了满足私利，很可能会因此做出违背集体利益和道德的事情。当华为公司的发展速度越来越快，规模越来越大，收入越来越高时，干部们的收入也会水涨船高，而过高的收入往往会让干部的欲望越来越大，最终变得欲壑难填。

而对于物质的追求，往往会引发对权力的争夺，因为对于管理层来说，谁的权力越大，谁就越有机会通过权力来满足自己的物质需求。所以干部队伍中很容易出现小团队领袖、“山头主义”以及裙带关系，严重的话，还会引发内斗和分裂。这是任正非不愿意看到的事情，但也确确实实在发展过程中出现了这样的问题，这些内部问题曾经一度引起了公司内部关于公平的讨论，也引发了很多管理上的矛盾，像1996年市场部大辞职，其实就是对内部矛盾尤其是干部群体中的内部矛盾所做的一次调整。

由于干部内部的一些问题严重影响了企业的发展，很快引起了任正非的重视，他一次次提醒内部管理者要团结，要适当抑制内心的欲望，不能将私利凌驾于集体利益之上。他认为，一旦高层管理者中有人利用职权谋取私利，就说明公司的干部制度和管理出现了严重问题。如果不从制度上寻找根源，那华为距离死亡就已经不远了。因此打造一支透明度高的廉洁队伍，打造一支真正全心全意为公司发展着想的忠诚队伍，成了华为工作的重心。

在这样的情况下，华为在总部召开了《EMT自律宣言》宣誓大会也就显得很有必要，而为了确保干部们的行为能够受到合理的引导和约束，《ETM自律宣言》中设定了以下几个重要内容：

1.正人先正己、以身作则、严于律己，做全体员工的楷模。高级干部的合法收入只能来自华为公司的分红及薪酬，除此之外不能以下述方式获得其他任何收入：绝对不利用公司赋予我们的职权去影响和干扰公司各项业务，从中谋取私利，包括但不限于各种采购、销售、合作、外包等，不以任何形式损害公司利益。不在外开设公司、参股、兼职，亲属开设和参股的公司不与华为进行任何形式的关联交易。高级干部可以帮助自己愿意帮助的人，但只能用自己口袋中的钱，不能用手中的权，公私要分明。

2.高级干部要正直无私，用人要五湖四海，不拉帮结派。不在自己管辖范围内形成不良作风。

3.高级干部要有自我约束能力，通过自查、自纠、自我批判，每日三省吾身，以此建立干部队伍的自洁机制。

通过宣誓，任正非希望所有的干部都能够端正自己的工作态度，提高自己的思想觉悟，从而避免在一些原则性的问题上犯错，在日常管理工作当中能够守得住底线，尽到一个管理者应尽的责任。

第五章 创新——企业不创新就会死亡

“一个企业想要保持竞争优势，想要提升自己的市场地位，那么首先就要拥有强大的创造力，要有非常完善的创新机制，只有在技术和管理上不断创新，不断改进和提升，才有机会做到与时俱进，才有机会在快节奏的竞争环境中始终保持不落下风。从某种程度上来说，创新就代表了最先进的生产力，代表了前进的动力。华为公司作为一家创新型企业，多年来一直都加大力度投入到创新研发之中，无论是技术还是管理制度，都有了明显的改进。这也让华为能够屹立在通信行业的最高舞台上，并且牢牢保持自己的市场地位。”

1. 小改进，大奖励

我不是一个激进主义者，而是一个改良主义者，主张不断地管理进步。现在，我们需要脱下草鞋，换上一双美国鞋，但穿新鞋走老路不行。换鞋以后，我们要走世界上领先企业走过的路，这些企业已经存活了上百年，他们走过的路被证明是一条企业生存之路。

——任正非

有个新员工在进入华为公司后，很快就给任正非写了一份万言书，大谈改革的内容和手段，涉及华为公司内部的方方面面。任正非看完以后，直接做出了如下批示："此人如果有精神病，建议送医院治疗；如果没病，建议辞退。"

这件事在华为内部引起了轰动，外面的人在得知这件事后，也觉得非常惊讶，一般情况下如果公司里有员工对企业的战略发展提出各种建议，应该让领导者感到高兴才对，但任正非却从未这么想过。因为在任正非看来，一个新员工妄议战略性的改革，这本身就是不靠谱的事，毕竟这个新员工不可能在短时间内对华为如此了解。另外，华为在某一阶段内始终处于稳定的状态，也没有太大的危机，如果贸然就大刀阔斧地改革，无异于打破当前的发展均势，对公司的发展造成很大的破坏。

所以任正非提出了“小改进，大奖励”的口号，就是要让那些专注改革的人，放慢脚步，要一点点前进，不要妄图一下子就把改革工作全部做完，不要妄图一下子就来一次彻底的改革。尤其是华为非常重视的创新领域，更是要把握尺度。

任正非说：“我们坚决在产品与营销体系推行向创业与创新倾斜的激励机制。创新不是推翻前任的管理，另搞一套，而是在全面继承的基础上不断优化。从事新产品的开发不一定是创新，在老产品上不断改进不一定不是创新，这是一个辩证的认识关系。一切以有利于公司的目标的实现为依据，要避免进入形而上学的误区。”

而华为公司最初所做的就是坚持“拿来主义”，因为那个时期华为在技术上处于一穷二白的状态，根本没有办法独立研究产品和技术，所以干脆模仿国外企业的技术，然后聘请成熟的技术人才对产品和技术进行二次开发，慢慢转变为公司自己的知识产权。就是因为在“拿来主义”的基础上进行了改造，华为才能够打造自己的GSM产品、无线射频（RF）技术，并在这些领域很快领先于其他对手，从而为发展和壮大奠定了基础。

后来，他进一步对此做出了阐释：“我是主张改良的，一点点地改，不主张大刀阔斧地改革。华为必须坚持改良主义，通过不断改良，实现从量变到质变的过程。华为在高速发展的过程中，轰轰烈烈的巨变可能会撕裂公司。所以要在撕裂和不撕裂中把握好‘度’。我们处理发展速度的原则应该是有规律、有预测地在合理的增长比例下发展，但我们也必须意识到这样做所带来的不稳定。我们必须在此基础上不断地提高我们的管理能力，不断地调整管理能力所能适应的修补程度，以使我们适应未来的长期发展。”

在任正非看来，一旦变革和创新操之过急，展开面过大，就可能遭受失败。一些大刀阔斧的改革措施，很容易引起华为内部的动荡不安，会对华为的长远发展造成影响。所以最佳的方式就是保持“走碎步”的状态，而不是采取“大步跑”的策略，通过慢慢改革的方式慢慢推进。这个时候，华为公司实际上已经形成了自己的创新理念和创新文化。

很多人喜欢将改革当作神圣的工作，喜欢将创新当成颠覆，很多企业好高骛远，往往在不了解市场需求、缺乏实践论证的情况下，就盲目进行创新，投入巨大的人力、物力和财力搞研发，可是等到颠覆性的产品出现后，发现市场上根本不接受，结果白白浪费了大量的时间、资金。其实，真正的改革应该是小范围内的改良主义，真正的创新同样应该是小范围内的改良主义。

1997年，天津电信的一位内部人员突然谈论起了一个话题：“学生在校园里打电话很困难。”任正非听到这句话后，一下子就产生了商业灵感，既然学校里打电话不方便，那么为什么不创造一种便于打电话的产品呢？他当时立即对公司全员做出了紧急指示：“这是个金点子，立刻响应。”就在任正非做出批示的2个月后，华为公司就推出了201校园卡，而这个新产品引起了很大的市场反响，并且迅速风靡全国。当时外界都纷纷赞扬华为的创新精神，认为华为的新产品将为整个行业的发展创造更广阔的空间。然后就在外界一片惊叹声中，华为内部的研发人员道出实情：原来所谓的201卡，并不是采用完全意义上的新技术，早在数年前，交换机上就有200卡，而华为不过是在原有200卡号功能上做了改进和创新，而正是这种小的改进和调整，让华为率先发现了商机，并迅速占领了市场。

还有一次，华为的交换机进入湖南市场时，工程师们发现一到冬天，设备就会出现短路现象，于是他们就将一台出问题的设备拉回深圳进行研究，最后才发现是老鼠尿导致的，因为尿液中的某些成分会引发短路。针对这个问题，研究人员做了改造，最终研发出了一种可以防止尿液侵蚀和影响断电的新技术。

“十次小改进就是小创新，一百次小改进就是大创新”，这是华为公司对每一个研发人员的期望和要求，也是华为内部的一个口号，任正非说：“我的一贯主张是‘鲜花是要插在牛粪上’。我从来不主张凭空创造出一个东西、好高骛远地去规划一个未来看不见的情景，我认为要踩在现有的基础上前进……世界上总有人去创造物理性的转变，创造以后，我们再去确定路线。我们坚持在牛粪上去长出鲜花来，那就是一步一步地延伸。”从商业发展的本质来说，从企业发展的规律来说，坚持“小碎步”的创新模式是符合华为公司的发展需求的。

在过去，很多竞争对手都讽刺华为没有真正意义上自主研发的技术，没有一款能够颠覆行业的新产品，很多人将华为定位为一个模仿者。可事实上，这些年来，华为取得的专利技术是国内公司最多的，在国际上也排在前几位。对现有技术进行改造和二次开发，已经成了华为公司创新研发的一个重要特点，正是因为如此，华为能够始终牢牢把握市场发展的动向，能够把握市场发展的规律，一次次推出受市场欢迎的好产品，而这恰恰是华为能够走向世界的原因。

2. 先僵化，后优化，再固化

5年之内不允许你们进行幼稚创新，顾问们说什么，用什么方法，即使认为不合理，也不允许你们动。5年以后，把系统用好了，我可以授权你们进行局部的改动。至于结构性改动，那是10年之后的事。

——任正非

从20世纪90年代开始，华为公司开始重视对管理体系的打造，但是由于缺乏管理的基础，华为只能从IBM、Hay、西门子等西方大企业中引入管理制度。那个时候，其实有很多中国企业都和华为一样，主张从国外引入管理制度，可是和华为不同的是，多数企业在引入管理制度时一波三折，而且最终都因为“水土不服”而放弃了那些制度。

在这个被称为管理体系混乱的时期，为什么华为能够脱颖而出，成功将国外先进的管理体系移植到本土呢？这里面有很多原因，比如，在20世纪90年代，很多企业处于盲目的状态，在引入时并没有选择适合自己的管理制度，结果当它们将外来的“光鲜衣服”往身上套时，才发现尺寸根本就不对。

而华为在这一时期则显得比较冷静，尽管管理和经营扩张的矛盾日益尖锐，打造合理的管理体系迫在眉睫，但是任正非仍旧坚持“寻求最合适的体系”这一原则。在当时，任正非带领团队出国，经过一番认真的考察，最终将目标锁定在IBM、Hay、西门子、丰田等公司。而正是这些公司给了华为很大的帮助，比如华为与Hay进行合作，进行了人力资源管理的变革，职位体系、任职资格体系、薪酬体系、绩效管理体系、员工素质模型和领导力素质模型都是从该公司引入的。此外，它还向IBM公司取经，引入健全的管理体系，其中就包括流程管理。

选择最合适的公司来引入管理体系，这是华为能够获得成功的前提，而另一个重要的原因则是因为华为公司拥有非常好的方法。很多企业在引入西方的管理体系后，直接就完全照搬模式，或者是胡乱加以改革，结果都造成了很多严重的问题，在这一方面任正非则更加睿智。为了更好地消化这些管理体系和管理制度，他提出了“先僵化，后优化，再固化”的三步走战略。

所谓先僵化指的就是强制性地套用外国的管理模式，公司不能因为有些人不习惯这些模式、不喜欢这些模式，就放弃引入，而是要采取必要的强制手段来推行这些制度。哪怕有些不适应的地方，公司也要采取削足适履的方法，主动去迎合管理模式。因为在任正非看来，外国那些先进的管理体系已经得到了实践的证明，是一种成功的模式，不存在太多太大的问题。另一方面，一项制度的好与坏、合适与不合适，不能仅仅依靠主观判断来决定，而应该先尝试一下，就像新衣服一样，只有试穿一阵子之后，才会发现哪里有问题。如果在引入制度后，在缺乏全面了解的基础上，公司就贸然进行改革，很可能会导致管理体系的不稳定。

任正非曾经说过：“我们引入Hay公司的薪酬和绩效管理模式，是因为我们看到，继续沿用过去的土方法尽管眼前还能活着，但不能保证我们今后能继续活下去，现在我们需要脱下‘草鞋’，换上一双‘美国鞋’。穿新鞋走老路当然不行，我们要走的是世界领先企业所走过的路。这些企业已经活了很长时间，他们走过的路被证明是一条企业生存之路，这就是我们先僵化和机械地引入Hay系统的唯一理由。”

僵化处理实际上给了管理制度在公司内部得以沉淀的机会，员工们也不得不认真地去认识和了解这些制度，这就为管理制度对公司的全面渗透创造了基础，也为之后的优化变革打下了坚实的基础。

当制度和模式在华为公司进行僵化处理一段时间之后，华为便开始依据自身的特色和实际情况，对引入的制度进行优化处理。这是打造具有自身特色管理体系的必然过程，虽然外国的先进管理体系获得了成功，但并不意味着完全适用于华为，毕竟每一个公司的发展情形、发展环境都不相同，如果直接照搬外国模式，很可能会在很多细节方面产生冲突。因此，为了完美地消化那些制度，将制度和华为自身的发展情况更好地融合起来，也为了平衡内部的一些利益，华为公司开始按照实际情况来进行优化。

所谓的优化，就是从国外先进的管理制度中，吸收那些好的制度，而摒弃那些不符合实际的制度。公司用批判的、一分为二的眼光去分析国外的管理模式，以及自身原有的制度，然后将两种制度中最合理的部分提取出来。接着又对那些不合理的地方加以改进和完善，最终形成比较完善的体系。

僵化是对管理体系理论价值的认可，而优化则体现了华为公司对管理制度的实际效用的看重。这个优化的过程就是一个变革和创新的过程，就是将企业管理制度从不可行变成可行，从不适合变成适合，从不完善变成相对完善的过程。

企业的管理制度需要变革，需要改进，但是如果变革的次数太频繁，那么企业就难以获得一个平稳的发展环境，因此优化处理必须有一个限度，只要优化的过程符合预期的设定，只要优化的结果能够产生效用，那么就可以安心地让优化后的制度保持在一个相对稳定的状态，而这就需要对制度进行固化。

固化是一个非常重要的步骤，实际上任何一项制度，任何一种体系，只有固定为一种例行事项，才能够真正起作用。因此固化就是例行化和规范化的过程，目的就是将一些没有规定和惯例的东西变成规定和惯例，使其达到模板化和标准化的状态，这样一来，公司就可以更合理地控制好流程。另外，在引入管理制度之前，华为一直采取对人负责的制度，员工们都缺乏遵守制度的意识，而公司通过对制度和体系的固化，渐渐培养其员工对事负责的态度，这有助于管理制度的最终落实。

先僵化、后优化、再固化，几乎成了华为这些年来引入制度的一个固定流程，也是华为公司坚持制度创新、管理创新的一种重要方法。正是因为把握好了三步走的战略步骤，华为公司的管理体系才越来越完善，并且对企业的经营发展也起到了越来越重要的作用。

3. 创新应该聚焦在主航道上

> 我们只允许员工在主航道上发挥主观能动性与创造性，不能盲目创新，发散了公司的投资与力量。非主航道的业务，还是要认真向成功的公司学习，坚持稳定可靠运行，保持合理有效、尽可能简单的管理体系。
>
> ——任正非

任正非曾经去贝尔实验室参观过，他对贝尔实验室的研发能力和创新精神非常赞赏，也下定决心在华为内部建立一个实验室，后来在任正非的授权和规划下，华为公司成立了“2012实验室”，并将它作为华为创新力量的来源。

当时，很多人都猜测“2012实验室”将会效仿贝尔实验室的研发模式，拓展出一条非常宽广的创新路线，可是任正非很快就站出来予以否决和澄清，因为贝尔实验室所走的创新之路太过宽泛，最终可能会给发展带来麻烦，因此并不适合“2012实验室”。事实上任正非也一语成谶，在之后不久，贝尔实验室因为大范围地保持创新，结果慢慢走向衰落。任正非认为贝尔实验室本职是搞通信的，却要花费精力去研究电子显微镜。虽然这同样对人类有很大的贡献，可是却增加了贝尔实验室的负担，由于发明成果丢到外面划不来，贝尔实验室就成立了电子显微镜的组织作为商业面的承载，而正是这样的组织，分散了它对通信领域的投入。这个曾经显赫一时的实验室最终被无边界的技术创新模式给拖垮了。

鉴于这种经验教训，任正非对“2012实验室”的创新模式显得非常谨慎，他多次强调：“我们对‘2012实验室’的约束是有边界的。只能聚焦在主航道上，或者略略宽一些。产品创新一定要围绕商业需要。对于产品的创新是有约束的，不准胡乱创新。”不久之后，这种创新模式开始成为华为内部一个战略要求。

由于任正非提出过“针尖战略”（就是将力量主要集中在某一个领域或者少数几个领域，以便对竞争对手形成竞争优势），华为很快将创新机制也应用到这个战略当中去，也就是说华为的创新也要集中在少数几个容易把握的领域。最终任正非号召华为的研发人员要将创新聚焦在主航道上，要对创新的范围进行约束，确保创新力量更加集中。

2000年，华为准备进军印尼市场，当时的印尼市场并不发达，但美、欧、日等国的产品成为主流，印尼客户也只认这些国家的企业和产品，很多印尼人甚至不知道有华为这样的品牌和公司。另外，华为在攻占印尼市场时，还遇到了一个比较尴尬的问题，那就是很多人一听说华为是中国企业，合作的兴趣就立即下降，因为在他们眼中，“中国制造”往往代表着低端、廉价、质量差、售后服务不完善，正因为如此，华为始终难以进入印尼主流市场的法眼。

鉴于竞争对手的强大，以及自身知名度较低，华为觉得想要赢得客户的尊重，那么就一定要在产品和技术上下足功夫，一定要用创新技术来打造新的产品。不过创新并不是一朝一夕的事情，华为想要在短时间内依靠创新来对西方企业形成全面的超越并不现实，因此只能想办法从某些点上进行突围，在业务的主航道上进行创新。由于当时华为的主营业务是ICT（信息与通信技术业务），而且华为在这个领域内也拥有一定的技术积累，因此这一领域是创新的最佳选择。

在那之后，华为开始增加对ICT的研发投入，持续进行创新性研究，至于其他方面，则保持克制，没有为之浪费时间和金钱。而正是因为这种“针尖战略”的实施，使得华为能够集中更多的资源来进行创新，最终确保了华为在ICT领域内对西方企业形成的技术优势，华为最终成了印尼市场上ICT领域内的领头羊，而借助这种优势，华为也树立了自己的品牌形象，并改变了印尼人对“中国制造”的偏见。

随着华为在印尼市场越来越受欢迎，很多人开始建议华为谋求业务扩张，在其他业务领域也进行创新，但是却被华为高层拒绝了，至少他们认为在现阶段，华为仍旧需要保持在ICT领域内的技术优势和竞争优势。据统计，在2013年，印尼的ICT市场规模大约为115亿美元，年增长率也接近10%，不仅如此，由于国内经济有了长足的发展，印尼政府和运营商下定决心将继续加大对ICT领域的投入。这会是一个巨大的市场，足以让外国企业垂涎三尺，而华为绝对不能掉以轻心，而应该继续坚持把创新聚焦在主航道上，通过特定领域内的优势来保护自己对印尼市场的领导权。

不仅仅是在印尼市场，华为最初在和美国公司进行竞争的时候，任正非认为华为并不可能在所有的领域内都保持优势，但也不会在所有的领域内都保持劣势，为了赢得竞争，就一定要收缩自己的作用面，要在自己最擅长的某几个点上搞创新，争取技术优势。按照任正非的说法，华为只能在针尖大的领域里领先美国公司，一旦范围扩大到火柴头或小木棒这么大，那么所谓的超越就成为一种奢望。

任正非认为“公司像长江水一样聚焦在主航道上，发出巨大的电来。无论产品大小都要与主航道相关，新生幼苗也要聚焦在主航道上。不要偏离了主航道，否则公司就会分为两个管理平台”。很显然，只有主航道业务才能产生真正的价值，至于那些非主航道的业务，并非不去参与，而是要尽可能地保持简单的管理体系，不要投入太多的精力，更不要将创新的资源大量投入其中。

在企业经营管理方面，任正非是一个战略大师，也是一个战术大师。他总能够有效利用压强原则（将所有的力量集中在某一处）来打造自己的竞争优势，无论是狼群战术，还是蜂群战术；无论是“力出一孔、利出一孔”的口号，还是聚焦主航道的创新机制，都显示出了他对于资源集中利用的高超手段，也正是因为如此，华为才能够通过“针尖战略”来实现突围，通过“针尖战略”来实现对市场的有效控制。

4. 完善创新驱动机制

多年来我接触了相当多的美国科技人员，由于一种机制的推动，非常多的人都十分敬业，苦苦地追求着成功，这是一种普遍的现象，而非个例。比尔·盖茨初期没有电视机，而是由他父亲帮他看新闻，而后告诉他，有些人不理解，因此也不会理解中国的许多科技工作者在那么低的收入中的忘我奋斗与牺牲精神，理解不了“两弹一星”是怎么做出来的，理解不了袁隆平为什么还那么具有农民气息。大庆铁人王启明不就是这么一个苦苦探索二三十年，研究分层注水、压裂，使大庆稳产高产成为世界奇迹的吗？

——任正非

华为一直强调，创新永远是科技企业最强大的动力源泉。这二十多年来，华为之所以能够在落后别人的困境中实现逆袭，并成长为世界通信领域的第一巨头，很大一部分原因就在于它的创新能力。这些年，华为公司在产品研发、技术含量、专利的数量上都处于国际领先的水平，就足以证明它的创新能力也是全世界数一数二的，那么支撑起华为创新获得如此迅速发展的原因是什么？支撑起华为创新的驱动机制又是什么？

如果对现实的发展环境和商业环境进行分析，就会发现在互联网时代，华为之所以能够实现弯道超车，最大的原因有两点：以客户为中心的理念导向以及五大完备机制的设计。“以客户为中心”的理念是华为企业文化的核心，也是企业最核心的价值观之一，正因为以市场为目标，以客户的实际需求为依据，才让华为实现了从技术导向向以市场为导向的转变。

而华为创新的五个驱动机制包括以下几个方面：

学习对手

对于任何一个企业来说，在发展过程中，都会遇到一些比自己更加强大的竞争对手，因此，想要迅速壮大自己的实力，那么最直接的方法就是以对方为行业标杆，主动向对方学习。华为公司自从创业以来，就长期处于追赶者和落后者的位置上，为了缩短与对手的距离，华为坚持以全球范围内的先进企业为标杆，主动从对方手里引进、借鉴、学习在技术战略管理、研发管理等方面的成熟经验。在过去二十几年时间里，华为从西门子公司、丰田公司、IBM公司、Hay公司、朗讯公司、爱立信公司借鉴了成功的经验，尤其是从IBM公司引入IPD研发流程，这有效提高了研发活动的效率，对华为创新能力的提升起到了非常大的促进作用。

利益激励

华为坚持“以奋斗者为本”的原则，按绩效分配和按股权分配的关系，强调利益要向创造业绩的一线“奋斗者”（研发人员是其中最重要的主体）倾斜。所以多年来，公司不仅提倡“工者有其股”的股权分配制度，提升了薪资和奖金，还打造了“获取分享制”——华为每年的利润分配在股东分配之前大部分先作为奖金以绩效为依据进行发放。通过这些利益激励的举措，华为实际上正一步步将应用型的研发机构定位为利润中心，让所有的创新人员直接感受市场压力，同时也分享市场成果。而在利益的驱动和激励下，员工的创新能力会得到释放，创新成果也开始成倍增长。

内部辩驳

一个好的创新机制，首先应该具备自我评判、自我监督、自我否定的能力，因为创新原本就是在不断的否定中前进的。如果缺乏足够的评判和监督，缺乏否定性力量的压制和督促，创新很可能会陷入僵局。正因为如此，华为在一些研发机构及相关的事业群内部专门设置了“红军”“蓝军”机制，以此来模仿军队演习时两军的模拟对抗。在平时，“蓝军”扮演诘难和反驳的角色，只要“红军”提出了某个设想，确定了某个创新的理念和方向，“蓝军”就会及时跳出来挑刺，指出内在一些不合理的地方，指出一些不完善的因素，然后“红军”会相应地做出改正，接着再次接受“蓝军”的考验。通过反反复复的辩驳和否定，华为公司内部提出的任何一种研发方向和技术设想，都提供了更加清晰的图景、更加明确的路径，以及更高的胜算概率，这样就可以有效防范创新过程中出现“颠覆性”的失误和风险。

组织弹性

一个企业或者组织内部的创新能力、创新水平，往往和这个企业或组织的活力有关。如果企业内部比较僵化，那么员工的创新能力、创新欲望都会受到压制。因此一个健康的、保持活力和弹性的组织结构是有助于促进创新水平的提升的。华为公司为了提升内部组织机构的活力，采取了一种非常有效的办法：岗位轮换。无论是员工还是干部，都会进行大范围、大跨度的调岗和轮换。比如，公司会安排研发部门的员工去做营销，而营销部门的员工则调换过来做研发。通过这种调换，有助于培养出复合型的人才，大家可以通过换岗来进行换位思考，可以在不同的岗位上吸取不同的经验，这样会给员工的创新带来很大的帮助，对于提高研发方向及成果的市场针对性和有效性很有帮助。另外，华为通过研发项目管理机制，有效激活了组织，确保了研发人员能够更大限度地激发体内的创新潜能。

资源保障

创新能够带来更高的回报，但同时也需要更多的投入，像华为公司这样的大企业，在进行技术开发的过程中，一定要保持持续的、高强度的投入。事实上，过去10年，华为投入研发的资金超过2400亿元。如此大的开支，需要雄厚的资金实力来支持，那么华为是如何筹集到这笔资金的呢？首先是利润的积累，其次员工入股和外部借款也为华为筹措了一笔资金。另外，华为这些年也相继出售了一些企业，比如出售华为电气、H3C等合资企业股权，这些也保障了华为投入研发的资金足够充裕。正因为华为公司拥有强大而完善的资源保障机制，才能够保障创新所需的资金。

正因为具备这样五种创新驱动机制，华为的创新能力才能够更上一个台阶，才能够建立起非常完善的创新机制以及创新文化，并最终推动华为在创新的道路上越走越远，越走越顺。

5. 没有理论的创新不能持久

科技不是一个急功近利的问题。一个理论的突破，构成社会价值贡献需要二三十年。雅各布突破CDMA的时候是20世纪60年代，是我们搞“文化大革命”的时候。我们怎么能一看到高通赚钱了，就感慨怎么我们不是高通呢？二三十年前我们还在搞“文攻武卫”，高通CEO那个时候，流行谁读书谁愚蠢，所以我们今天把心平静下来，踏踏实实做点事，也可能四五十年后我们就有希望了。但是现在我们平静不下来。中国的大学教授，要比论文数量，但又产不出，这么一来，就只能去抄，抄论文还能有什么创新获得诺贝尔奖呢？我们必须要改变的是学术环境。

——任正非

有记者曾经问任正非中国创新的希望在什么地方，任正非想了想回答说：“高科技领域最大的问题，是大家要沉得下心来，没有理论基础的创新是不可能做成大产业的。”在他看来，创新首先需要理论支持，这是创新的一个基本前提，毕竟创新不可能是低着头埋头苦干就可以完成的，它必须要有一定的理论基础，必须要在相关的理论指导下来推进。没有理论支持的创新就是一种盲目的探索和实验。所以安排一批人专注于理论研究，专注于基础理论的研究和创新，这是推动华为创新的基本力量。

任正非认为理论研究比基础研究还要超前，它是所有创新的基础，而在过去很多企业并没有过分看重理论研究，常常埋头苦干，在实践中胡乱摸索，要么就看重对新技术的引进和模仿，要么就看重对新的设备的引进和使用，却不会溯本求源，在理论研究上下功夫，结果创新的效果非常不好。而这一切和企业对于理论创新的忽略和浮躁的心态有关，毕竟一个基础理论想要变成大产业，往往需要经历几十年的时间，这种时间跨度可能会让很多国家和企业失去兴趣和耐性，它们更希望短时间内创造商业机会和利益。因此多数情况下，企业都不会重视那些研究理论的人，不会重视那些进行理论创新的员工，更不会将管理的侧重点放在这些工作上。有的企业干脆不踏踏实实搞研究，盲目求快，导致学术研究出现泡沫化和大跃进，最终的结果就是，企业的理论研究长期落后于对手，企业的创新受到限制。

为了阐述理论创新的重要性，任正非还特意举了一个例子，有一次改革开放的总设计师邓小平访问英国，发现英国的斯贝发动机做得非常好，于是就询问英国政府，中国可不可以将其引入中国进行生产没想到英国政府当场就同意了。邓小平觉得很高兴，就向英国科学家致敬，没想到科学家们也纷纷向邓小平致敬，因为这个技术的理论原本就是中国人最先提出的。邓小平很快就了解到原来早在20世纪50年代，吴仲华教授就写了涡轮机械三元流动的方程，还发表了论文，而英国人正是在这个创新性理论的基础上成功研发了产品。邓小平回国后，就立即安排吴仲华进入中科院工程热物理研究所当所长。

任正非认为，中国最缺少的不是研发资金，不是创新性研究的人才，而是缺乏创新理论，而理论上的研究恰恰是创新的基石。最近一二十年，中国在理论创新上几乎没有任何成果，没有什么自主研发的技术，也没有自主研发和创新的产品，各行各业中的那些重要理论都是外国人率先提出的。在企业中，但凡那些最重要的技术，那些和技术创新有关的理论，也都是外国企业最早提出来的，因此它们也是最早掌握专利技术的企业，而这些往往就成了它们压制中国企业发展的重要武器。

在华为发展初期，任正非就意识到了中国的企业在技术上处于绝对弱势的地位，中国企业几乎没有掌握任何重要的技术，但凡是关键的技术环节都被外国企业垄断，因此华为只能和其他中国企业一样，在市场上四处碰壁，处处受到外国企业技术垄断的刻意压制和剥削。尽管华为发明了C&C08交换机，但从本质上来说，这些程控交换机的基础理论还是外国人最先掌握的。如果中国企业能够早于外国企业掌握这些理论，那么它们就不会在市场上处于被动的地位了。

正因为有着惨痛的经历，华为在那之后开始重视理论创新研究。最近几年，华为公司在世界资源聚集地建立了20多个能力中心，而正是依靠这些能力中心科学家的理论突破，才造就了华为今日的辉煌。因此，任正非认为一个企业想要实现突破，不能仅仅靠埋头苦干，还必须构建理论突破，为创新打好坚实的基础。华为还特意成立了著名的“2012实验室”，现在实验室中有700多位科学家，到2016年年底，队伍会突破1400人，这些人都会对理论研究做出重大的贡献。

这些研发中心的建立，体现出了华为合理完善的创新机制和创新理念，也凸显了任正非不同凡响的战略眼光，相比于当前的利益，任正非显然看得更高更远，毕竟如果现在在理论研究上获得了突破，就能确保华为在未来二三十年内的领先地位，就能确保华为未来的创新能力更上一个台阶。

为了激发研究人员的危机感，任正非还忧心忡忡地表示："华为现在的水平尚停留在工程教学、物理算法等工程科学的创新层面，尚未真正进入基础理论研究。随着逐步逼近香农定理、摩尔定律的极限，对大流量、低时延的理论还未创造出来，华为已感到前途茫茫、找不到方向。"

因为任正非认为华为正在本行业逐步攻入无人区，并且处在无人领航、无既定规则、无人跟随的困境之中。华为跟着人跑的"机会主义"高速度会逐步慢下来，创立引导理论的责任已经到来。为此，华为应该将目光锁定在一些重大创新领域，因为重大创新是无人区的生存法则，如果没有理论突破，没有技术突破，没有大量的技术积累，是不可能产生爆发性创新的。

当然，华为公司以及所有的华为人还是要继续保持战略耐性，如果说"板凳要坐十年冷"，那么理论创新可能比十年还要长，正如任正非所说，只有沉下心来做事，只有端正好态度，将理论研究当成一项长期工作来做，才能够真正在技术创新和产品创新上有大的突破。

6. 与市场相结合的创新才是真正有效的创新

那种刻意为创新而创新，为标新立异而创新，是我们幼稚病的表现。我们公司大力倡导创新，但创新的目的是什么呢？创新的目的在于所创新的产品的高技术、高质量、高效率、高效益。从事新产品研发未必就是创新，从事老产品优化未必不能创新，关键在于我们一定要从对科研成果负责转变为对产品负责。

——任正非

2013年，主持《2013年全球创新指数报告》撰写的布鲁诺·朗万这样评价华为："尽管这家公司非常年轻，成立至今只有25年，但是已经成为全球创新领域的领导者。"而他尤其对华为公司"以市场为导向"的创新理念非常赞同，认为这是华为创新机制中最重要、也最核心的理念。

"以市场为导向"的创新理念实际上是以"以客户为中心"这个理念为基础的，它体现的正是华为从技术导向这种盲目创新模式中实现转型的一个必然要求。在过去，华为一直都是坚定的技术主义，只要有新技术，华为肯定会在第一时间予以关注，并且将其应用在产品研发和生产当中去。可是随着华为的不断发展和扩张，任正非发现内部的资源浪费非常严重，大量的人力物力投入到新产品的研发当中，可是生产出来的产品却迟迟无法融入市场。

这个时候任正非开始转变思维，不再注重技术的新颖，不再看重产品是否具备更高的技术含量，而是主张让技术和产品贴近市场，迎合市场需求。为了让创新技术贴近市场，任正非提出了几个基本的要求：创新技术是不是能够产生实际的价值，研发出来后的产品是不是能够迎合市场的需求，能不能抓住客户的心理，能不能运用到具体的实践当中来。

哈佛大学的管理学教授特蒙罗曾经提到过一个专有名词："技术浪费"，所谓技术浪费指的就是那些没有市场或者无法转化成实际价值的技术，也就是说，研发者在掌握某些新颖的先进的技术之后，没有办法将技术运用到大众生活当中，也没有产生最基本的商业价值，最终导致这些技术成为没有任何价值和意义的"垃圾"，因此成了一种摆设和浪费。这种技术浪费也可以成为创新浪费，而这样的浪费现象在今天非常严重，很多大企业就是因为过度追求新技术，而忽略了市场的需求，因此慢慢被市场淘汰。

任正非不希望华为走它们的老路，不希望华为在追求技术的道路上越走越偏，不希望华为的技术和市场脱节，所以，他对研发者提出要求，要让他们坚持做工程师商人，目的就是让工程师和研发人员成为公司的技术商人，也就是说要做到生产技术的商业化，创新的商业化。这种设想实际上是立足于"一切以客户为中心"这个核心理念，而为了确保创新市场化、商业化，华为公司首先在内部建立起了端到端的流程，在这个流程中，企业所有的流程都以客户的需求为基础，以客户的输入为牵引，企业从了解市场开始、到产品的研发、再到生命周期管理，流程中的每一步都直接面对客户。

这样一来，就确保了华为公司创造的每一项新技术、每一个新产品，都会进入市场进行考验，都是建立在市场需求的基础上的。只有从客户那儿得到了肯定性的反馈，只有受到市场的欢迎，公司才会真正将这些新技术大规模地应用在生产研发当中，才会让这些新产品快速进入市场。

在2009年的第一季度全球移动通信设备市场排名中，华为以15%的全球市场份额占据第三位，仅次于当时全球通信设备的老大爱立信的33%和西门子的21%。可是在不久之后，华为凭借着3G技术，很快就成了全球市场上的第一名。不过这种技术优势并不能维持太长时间，在3G时代，华为真正的过人之处在于为客户提供了更好的方案，它更深刻地理解了运营商的需求，理解了市场的需求。因为3G时代的业务，要求对市场有快速响应的能力，要求业务的开发本地化，而任正非领导下的华为则满足了运营商的需求，因地制宜地提供解决方案，最终让华为占据了竞争优势。

由于对3G技术有了熟练地掌握，对3G市场也进行了有效开发和拓展，华为紧接着又开始马不停蹄地投入到4G的研发当中，并且获得了技术上的突破。有人开始提出建议，认为华为应该重点将精力放在4G产品的研发和推行上，放弃2G和3G市场。

虽然4G技术在市场上更具优势，而且未来一定会成为市场的主流，可是任正非却认为4G技术在当时并不能完全取代3G和2G市场，毕竟市场上的2G、3G用户还有很多，华为不能冒险将新技术孤注一掷。在经过仔细的分析和思考之后，华为最终没有那么做，而是兼顾了市场的需求，设计了一款名叫“SingleRAN”的产品，这款产品的最大特点就是，具备了在一个机柜内实现2G、3G、4G三种无线通信制式的融合功能，理论上可以为客户节约50%的建设成本，而且很环保。所以，当其他企业的4G产品面世的时候，业绩并不那么理想，而华为因为兼顾了市场上不同用户的需求，而赢得了大家的欢迎，最终成功占领了大片市场，进一步巩固了自己市场领头羊的地位，同时也为4G产品的大规模推行奠定了基础。

在华为这些年的发展过程中，技术和客户是华为非常看重的两个要素，华为非常重视技术的提升，并竭力将华为打造成世界级别的高科技公司，但任正非认为高科技公司并不意味着对技术高度的盲目追求，相反地，任正非主张将高技术和市场结合起来。市场是技术的试验场，也是创新的最终目的。华为这些年获得了那么多的专利，而这些专利技术都不是闭门造车造出来的，而是公司不断聚焦客户，并为客户提供差异化服务的自然结果。将技术和市场结合起来，成了推动华为不断前进的一个重要原因。

7. 打造宽容的创新环境

> 大学里的专家学者只要研究方向与我们一致，我们都支持他们搞科研。我们不占有他的成果，不占有他的专利，我们跟他就是沟通合作。全球有数百个大学跟我们合作。你想做什么我们就支持你什么，成功与失败都不重要，失败了你就告诉我你怎么失败的，这也是我们的支持所得到的“成功”。
>
> ——任正非

2011年的时候，华为就准备在芬兰成立研发中心，当时很多人感到非常惊讶，毕竟芬兰在欧洲只能算是一个中等国家，在国际上更是常常被当成无关紧要的小国来对待，为什么华为不选择其他更发达的欧洲国家呢？其实华为看重的是芬兰在通信领域内的专业技术以及创新能力，更重要的是芬兰的创新环境非常好，无论是社会、政府还是企业，都对创新比较包容。芬兰的各大高校还与企业建立了紧密的合作关系，这些都是华为倾向于在芬兰成立研究中心的原因。

创新环境一直以来都是华为非常看重的要素，也是任正非一直在努力追求的东西，因为他觉得只有具备良好的创新环境，只有对创新人员表现出足够的宽容，才会激发出更大的创新能力，才会产生更多更大的创新成果。当然，对于多数企业来说，创新环境往往并不理想。尽管很多企业在创新中投入了很多资源，并且也给创新人员提供了很多支持，可是在整个大形势下，他们对创新人员，尤其是那些怀有不同想法的异类，常常显得不够包容。

任正非曾经感慨地反问：为什么中国出不了乔布斯？在任正非看来最大的原因就是社会的宽容性不够，企业的宽容性不够，大家对那些天马行空、行事乖张的人往往不认可，像乔布斯这样的天才，行事反叛、脾气古怪，早年还是个吸毒者，但美国社会包容了他，美国社会向来具备这种包容创新的环境，美国文化，尤其是硅谷文化激赏的就是癫狂，像乔布斯这种狂想家，会成为大家追捧的对象。

乔布斯在中国可能难以获得出头的机会，甚至很难在体制内生存下去，因为大家都不喜欢那些行为怪异的人，对真正的创新研究不够重视，对创新人员也不够尊重。任正非说："屠呦呦这次获得诺贝尔奖开创了中国原创研究的新时代，屠呦呦获奖还饱受争议，还有人不服，认为屠呦呦的研究太简单，就是将农村清明节挂在门上的青蒿杆泡在酒里做研究，其实屠呦呦的研究不简单，她从常识之中发现了真理，从简单之中挽救了成千上万人的生命，创造了不简单的巨大社会价值，一辈子只干一件简单的事，成就了不简单的人生价值，这是值得弘扬的精神。"

在这种不尊重、不宽容的环境下，创新者很难得到有效的发挥，因此，打造一个包容的创新环境，成为任正非建立创新机制时优先考虑的一个重要问题。而他本人也是一个非常包容的长者，对于那些思维活跃，拥有好想法的人非常看重，一直对他们的创新活动给予足够的支持。

“天才”李一男曾经是华为内部的风云人物，而他的成长离不开任正非的包容。1992年，李一男以在校硕士生的身份进入华为实习，据说当时的任正非一眼就相中了这个思维活跃、特立独行的小伙子，因为李一男是一个聪明绝顶的人，在技术领域的能力和创新意识都是华为内部非常罕见的。比如，有一次，华为无线研究部的总工准备向客户做技术汇报，他当时就邀请李一男出席。可是忙于工作的李一男根本没时间就技术问题进行事前的沟通，结果在去会议室的楼梯上，总工就将大致的内容对着李一男说了一遍，没想到在会场上，李一男就能在客户面前把精华部分阐述得非常透彻。这让总工非常钦佩，毕竟这里面包含了很多新技术，可是仅仅通过简单的介绍，他就能快速掌握，这显然需要很强的技术功底以及出色的领悟能力。

正因为足够聪明，而且拥有出色的创新意识，当时的任正非破天荒地安排李一男主持研究开发一个重要的技术项目，考虑到李一男实习生的身份，这种任命几乎让人不敢想象，所以很多管理层的人都提出抗议，认为任正非有些太过意气用事，但任正非力排众议，觉得李一男是一个创新型的人才，他的很多思想都具有突破性，虽然有些想法可能有些出格和冒险，与人交往也觉得非常怪异，但却是瑕不掩瑜。

李一男接手这个项目后，直接向公司提出拨款20万美元，用来购买外国设备。当时的华为还处于创业初期，资金缺乏，这笔钱无疑是一个沉重的负担。所以当这个申请出现在任正非办公室的时候，高层领导都纷纷找任正非，要求他不要同意拨款，首先且不说华为缺钱，仅仅凭借一个毫无工作经验的年轻人的一句话，就要耗费公司20万美元，这无论如何也说不过去。事实上，他们对于李一男的怪异行为早就很不满，觉得这个人不踏实，不是搞研究的料，弄不好就会让公司陷入这个项目的泥潭中。

任正非经过仔细的考虑，最终还是决定拨款，因为他坚信这个杰出的实习生会利用自己的天才智慧给企业带来惊喜。不过可惜的是，由于市场和社会环境出现了变化，导致项目一再搁浅，20万美元购买的设备一下子成了一堆无用的废铁。李一男自己也觉得有些过意不去，可是任正非根本没有将这件事放在心上，反而鼓励他继续搞研究，并且在实习期满后直接聘用了李一男。

任正非认为创新并不仅仅依靠资金来堆砌，它还需要一定自主的空间，创新人员需要一定的空间来拓展自己的思维，需要一定的自主权来完整地表达自己的想法和主张，公司和管理者都要为其创造条件，要宽容地看待创新人员的行为表现，要宽容地为他们腾出更大的发挥空间。正因为如此，这些年，华为不仅从内部培养了很多创新能力比较突出的员工，也从国外引入了一些能力出色的研发者，这些人脾气各异，想法也都不同，但华为仍旧愿意给他们提供更好的平台，仍旧给予他们更多的信任和支持，而这恰恰是华为能够成为创新型企业的重要原因。

8. 创新还包括管理上的变革

华为的官僚化虽还不重，但是苗头已经不少。企业缩小规模就会失去竞争力，扩大规模，不能有效管理，又面临死亡，管理是内部因素，是可以努力的。规模小，面对的都是外部因素，是客观规律，是难以以人的意志为转移的，它必然抗不住风暴。因此，我们只有加强管理与服务，在这条不归路上，才有生存的基础。这就是华为要走规模化、搞活内部动力机制、加强管理与服务的战略出发点。

——任正非

华为通过二十几年的发展，证明了生产经营活动与管理相辅相成，企业在扩展生产经营活动的时候，一定不能忽略对管理的改进和提升，否则管理上的滞后就会阻碍生产经营。而华为作为一家创新型企业，技术上的创新能力非常突出，因此也必然要求在管理上做出创新和改革。

正因为如此，管理上的创新一直都是公司非常关注的焦点，除了从国外公司引入相关的管理制度之外，华为公司还依据自身的发展情况，提出了一些新的管理理念，而正是这些理念有效地推动了管理上的创新。

市场与研发组织创新

由于技术创新最终要面对市场，并且以市场为主导，因此市场成为华为创新机制中的一个重要环节，而为了更好地服务于市场，市场组织的创新也成了华为创新体系中一个不可避免的要素。

在这一方面，华为创造性地打造了“一点两面三三制”的市场组织，而这一理论原先是中国解放军的作战组织，“一点二面”指的是集中优势力量，在市场上开一个口子，然后安排两支队伍将这个口子向两边快速拉开。“三三制”则指组织形态。任正非非常欣赏这种作战方式，这也是华为在市场组织建设上的一种模仿式创新，它对华为的成功起了很大的作用。

不仅如此，华为还从美国军队那里获得了灵感。由于华为一直在推进以一线作战需求为中心的组织与流程变革，就借鉴了以代表处系统部“铁三角”为基础的，轻装及能力综合化的海军陆战队式的一线组织结构；借用了美军参谋长联席会议的组织模式，提出了片区的改革方案；并提出了“蜂群”的迅速集结与撤离的一窝蜂战术要求。

而在研发组织方面，华为也有了很多创造性的安排，比如华为的固定网络部门一直就用工业的流程在做研发，于是创造了一种模块式组织——把一个研发产品分解成不同的功能模块，在此基础上成立不同的模块组织，每个组织由四五个精干的专家组成，分头进行技术攻关，各自实现突破后再进行模块集成。

通过这种模块式的组织方式，组织部门可以有效提升研发速度，降低错误率。依靠着这个组织方式，华为在研发领域慢慢占据了优势，像华为的400G路由器就是依靠这种方式才能够领先思科公司一年的。

另外，华为还在无线研发部门做了创新性的改造，在底层架构研发上推行“修长城”的模式，在直接面向客户的应用平台研发推行“海豹突击队”模式，从而形成了整个研发团队的整体作战能力和快速应变力的有效结合。

决策体制的创新

决策层的一举一动往往会影响公司的发展，为了确保公司的发展更合理，为了确保公司的创新活动能够合理有序地持续进行下去，决策层也需要保持决策的科学与合理。而华为公司在美国咨询公司建议成立EMT团队的基础上，成功借鉴了美国政党轮值制度，然后创新性地进行了改造，最终提出了轮值COO制度和轮值CEO制度。

很多人认为轮值CEO制度是划时代的颠覆性创新，至少在有史可寻的人类商业管理史上还找不到第二例。这也是为什么当华为推出这个制度时，有中国学者质疑这一体制获得成功的可能性。不过，如今过去了那么多年，华为的发展非常稳定，决策层的工作效率和成功率也越来越高，这也直接证明了这个创新还是相对成功的。

技术管理体系的创新

技术创新并不是简单的技术积累就可以实现的，还需要打造一个完善的技术管理体系，而华为正是依靠对技术管理体系的创新才确保了技术创新的繁荣。华为创造性地打造了包含业务与产品分层、技术与平台规划、研发流程与项目管理、CBB管理、技术管理组织与绩效管理等五大方面的IPD技术管理体系。这样一来，华为公司从立项到开发，到将产品推向市场，再到量产的项目管理，每一步都实现了跨部门协作，从而为华为在技术和产品上的成功奠定了坚实基础。而这个体系一直在强调基于市场的技术研发，业务分层管理，技术重用（CBB），跨部门团队技术研发，结构化的研发流程，开放式创新等，因此在华为的技术创新管理中发挥着重要作用。

管理理念的创新

对于华为来说，想要在管理上实现创新，想要改良以往的管理体系，那么首先一定要改变原先落后的管理理念，并重新创造一个更具时代特质的管理理念，这是华为推行全方位创新的重点和基础。而在华为就形成了“以客户为中心，以奋斗者为本，长期坚持艰苦奋斗”的核心价值观。这个核心价值观成为引导华为创新变革的基础，对华为的经营管理活动产生了非常大的影响，可以说它使得华为的管理变得更加科学合理。

如果说技术创新是企业发展的推动力，那么管理体系上的创新则是稳定企业发展的重要保障，也是确保企业焕发活力的重要保障。它们是引导华为不断发展壮大的重要因素，可以说，正是因为华为公司在技术和管理上做出创新性改变，才打造了一个相对完善的创新体系，也让华为成为行业内最具创新意识、最具竞争力和活力的企业之一。

9. 打造创新的危机意识

信息潮的变幻莫测，快速的演变，使一批一批的大企业陷入困境，以至消亡；一批一批的小企业，成长为参天大树，大树又遭雷劈。不断地生、不断地亡，这是信息产业的特点。华为由于幼稚不幸进入了信息产业，后退就是死亡，被逼上了不归路，创业者及继承者都在销蚀健康，为企业生存与发展而顽强奋斗。

——任正非

2014年，欧洲一家通信制造商的高管在一个非正式场合特别提到了华为公司，并给予了高度评价："过去20多年，全球通信行业的最大事件是华为的意外崛起，华为以价格和技术的破坏性创新彻底颠覆了通信产业的传统格局，从而让世界绝大多数普通人都能享受到低价优质的信息服务。"这并不是西方企业对华为的第一次认可，但绝对是最中肯的一次评价。事实上，在过去的很长一段时间里，西方企业要么看不上华为，要么就觉得这是一家依靠低价策略或者是抄袭来求得生存的企业。

如果将时间拨回到1992年，就会明白为什么华为一直以来处于争议之中。那一年，听说华为正在自主研发交换机和设备，思科就通过自己的情报网络，迅速搜集到了华为交换机和设备图，甚至连产品价格也了如指掌。当情报员将这些信息以机密文件的形式传回思科总部时，思科总裁几乎看也没看就将这些文件扔进了废纸篓，然后对着身边的人轻蔑地说道：“中国人玩玩花拳绣腿还是可以的，但要在高科技领域与我们竞争，至少还需要再努力100年。”

在当时那种技术条件下，思科贬低华为是一种常态，毕竟换成任何一家有实力的外企，都会对从事代理交换机业务的华为嗤之以鼻。而最根本的原因就在于华为缺乏创新能力，这也使得它在创业初期一直处于挣扎状态，始终不能在市场上获得突破。这样的痛苦经历，让任正非看清了一个事实：华为的研发能力太弱，技术创新太差，如果没有进步的空间，那么就可能很快被市场淘汰。

尽管那些年代理产品是当时很多企业谋生的一种方式，尤其是对华为这种没资金、没技术的小企业来说，通过发展代理关系，可以有效抵消技术上的劣势，可对于企业自身的发展和壮大来说，则没有太大帮助，毕竟任何一个企业想要生存和发展下去，都需要把握自己的核心竞争力。更何况，华为所代理的香港公司看到市场局面已经被打开之后，就把代理权收了回去，结果华为一下子就被逼上了绝路。任正非后来执着地要开发自己的新技术和新产品，正是出于这种强烈的危机意识。

在那之后，任正非基本上将所有的力量都投入到研发工作当中。尽管从管理的角度以及企业的平衡发展来说，这种做法并不合理，可是在那种“不是生存就是死亡”的环境中，华为必须强化这种以研发和生产为主的模式，必须将创新性研发当成所有工作的重心。而对于那个时候的华为来说，整体的收入并不理想，维持公司正常运营的资金常常捉襟见肘，但任正非仍旧执着地将大量的资金投入到研发工作当中去，尤其是当他从IBM和贝尔实验室考察回来之后，更是坚信了自己的创新之路。

当有人质疑华为公司每年将年收入的10%投入到研发工作当中时，任正非说了这样一番话："在实践中我们体会到，不冒风险才是企业最大的风险。只有不断地创新，才能持续提高企业的核心竞争力，只有提高核心竞争力，才能在技术日新月异、竞争日趋激烈的社会中生存下去。"

这句话是华为公司的核心战略之一，华为的狼性文化、床垫文化、加班文化、以奋斗者为本的文化，多半都和这种创新危机意识息息相关，如果不是因为对创新的渴求，不是对创新危机意识的把握，那么华为无论如何也不会表现出那种执着、专注、积极的工作精神。任正非这些年一直在思考企业的发展之路，也一直都在时刻警醒华为人要保持高度的危机感，尤其是不要放松在创新领域的努力。

任正非认为在通信领域，企业面临的竞争和发展压力非常大，技术更新换代的速度非常快，几乎每隔一段时间，就有新的技术和产品出现，几乎每过一段时间，就有颠覆性的产品面世。在其他领域，尤其是传统制造业领域，可能企业之间会存在一定的技术代差，可是在信息行业，技术上的差距很容易在短时间内被抹平，只要企业稍不注意，就有可能被竞争对手超越。这也是华为要确保专注和奋斗精神的原因，因为华为一旦停滞，创新能力不足，创新的动力不够，那么就可能成为行业内的淘汰者。

正因为保持这种危机意识，正因为保持对创新的热情，华为这些年才一直处于不断进步的状态，创新成果丰硕，即便是在世界范围内，也称得上是最具竞争力的创新型企业。在通信核心网络技术的研究和开发上，华为形成了自己的核心技术，也先后打造了一系列核心产品，比如它在SDH光传输、接入网、智能网、信令网、电信级Internet接入服务器、112测试头等领域开始从落后地位一跃到了世界领先地位。此外，它的密集波分复用DWDM、C＆C08iNET综合网络平台、路由器、移动通信等系统产品也挤入了世界先进行列。

和创业初期相比，华为如今所取得的成就堪称奇迹，就连当初看不起自己的思科也开始感到危机重重，甚至想方设法阻止华为进入美国市场。有人曾经将华为比喻成为通信设备制造领域的“苹果公司”，显然就是因为华为出色的创新能力以及活跃的创新文化。而对于所有华为人而言，他们并不满足于现在的一切。事实上，他们的专利技术数目每年都在增长，他们的技术每年都在进步，他们在创新上的投入每年都在增加，他们仍旧想方设法地继续创新，并将这种文化彻底地融入到每一个人的血液当中去。

因为事情正像任正非所认为的那样，在电子信息产业领域，一个企业要么领先、要么就死亡，没有第三条路可以选择。

10. 最重要的是理念创新

> 是什么使华为快速发展呢？是一种哲学思维，它根植于广大骨干的心中。这就是“以客户为中心，以奋斗者为本，长期坚持艰苦奋斗”的文化。并不是什么背景，更不是什么上帝。
>
> ——任正非

华为的创新是全方位的创新，包括制度和技术的创新，但是最重要的还是理念创新。因为无论是哪一个企业的创新，首先都是理论层面的创新，理念、理论层面的创新，实际上就是一个企业创新的根基，理念上的滞后与守旧，会阻碍其他方面的创新，或者说其他方面的创新活动就无法展开。而华为最重要的理念创新体现在了对“核心价值观”的界定：以客户为中心，以奋斗者为本，长期坚持艰苦奋斗，坚持自我批判。

华为从创立之日到今天，关注的核心点是华为价值观的形成、实施、长期不懈地传播，而这些价值观尤其是核心价值观的形成，也影响了华为的创新活动，如果进行深入分析，就会发现：几乎所有的活动都是围绕着这些理念与价值观来进行的。

首先，“以客户为中心”的理念实际上体现的是价值创造的目的，事实上，任何一个企业的价值创造都是面向市场、面向客户的，客户是企业财富扩张和发展的源泉。因此反过来说，企业的任何活动都应该以客户需求为最终目的。所以华为的技术改进是为了满足客户的新需求；华为的组织变革，是为了更好地服务于客户；华为打造管理体系，同样是为了迎合客户。

华为的一位顾问曾写过一篇文章《为客户服务是华为存在的理由》，而当这篇文章准备在《华为人》报发表的时候，任正非特意在题目上加了两个字，变成了《为客户服务是华为存在的唯一理由》。加上“唯一”二字，就更好地凸显出了华为将客户作为唯一参考标准的理念和想法。

前一段时间，有人在深夜见到任正非一个人拖着行李箱等出租车，结果此事引起了网络上的激烈讨论，很多人觉得任正非没有必要那么节约，直接叫人安排专车来接就行了。可是在任正非看来，公司每一分钱的成本都应该花在客户身上，而不是让管理者拿来享受特权的。

一切从客户的实际需求出发，一切都为了客户，这已经成了华为人的工作理念和服务理念，也正是因为拥有这样的价值观，华为才能够始终保持市场竞争优势。

其次，“以奋斗者为本”“长期坚持艰苦奋斗”，体现的是对价值创造者的尊重，“艰苦奋斗”一直以来都是华为的口号，也是华为的企业文化之一，但是“艰苦奋斗”的人同样需要得到合理的回报，否则就没有人愿意坚持这种工作理念，企业的奋斗文化也会就此终止。出于这种考虑，任正非创造性地打出“以奋斗者为本”的标语，实际上体现出了华为对奋斗者的尊重，而包括公司内部的薪酬制度、绩效制度、股权分配制度、末位竞争淘汰制度、任职资格制度的推行和实施，都是坚持“以奋斗者为本”这一理念的。任正非认为只有那些卓有成效的奋斗者才能享受到企业发展带来的红利，才具备被选拔为干部的资格，如果不是奋斗者，或者不具备奋斗的意识，那么很可能会被公司淘汰。正因为如此，每年都有大批华为人到最艰苦的环境中去工作，以此来实现自己的价值，并为华为的发展做出贡献。

第三，“自我批判”是自我监督和改良的最佳方式，因为随着企业的不断发展，一些好的理念也会变形，但这二十几年来，华为始终把握住了价值观，并没有发生太大的偏差，原因就在于他们能够及时自我反省，能够进行自我批判，并在批判的过程中，纠正思想和行为中的错误。

在华为公司，大家经常会召开一些民主生活会。在会上，大家会进行自我批评，说出自己在工作当中的失误和错误。这样就确保了整个队伍能够及时纠错，能够不断完善自己的工作方式，提升自己的工作水平。

可以说“自我批判”是华为预警和纠错机制上的一个重大创新，这些年，华为很少走弯路，也很少犯一些战略性的错误，就是因为有着强大的纠错和预警能力，通过及时的反省，华为能够在第一时间发现错误，并且尽快做出调整，从而确保了前进的方向。

从某种程度上来说，“核心价值观”的创新带动了华为的技术创新、管理创新以及思想创新，也让华为公司成了更具活力和竞争力的公司。正因为这个“核心价值观”的存在，华为内部所有的工作都变得更加合理有序，所有的运作都变得更加通畅、高效，可以说这一创新理念的提出，奠定了华为发展的基础。

但除了“核心价值观”这一理念的创新之外，华为还创造性地提出了另一个理念：不在非战略机会上消耗战略竞争力量。如果说前者使得华为的发展模式更加规范、更加完善，那么后者则强化了企业运作的方向。

在多数情况下，企业在扩张和发展过程中容易发生异化，容易出现目标的移动和力量的分散化，比如，很多企业会选择转型，或者走多元化的道路。可是二十几年来，任正非带领的华为始终都专注在一个目标和方向上，始终都将力量聚焦在自己最擅长的通信领域，然后发动饱和攻击，从没有在其他地方浪费过多的资源。

这种“不在非战略机会上消耗战略竞争力量”的理念，使得华为成了一个相对单一的、偏执的公司，但也成了行业内最具竞争力和攻击性的公司。华为常年对着一个特定领域进行攻击，最终获得了突破，并成长为世界上最优秀的通信公司。

“不在非战略机会上消耗战略竞争力量”和“核心价值观”一样，都是华为理念创新的精髓。尽管在提到华为的创新时，大家很容易忽略理念创新，但事实上，华为所有的创新活动都是建立在这两个重要的创新理念的基础之上的。如果没有理念创新，那么华为将会故步自封，慢慢失去发展的活力。

第六章

市场——寻找生存与发展的密码

“任何一个企业的发展最终都是面向市场并且依托市场的，无论企业的技术有多么先进，无论企业的产品有多么出色，如果缺乏市场的认可，那么也就显得毫无意义；无论企业的理念有多么合理，无论企业的管理制度有多么完善，最终都是服务于市场的。市场才是整个企业得以生存的最大依靠，才是左右企业发展的最大主导力量，正因为如此，华为始终坚持面向市场，并服务于市场的发展理念，以此来制定自己的发展计划和发展模式。”

1. 一切以客户为中心

我们公司以前也是盲目创新的公司，也是崇拜技术，我们从不管客户需求，我们研究出一个好东西，就反复向客户介绍，怎么好，让客户买。客户说的话我们根本听不进去，所以在下一代交换机NGN上，我们也曾犯了主观主义的严重错误。后来我们认识到自己错了，及时调整了过来，现在我们又追赶上了，下一代交换机我们在国内外得到了大量使用，也是世界第一。例如，中国移动的T网全部是我们承建的，也是世界上最大的NGN网。盲目创新导致了很多西方公司的快速死亡。

——任正非

很多企业都非常重视和依赖客户，而华为也同样如此，不仅重视发展与客户的关系，更是将这种关系置于战略的高度上来讨论。事实上，华为过去一直都是坚持以技术为中心的发展理念，可是进入21世纪后，任正非发现IBM这些以技术为主的企业开始逐渐没落，这给他敲响了警钟，认为企业最终要面对的是市场，技术最终也要靠市场来检验，于是准备带领华为转型，从以技术为中心慢慢转为以客户为中心。这时候华为开始精简机构、缩短流程，并改变了从总部往一线部门推进的方法，而是从一线往回进行梳理，让面向客户的一线直接做出决策。

后来任正非去利比亚访问，觉得北非地区组建的以客户经理、解决方案专家、交付专家为“铁三角”的工作小组非常实用，能够有效提升客户的信任，理解客户需求，关注良好有效的交付和及时的回款。致力于改革的任正非，当即决定将这种“铁三角”的模式在整个华为内部进行改良和推广。这时候，华为最终实现了从“以技术为中心”向“以客户为中心”的转变。“以客户为中心”也因此成了公司的核心价值观。

那么该如何来理解和传播这种核心价值观和企业文化呢？任正非曾经打过一个非常有趣的比方：“华为展台有一棵树，上面的树枝上结了许多果子。这棵树干就是我们的大数据管道，树干支持很多树枝，树枝上的果子是千万家内容提供商与运营商的业务。我们的‘云’的原则是上不碰内容，下不碰数据，而是支撑平台，这同样也是管道。树干上面挂了很多果子，其实就是运营商、内容提供商等各种商，几千家、百万家将来都在这棵树上开花，服务社会。根在哪呢？根在最终客户那个地方。我们从客户身上吸足营养，这样会使得我们的树干更强壮。”

在这个比喻中，任正非认为客户就是企业发展的根，是决定企业命运的最关键一环，因此企业的发展要围绕着客户来转，然后从客户那里获得生存和发展的营养。这个比喻很好地表现了华为坚持以客户为中心的发展理念和管理理念，也对华为的客户服务文化做了一个很好的总结。

对于自己的客户，任正非要求员工们拿出最大的诚意和最好的服务去面对，而对于一些非客户的企业和人，任正非则表现得非常冷淡。在几年前，摩根士丹利首席经济学家斯蒂芬·罗奇率领一个机构投资团队访问华为总部，面对这样的投资团队，很多企业想巴结都没有机会，可令人意外的是任正非并没有出面接见。事后，罗奇有些失望地说："他拒绝的可是一个3万亿美元的团队。"但任正非显得很淡定，他后来就此事做了回应："他罗奇又不是客户，我为什么要见他？如果是客户的话，最小的我都会见。他带来机构投资者跟我有什么关系呀？我是卖设备的，就要找到买设备的人……"

任正非曾对员工们说过："华为文化的特征就是服务文化，谁为谁服务的问题一定要解决。服务的涵义是很广的，总的是为用户服务，但具体来讲，下一道工序就是用户，就是您的上帝。您必须认真地对待每一道工序和每一个用户。任何时间、任何地点，华为都意味着高品质。希望您时刻牢记。"在他看来，首先要弄清楚谁是自己的客户，只有找准客户，才能全心全意提供最佳的服务，而且只要客户有需求，那么就一定要在第一时间予以满足。

所以，曾经有人问任正非企业该如何维持生存和发展时，任正非认为小企业想要做大做强，首先就得端正姿态，专心致志为客户服务，要认认真真、踏踏实实、真心诚意为客户服务。有的企业制定了一大堆的理论和思想，拥有一整套的服务理念和方法，可是小企业不能讲太多方法论，也不要把管理搞得太复杂，而应该做好产品和服务，就像磨豆腐一样，只要真心诚意地磨好豆腐，那么就一定能够将豆腐卖出去。

一个负责开拓尼日利亚市场的王姓负责人回忆了自己的工作经历，他最初来到尼日利亚的时候，客户通常都拒绝见面，这让他觉得很尴尬。一般来说，合不合作是另外一回事，但是见面是商业合作中最基本的礼仪，对方一次次选择回避实在是非常无礼。可是即便是这样，他也不敢有丝毫的不满，仍然耐心地等待各种机会。

在2003年圣诞节前夕，这位负责人突然接到了当地最大的运营商CTO打来的电话，对方在电话中说，圣诞节他们想开几个站，问华为能否组织几个队伍立即去开。原因很简单，原本对方想让一家西方电信厂商去做这件事，但该公司的人已全部去休圣诞假了，无奈之下，只好找华为帮忙。

鉴于前几次的无礼行为，华为完全有理由拒绝这个要求，或者趁机坐地要价。但是该负责人立即做出回复“行”，并且明确告诉对方，华为一年365天随时都在为客户服务。这件事让对方非常感动，所以他们很快决定将其余的业务交给华为去做，加上商务的优势、试验局的成功、施工的快速，客户觉得华为越来越值得信赖，双方的合作也不断深入。从2004年开始，华为接到的一个项目就有几千万美元，而且一个项目接一个项目地运作，产品已经遍布整个尼日利亚，就连终端也都卖出去了。

为了培养、传播和强化这种文化，华为甚至将其纳入自己的考核体系当中去。比如，华为非常注重高素质人才的选拔，但是华为有一个非常奇怪的规定：前3名的学生不考虑。之所以会这样，就是因为在一般情况下，成绩排名前三的学生常常具有以自我为中心的倾向，而这样的学生在参加工作后很难做到以客户为中心。任正非认为人才招聘不能一味强调技能，其实比技能更重要的是毅力，比毅力更重要的是品德，比品德更重要的是胸怀，服务者一定要让客户找到感觉。

为了让员工建立起客户服务意识，华为将客户服务当成干部选拔和考核的一个重要标准，华为长期执行基于客户需求导向的人力资源及干部管理制度，公司将客户满意度当成一个重要的考核指标，无论是总裁，还是各级干部，都要对客户负责，也都要纳入到这个考核体系中来。这么多年来，华为一直委托盖洛普公司来负责调查外部客户的满意度。客户需求导向和为客户服务是干部和员工招聘、选拔、培训教育和考核评价之中最重要的两个因素，强化对客户服务贡献的关注，固化干部和员工选拔培养的素质模型，固化到招聘面试的模板中。

有一次，任正非去拉美进行考察，并和一位华为驻拉美某地区的代表进行会面，两个人还同坐一辆小车进行谈话，任正非当时想要了解拉美的市场环境和客户服务情况，于是就让对方讲一个见客户的故事。这位代表是一个思维敏捷、能说会道的人，可是面对任正非的突然提问，却什么话也说不出来，原因很简单，由于当地人只说葡萄牙语和西班牙语，双方存在语言障碍，所以这个代表干脆在办公室里坐镇指挥，而几乎很少外出见客户。

任正非了解到情况后，对拉美地区相关的负责人表示，这个代表缺乏和客户沟通的能力和意识，难以通过考核，因此不能继续往上提拔。在任正非看来，为客户服务的理念必须深入骨髓，必须体现在生活和工作的每一个细节当中，而且只有细心为客户服务的人，才能被提拔上去。

因此对于华为而言，任正非不仅从组织结构上为以客户为中心的服务理念奠定了基础，为客户服务创造了极大的便利，还从制度上加以规范和引导，这就有效推动了服务文化的形成和发展，最终使得华为成长为一个备受市场欢迎的跨国公司。

2. 不要试图垄断整个市场

我们在欧洲的份额也不能太高，我们也要给竞争对手留有生存的余地。所以有时别人说我们定价高，我们定价不得不高，我们如果定价低就把别人都整死了。把别人整死不是我们的目的，那么钱多了我们怎么办，我们就加强对未来的科学研究投入，去年我们全世界的科学家有700多个，今年要增加到1400多个。

——任正非

在竞争的环境中，很多企业会实行“焦土政策”，会实行垄断主义，尽量将其他对手完完全全赶出市场，可是任正非却从来不这么想。尽管华为在世界范围内已经树立起了行业老大的地位，即便是在西方企业引以为傲的欧洲大本营，华为也已经在一步步抢夺爱立信、诺基亚等公司的市场份额，但他不大喜欢用“蚕食”或者“垄断”这一类字眼，反而认为这是华为与其他企业生存中的一种博弈，是一种合作竞争机制下的必然结果，他更希望的是华为和其他公司一起将整个市场做大做好。

华为常务董事、产品与解决方案总裁丁耘说过：“所有人都担心华为会成为产业的独食者，而我们认为作为领导者第一是领，第二是导，而带领合作伙伴一起做，对于华为来说是一个挑战。”而任正非也坦诚华为从来没有想过要蚕食诺基亚、爱立信，也没有想过要将它们完全赶出市场，或者消灭它们。在这里，任正非提到的是一个专有名词：“分享制”，他解释说：“这个信息社会长大的速度，比我们的能力长大得快，不然我们也可以打打高尔夫球、喝喝咖啡。我们的国际同行在这一时期也变大了，苹果大得皮都不知如何削了。这是共同合作发展，满足社会需要。我们的分享制，从二十多年来对资本与劳动的分享实践，逐步扩展到对客户、供应商分享成功。同时，与领导这个世界的先进公司合作共同制订标准、路标，一起为社会做出更大贡献。”

而这种分享并不是一种平均主义，而是建立在各自生存和利益需求的基础上的，因此彼此之间在合作分享的同时，还需要相互竞争。换句话说，华为需要把握自己的市场份额。而至于如何来把握这个份额，如何掌握好自己的市场生存空间，这需要公司提出明确的科学的战略思维。

在2014年的时候，任正非在“后备干部项目管理与经营短训项目”座谈会上发表讲话。当时他提出了一个非常有趣的观点：在争抢大数据流量机会点时，华为所占市场份额最好控制在1/3左右，而剩下的留给竞争对手。

在这里，华为提到的数据是1/3，而不是60%或者100%，有人觉得这是任正非保持谦虚罢了，为什么任正非不想尽量多占领市场，不想办法垄断这个市场的业务呢？也有人说这就是华为公司的能力上限而已，依靠自身的实力，华为公司大概无法突破这个限度。

实际上呢，这些都不是真正的原因，这个1/3的份额应该是任正非有意进行控制的，华为有能力抢占更多的市场，但任正非只要求也只需要这么多。他对此做出了一番解释："在当我们抢不到大数据流量的机会点时，就会被边缘化、死亡；当我们全部占领大数据流量机会点时，也会是惰怠，也会是死亡。"

所以，当华为成为世界上最好的通信设备制造商时，很多人都建议任正非乘胜追击，一举拿下更多的市场，在国际市场建立自己的垄断地位和霸权。但任正非非常理性地表示："即使我们成为行业的领导者，我们也不能独霸天下，若华为成为成吉思汗独霸天下，最终是要灭亡的，我们立足建立平衡的商业生态，而不是把竞争对手赶尽杀绝，我们努力通过管道服务全球，但不独占市场。"

他当然明白，一个企业想要获得发展和壮大，那么必须要懂得虎口夺食，要利用自己的优势从竞争对手那里争夺到更多的市场和利益，但是他更加明白，一个企业如果想要获得持续性的发展和壮大，那么就需要打造一个良性发展的生态圈，而一个好的生态圈里，不仅仅要有狼，还要有羊群，更重要的是，不要忘了留下一些其他掠食动物，这样才能维持好生态平衡。

由于起步比较晚，经济、技术、管理基础薄弱，华为公司在过去很长一段时间内都处于追赶者的位置，而如今，它变得越来越强大，直至成为行业内的领头羊，这时候更要懂得成为产业生态良性循环的维护者，要懂得为竞争对手留下一些生存的空间，否则一旦等到对手完全消失，那么自己的生存环境不久之后也会变得恶劣。

因为在一个市场上，企业保持长盛不衰的秘诀就是保持足够的竞争力和危机意识，而想要满足这一点，依靠自身的自觉性往往难以办到，最好的办法就是替自己寻找一个好的竞争对手，就是让自己的身边时刻都存在一定的竞争压力和威胁。华为被比喻成狼群，一群狼如果统治一片草原，将所有的对手都赶出自己的猎场，那么很快就会因为食物充足而变得懒惰，狼群的体能会不断下降，团队协作的效率会下降，危机意识也会降低，到最后，整个狼群将会失去以往的攻击性和群体作战能力。等到时间一久，狼群的能力不断退化，要么就在退化中自己灭亡，要么就被突然闯入的对手一举击垮。

实际上，任何企业都具有惰性，都会在潜意识中放松警惕，它们往往需要利用各种外在的竞争压力和威胁来推动自己不断进步，只要和平期足够长，企业的各项指标就会退化，竞争力就会下降。正因为如此，华为不会自绝后路地消灭所有的竞争对手，而是有限度地保持对手的生存空间，打造一种竞争均衡状态。华为也不会将竞争对手完全当成敌人来看待，而是当成互相竞争、互相促进的合作伙伴。

这些年，华为有很多对手，不过无论是哪一个对手，无论有多少对手，华为始终都没有以打击敌人的心态去面对它们，而是用开放的、发展的、合作的战略眼光去接触，向这些伟大的对手学习，和它们进行深入的合作。因为在任正非看来，一个保持一定实力和市场的爱立信或者思科，从本质上来说，是符合华为生存和发展的战略需求的，华为这个势力庞大的狼群，有必要在自己的势力范围内留下一两头狮子做对手。

3. 寻求合作，共同开发市场

> 就像西瓜切成八块，我只要一块。我跟日本的公司说，我绝不会去搞物理的，我就是搞数学逻辑。这样日本的公司就放心了，我不会泄露它们的材料技术，譬如永远不会搞氮化镓。我跟微软也说了，我永远不会搞搜索，微软也就放心了。在国际分工中，我们只做一点点事，以后也只能做一点点事。
>
> ——任正非

随着全球化进程的深入，合作已经成了企业生存和发展的趋势，任何一个企业想要开拓市场，想要获得更大的关注度，想要在激烈的竞争中保持优势，那么就需要改变过去单打独斗的模式，尽可能地拉拢更多的合作伙伴，通过合作来实现优势互补，通过合作来增强市场的竞争力。

很多人将华为在海外市场的疯狂扩张当成是一种吃独食的表现，但是对于一个弱势企业，华为多年来一步步追逐对手，然后变得越来越强大，并不是依靠个人的力量就可以做到的，尤其是在西方企业基本上垄断了全球重要市场的时候，华为想要实现突围，只能走一些更加聪明、快捷、安全的道路，而与人合作是增加生存概率的最佳方式。

正因为如此，华为开始将自己的狼性文化和合作开放的精神有机地统一起来，一方面保持对市场的执着和专注，保持强大的攻击性；另一方面则尽量寻找各种各样的帮手，从而确保竞争的优势。对华为来说，几乎每进入一个新的市场，一个新的环境之前，都会做好市场调研工作，一是了解市场发展的空间和潜力，二则是为了寻找最佳的合作伙伴。

比如，在进军泰国市场的过程中，华为就很好地寻找到了合作伙伴，并达成了稳定的合作关系。1999年，华为公司开始进军泰国市场，经过两年的市场调研后，于2001年在曼谷成立了华为泰国分公司。面对一个新的市场，华为并没有盲目单干，而是采取了与泰国本地公司一起合作的模式。当时华为找到了泰国现代电信公司、泰国电话电信有限公司（TT－T）和泰国电信机构（TOT），并且与它们建立起了合作关系。

本着双赢和互惠互利的原则，华为公司通过与合作伙伴不断加深互动与交流，成功把握了泰国电信业务的发展机遇，并很快成为泰国电信市场的主流设备供应商。仅仅在2003年，泰国1000多万手机用户是中国华为公司泰国分公司的预付费用户，而当时泰国的手机用户不过2100多万。

而华为的合作伙伴们也从中获益不少，比如泰国现代电信公司之前只有200万移动电信客户，但是在与华为合作之后，不到两年时间就发展到1200万移动用户，占泰国手机用户的60％。此外，它还拥有华为提供的1000万预付费用户，以及华为帮忙打造的网络平台和移动智能网。

正因为如此，这些年来，华为公司一直是中资公司在泰投资合作最成功的范例之一。而寻求伙伴一起开拓市场，几乎成了华为的一个重要经营方式，也成了华为开拓海外市场的一个重要法宝。因为相比于国内市场，华为经常要面对更加强大的竞争对手，经常要面对更为复杂的生存环境和市场环境，还要克服各种意外的风险。因此，依靠他人的力量来分摊风险，增加成功几率是华为一直在考虑的事情，何况这也有助于华为打造一个更加健康的商业生态圈，避免一家独大或者垄断整个市场的情况出现。

正因为在泰国市场上尝到了合作带来的好处，华为在随之开拓欧洲市场的行动中，同样采取了这种模式。毕竟欧洲市场不同于亚洲市场，那里是西方巨头公司的大本营，市场也更加完善，因此市场的竞争压力会更大，这些对于华为来说，都是应该重点考虑的事情，所以联合更多的帮手，寻找更多的市场伙伴，成了华为开拓欧洲市场，并在市场当中生存发展下去的关键因素之一。

正因为如此，华为相继和芬兰电信运营商KPN、Telfort，比利时最大的电信运营商Belgacom等国际最具竞争力的运营商签署合同，双方展开了深入的合作。在2004年，华为公司突然宣布和德国西门子公司展开合作，双方共同出资1亿美元成立了合资企业“西门子华为TD-SCDMA企业”。作为一家老牌公司，德国西门子在某些领域内拥有一定的技术优势，而且也拥有品牌优势，尤其是在欧洲市场。华为希望通过双方在市场和产品应用层面上的商业联盟，把合作方向真正深入到技术标准的具体应用上。结果新公司成立之后，西门子在欧洲的业务得到了拓展，而华为也依靠西门子的品牌影响力提升了自己的知名度。

2009年，瑞典运营商TeleSonera准备建设全球首张LTE商用网络，当时华为负责承接这项工作，但是华为同时也找到了一个合作伙伴，那就是它的死对头——爱立信。虽然两家公司一直都在缠斗，不过在这个项目上，两家公司的利益和目标是一致的，它们都明白无论是谁都没有足够的把握独占市场，只有实现强强联合，才能真正在市场上分一杯羹。

任正非曾经说过："没有开放合作，我们承担不起为人类信息社会服务的责任，所以，我们要像3GPP一样开放，像苹果、谷歌一样连接数十万合作伙伴，持续建设和谐的商业生态环境。以自己为中心迟早是要灭亡的。"而如今，经过努力，华为的合作伙伴已经遍及全球，它也在世界范围内打造了比较稳固的关系网和销售网，这样就有效确保了华为在世界范围内的影响力以及地位。

如今的华为已经成为行业内数一数二的大公司，在行业内的作用也几乎无人能及，不过华为始终坚持开放与合作的策略，始终在全球范围内愿意与其他企业保持合作关系，也一直都在寻求新的合作机会。

4. 农村包围城市

当我们发起攻击的时候，我们发觉这个地方很难攻，久攻不下去，可以把队伍调整到能攻得下的地方去。

——任正非

在20世纪80年代末，国内通信市场基本上被欧美日等7个发达国家垄断，而华为只是一个没有任何背景和先天优势的民营企业。在创业初期，它甚至穷得连工资也发不出来，更别说和那些外国大企业竞争了。

这种竞争格局，让任正非感到非常苦恼，仅仅依靠当时的实力，华为想要生存下来，几乎不可能。正因为如此，任正非开始寻找新的求生之道，而不久之后他从毛泽东“农村包围城市”的思想中获得了灵感，因为他发现那些大型的跨国企业，实际上垄断的是城市里面的通信市场，而农村市场则无人问津。因为农村市场线路条件差、利润薄，国外厂商根本不屑于花费精力去拓展，这实际上等于给华为的生存创造了一个相对狭小但很安全的空间。

正因为如此，任正非决定带领华为先从农村市场开始突围，并将目标锁定在市场发展不成熟的县级地区。那个时候，为了争取到农村市场，华为一直采取聚焦的战略，利用更多的投入来建立竞争优势。比如爱立信当时在开展黑龙江的本地网项目时，只安排了三四个市场人员负责，这表明了爱立信对该市场并不那么重视，但是华为却派出200多人常年驻守，对黑龙江省内每个县电信局的本地网项目寸土必争。

更多的人力投入并不意味着就能得到更多的机会，华为明白农村市场的经济发展水平有限，根本无法承担太多的费用。华为想要赢得市场份额，就必须在价格上打出优势，这样才有机会吸引客户的关注。另外，华为公司非常珍惜这个来之不易的机会，因此一直努力为客户提供最好的服务，只要客户有什么需求，华为全体职员一定会在第一时间内给予满足。任正非平时很少接见外人，可当时面对那些县级客户，任正非无论多忙，都会抽出时间亲自接见。这种服务态度和工作效率让客户们交口称赞，即便后来很多大公司开始进入农村市场，华为也很快在农村市场站稳脚跟。

“农村包围城市”战略的实施，不仅使华为避免了被国际电信巨头扼杀的命运，还让华为寻找到了发展的出路，并最终成长为一个优秀的作战团队，也为华为攻打城市市场奠定了坚实的基础。那时候，华为的销售员全部深入到县级和乡镇市场，一点点扩大自己的影响力，并开始逐渐将业务扩展开来，进攻市级、省级以及国家级骨干网市场，已经成为一种必然的扩张趋势。不过任正非也明白华为虽然慢慢变强，当时研发出了C&C08交换机，可是想要在大城市里和跨国公司掰手腕，还是有很大的风险。毕竟无论是资金、技术、经验，还是市场基础，华为都不占优势，华为的每一次出击都要谨慎。

任正非也认为华为一路走来非常不易，不能草率行事，破坏自己的扩张计划，而且由于有了农村市场这个重要的依托，华为完全有实力和竞争对手慢慢周旋，打好持久战。所以当任正非进入城市市场后，并没有大张旗鼓地发起反击，而是隐秘地先让客户免费试用。虽然很多城市市场对于华为这个品牌感到陌生和不信任，可是相对于外国企业那些高昂的费用，免费的诱惑几乎无法阻挡，这也让任正非把握住了机会。

最有名的一个案例就是与上海贝尔公司在四川市场上的竞争，当时上海贝尔公司在四川市场上占据绝对的垄断地位，将近90%的市场份额都被它收归门下，像华为这样的外来者基本上没有任何机会面对面赢得竞争。但任正非却制定了非常低调隐秘的计划，以免费的方式为客户布设接入网，并且在短时间内就吸引了众多的客户。

由于保密工作做得非常到位，直到华为彻底完成了各个地区接入网的布设工作，上海贝尔公司也没有发觉危机的来临。华为依靠着完美的布局，开始悄无声息地大口蚕食对方控制下的市场，等到华为变得越来越强大后，上海贝尔公司发现自己完全被市场架空了，根本没有办法还击。就这样，华为神不知鬼不觉地抢占了四川市场上70%的份额。

接下来，华为如法炮制，运用免费试用的策略一步步打开城市的缺口，并实行以低价和优质的服务为基础的营销策略，最终一步步成为国内市场的领头羊。

而在国际化扩张的道路上，任正非同样熟练地运用了“农村包围城市”的策略，华为公司在国际市场上的扩张先从经济相对比较落后的国家和地区开始，比如俄罗斯、巴西、尼日利亚以及一些亚洲国家，这些地区具有非常大的市场增长空间，而且竞争压力比较小，华为可以发挥出自身的优势。也正是因为采取了这种模式，华为在国际市场上越来越受欢迎，规模也越来越大，渐渐成了市场上最具攻击性和竞争力的通信企业。

这样的发展速度引起了国际市场的一片惊呼，通常情况下，高新技术企业的扩张之路都是从发达国家走向新兴国家，从发达开放的城市市场，走向相对落后闭塞的低层级市场，这样的模式被无数西方大企业证实是非常可行的。可是华为公司与那些大企业不同，华为缺乏良好的工业基础，发展环境也很差，“从城市走向农村”的发展道路只会摧毁华为的计划，扼杀它的生存空间。

从这一方面来说，“农村包围城市”的战略，是任正非非凡的战略眼光和商业大局观的集中体现，如果进行横向对比，就会发现，当初和华为公司一起从事代理业务的数千家企业，如今早就被市场淘汰出局了，一些研发出交换机的优秀企业，如今也纷纷倒闭，而华为却始终屹立不倒。从纵向来看，华为公司从当初一家濒临倒闭的小企业，在二十多年的时间里，一步步成为全球移动、数据、光通信、3G、NGN等领域的主要供应商，最终还成了世界市场的NO.1，这恰恰证明了任正非非凡的战略布局和管理能力。

5. 推进市场上的“鸡肋战略”

2002年的干部大会是在IT泡沫破灭、华为濒于破产、信心低下的时候召开的，董事会强调在冬天里改变格局，而且选择了“鸡肋战略”，在别人削减投资的领域，加大了投资，从后十几位追上来。那时世界处在困难时期，而华为处在困难的困难时期，没有那时的勇于转变，就没有今天。今天华为的转变是在条件好的情况下产生的，我们号召的是发展，以有效的发展为目标。我们应更有信心超越，超越一切艰难险阻，更重要的是超越自己。

——任正非

现代企业家在开发市场时往往遵循着商业经营的“二八原理”：即20％的市场会为企业带来80％的业务或者盈利。也就是说，企业会将主要的精力放在那些能够带来更多利益和收入的市场上，而剩余80％只能带来微小利润的市场，常常会被称为企业的“鸡肋”，企业家会认为这些市场的投入不能带来更高的回报率，而将其界定为“可有可无的市场”，最终很可能放弃它们，至少不会像对待那20％的主流市场一样扩大投入。

正因为“鸡肋市场”的存在，很多小企业或者竞争优势不大的企业才在理论上有了一定的生存空间。而华为就是一个善于抓住“鸡肋市场”的企业，并且坚决地推进自己的“鸡肋战略”。虽然鸡肋食之无味，但弃之可惜，对于一些一心想要扩大生存空间的企业来说，有总比没有好，换句话说，鸡肋虽然不是什么美食，营养也非常有限，但是并非毫无营养，在很多时候，它还是能够为生存提供必要的帮助的。

比如当初华为之所以能够制定“农村包围城市”的策略，就是因为西方企业看不上农村市场的利润，所以干脆选择了忽略，而这对华为公司来说，则是非常重要的市场。最终华为依靠农村市场实现了大变身，慢慢成了国内市场的领导者，而这个时候，华为开始将目光转向海外市场。

由于西方企业在海外市场布局多年，打下了比较坚实的基础，华为作为后来者，想要从中撬开一些缝隙，往往很难，因此最佳的办法就是选择一些西方企业不那么重视，或者投入的力量相对比较薄弱的市场。在这个想法的带动下，华为很快将市场锁定在俄罗斯。

其实俄罗斯地大物博，之前还是苏联最大且最重要的组成部分，实力非常雄厚，但是苏联的解体让俄罗斯迅速衰落，无论是政治、军事，还是经济水平，都严重下跌。这也让俄罗斯面临着艰难的处境，尤其是经济发展一直很不景气。

在这样的形势下，很多西方企业自然不会将目光聚焦在俄罗斯市场上。尽管也有一些企业想要激发出俄罗斯巨大的市场潜力，但是由于政治、经济、文化等原因，这个被西方大国一直排斥的欧洲国家始终没有真正融入欧洲，而欧洲人也难以在俄罗斯市场上有什么太大的收获。而这一次，华为却把握住了这个非常好的发展和扩张机会。

不过对于经济不景气的俄罗斯人来说，他们非常挑剔和谨慎，尤其是对华为这种名不见经传的企业更加不放心。但是华为自有打算，市场人员经过调查发现，正在俄罗斯开发市场的欧洲企业，似乎对俄罗斯的业务并不那么感兴趣，原因就在于俄罗斯人无法提供更高的报酬，这让它们觉得有些进退两难。而华为最大的优势就是人力成本不高。因此也具备了很大的价格优势，现在华为只需要等待一个时机，等待一个俄罗斯与西方企业都放弃的时机。

不久之后，这个机会终于到来了，有一家著名的通信设备商因为设备出现了错误，而被俄罗斯国家电信局否定，原本合作意向不强烈的双方干脆一拍两散，而华为此时主动向俄罗斯国家电信局推荐了自己。不过挑剔的俄罗斯人只愿意将一笔价值36美元的订单交给华为，这对于很多企业来说，很可能根本不会放在眼里，或者认为俄罗斯人在刻意刁难和讽刺自己，但是华为却将这第一笔订单当成了一个良好的开端。

从这一天开始，华为开始兢兢业业地为俄罗斯客户服务，并且坚持不懈地拜访运营商管理层。由于技术出众，服务周到，更重要的是价格比较低，华为慢慢受到了客户们的关注和信任，华为开始打造了自己的客户群。到了2001年，华为已经与俄罗斯国家电信部门签署了上千万元的GSM设备供应合同，而在之后的十几年时间里，华为在俄罗斯市场上的规模越来越大，影响力也越来越大，市场上的年收入也达到了几十亿美元。

俄罗斯市场的成功再一次证明了任正非提倡的“鸡肋战略”收到了不错的效果，而这也成了华为扩张海外市场的一个重要策略。此后，华为团队经常出现在一些贫穷落后的国家和地区，经常出现在一些战争、瘟疫肆虐的地区，也经常出现在一些不为人关注的偏远地区。正是因为华为能够把握好发展的机遇，在西方企业的控制下，它才能慢慢拓展自己在海外市场上的规模。

为了进一步强化和落实“鸡肋战略”，任正非在华为内部某一次财经变革项目规划汇报会上，提出了“盐碱地”的概念，所谓盐碱地是盐类集积的一个种类，是指那些土壤里盐分过高的土地，高含量的盐分影响到作物的正常生长，一些严重的盐碱土壤地区几乎寸草不生。任正非认为国际市场上同样具有很多“盐碱地”，由于国际环境、政治因素、战争风险、环境因素的影响，企业在这些市场上的辛勤投入可能换来的是颗粒无收，而华为的主要任务就是把握这些“盐碱地”，争取扩大规模，加强在市场上的影响力。

在最近几年，华为已经成了世界上最强大的通信设备制造公司，无论是在本土市场，还是海外市场，华为都成了市场的领头羊，不过华为依旧保持着谨慎的态度，对于那些其他竞争者不愿进入的市场，对于那些产出不高的市场，仍旧坚持推进“鸡肋战略”。一方面是为了强化自己在全球市场的利益和地位，另一方面则是为了防止有新的竞争对手利用那些“盐碱地”来获得发展，毕竟华为自己就是通过这种方式和渠道发展起来的。

6. 高端市场和低端市场两手抓

我们现在是“针尖”战略，聚焦全力往前攻，我很担心一点，“脑袋”钻进去了，“屁股”还露在外面。如果低端产品让别人占据了市场，有可能就培育了潜在的竞争对手，将来高端市场也会受到影响。华为就是从低端聚集了能量，才能进入高端的，别人怎么不能重复走我们的道路呢?

——任正非

在几年以前，提起华为手机，很多人的第一感觉就是“低端”“缺乏知名度”“功能受限”，这些评价在当时几乎成了华为手机的标签，可是经过几年的发展，很多人渐渐发现，在一些中高端的手机市场上，也能够看见华为手机的身影，而且相关的品牌知名度越来越高，评价也越来越好。这个时候，华为内部有很多人开始建议砍掉那些利润不高的低端手机业务，将全部的精力放在开拓中高端市场上。

但任正非却否定了这些建议，并且在内部会议上多次强调：“我们在争夺高端市场的同时，千万不能把低端市场丢了。”在他看来，现在的华为手机还不能完全摆脱对低端市场的依赖。正因为如此，在手机产品线上，华为并没有像苹果公司那样专注于高端产品，也没有像一些小企业一样专注在低端手机市场上，而是打造了一个比较宽泛的、全面的产品线，既有高端手机，也有中低端手机。将手机分成高、中、低档三个层次，以对应不同的市场和用户群体，这已经成为华为手机快速发展的一个重要原因。

比如在2016年上半年，华为就确定了三个不同档次的手机，其中199美元以下低端产品线包括G系列、Y系列和荣耀系列，199~399美元的中端产品线为G+系列和荣耀高端系列，399美元以上的则是华为高端产品线Mate系列和P系列。而这三个档次正好分别对应了目前市场表现与消费者需求特征，并且在每个档均有令人印象深刻的手机产品。

不仅如此，华为公司还制定了年度手机销售目标和计划，相比于2015年华为手机1.08亿部的出货量，2016年的销售目标是争取达到1.4亿部手机的出货量，其中中高端的手机产品要达到7700万部，而低端手机也达到6300万部的出货量。

从国际市场这个大格局上来说，华为手机虽然如今一直在向中高端领域靠拢，而且在高端市场取得了不错的成绩，也占领了一定的市场份额。对于华为来说，现在公司完全可以借助中高端产品的优势来实现大规模的出货，从而减少华为低端手机的市场份额，但减少也是有限度的，也需要循序渐进，而不是一下子就改掉低端市场的业务。毕竟华为手机最初是从中低端市场发展而来的，正是对低端市场的精准把握，正是因为低端市场创造出的业绩，才使得华为手机有能力慢慢培养并建立起自己的品牌，并且打通了中高端市场的渠道。从整个角度来说，华为在高端市场的发展实际上是以低端市场为基石的，没有低端市场的开发和持续性的支持，华为手机根本没有办法进入到高端市场。

而如今，随着手机的普及，以及手机功能的不断进化，使用价格更低的低端手机的群体越来越大，很多手机公司都开始向低端市场倾斜。在几年以前，苹果手机是市场上最受欢迎的产品，几乎每一款新品都会引起轰动，但是最近两年，苹果手机开始在市场上遇冷，大家对于这种动辄几千元的高端产品的兴趣点正在不断下降，相反地，一些千元以及千元以下的手机开始迅速抢占市场。

在这样的背景下，华为公司不放弃低端市场的战略自然收到了很好的效果，比如，在很多亚非拉国家，人民的消费水平偏低，他们对于苹果和三星这类高端手机不感兴趣，而华为依靠着通信网络中的交换网络、传输网络、无线及有线固定接入网络和数据通信网络及无线终端产品，为世界各地通信运营商及专业网络拥有者提供硬件设备、软件、服务和解决方案，这些通信业务为华为低端手机创造了天然的优势。像印度和非洲市场，华为手机就成了市场上最受欢迎的品牌之一，其手机出货量甚至超过了三星。而在国内市场，虽然苹果手机一度是最火爆的手机品牌，可是随着华为对国内中低端市场的不断渗透，华为手机开始在中国市场上将苹果手机挤下王座。

华为坚决不放弃低端市场，实际上也出于竞争的考虑，华为从自己的发展和成长过程中得出了经验，认为自己在努力向高端市场进发的时候，一定要注重对低端市场的开拓，至少也应该保持原有的市场份额，尽量压缩一些市场的成长空间，这样就可以防止潜在的对手通过低端市场的养料不断发展壮大起来，最终对华为的发展产生很大的威胁。

低端产品有利可图以及它对于市场的把握和控制，这些都成为华为不放弃低端市场的原因，而通过对中高端市场和低端市场的双重把握，华为不仅可以牢牢控制不同类型的市场，也能把握不同层次的用户，从而为自己争取市场的发展空间，并最大限度地扩大设备的利润空间及增强品牌的影响力。

当然，低端市场或者低端产品并不意味着就要忽视产品的使用价值和质量，也并不意味着一味用低价格来吸引用户，低价格和低质量会摧毁华为的战略进攻力量。因此华为对于低端产品的要求就是：做到标准化、简单化、生命周期内免维修。

徐直军也建议华为在应对中国的手机市场时，一定要把品牌区分开。首先要把中高端产品的价格提起来，建立其相应的品牌，充分制造盈利的空间；对于低端产品，则要坚持把握高质量、标准化、低价格、终身不坏、软件升级容易等原则，这样也就能牢牢抓住低端市场的用户。

7. 在海外市场拒绝机会主义

> 通信行业是一个投资类市场，仅靠短期的机会主义行为是不可能被客户接纳的。因此，我们拒绝机会主义，坚持面向目标市场，持之以恒地开拓市场，自始至终地加强我们的营销网络、服务网络及队伍建设，经过9年的艰苦拓展、屡战屡败、屡败屡战，终于赢来了今天海外市场的全面进步。
>
> ——任正非

有位国企的董事长在见到任正非时，突然问了一句话："老任，你们靠低价战术怎么在全世界获得这么大的成功?"任正非笑着回答说："你错了，我们不是靠低价，是靠高价。在欧洲市场，价格最高的是爱立信，华为的产品平均价低于爱立信5%。但仍旧要高于阿尔卡特—朗讯、诺基亚—西门子5%~8%。"

在2012年和2013年这两年间，欧盟贸易专员对华为发起了所谓的反倾销、反补贴调查，它们认为华为有低价倾销的嫌疑。但是华为实际上一直都没有在价格上确立起太多的竞争优势，当时就连华为的欧洲竞争对手，包括爱立信、阿朗、诺西等，也全部站出来为华为辩说，说华为没有低价倾销。

华为在海外市场上的确具有一些成本优势，比如和欧洲相比，华为研发人员拿到的工资是欧美国家研发人员的1/5到1/4，这些人力成本的优势，的确让华为变得更有竞争优势，但是这并不意味着华为就一定要坚持打价格战，并不意味着华为就希望通过降价来拖垮对方。相反地，华为在海外市场的成功，并不是因为它利用价格战来破坏竞争的规则，而更多的是依靠自身的实力。

拒绝机会主义，一直都是任正非强调的要点，他曾经在《华为与对手做朋友：海外不打价格战》中说道："通信行业是一个投资类市场，仅靠短期的机会主义行为是不可能被客户接纳的。因此，我们拒绝机会主义，坚持面向目标市场，持之以恒地开拓市场，自始至终地加强我们的营销网络、服务网络及队伍建设，经过9年的艰苦拓展、屡战屡败、屡败屡战，终于赢来了今天海外市场的全面进步。"

以欧洲市场为例，早在2000年前后，华为就将目光锁在欧洲市场上，当时欧洲正式发放3G牌照，这直接导致很多运营商的3G商业泡沫破灭。因为在面对较高的运营成本和较低的业务利润时，很多固网运营商担心自己会被拖垮，所以也开始关注运营和投资成本。而华为依靠着出色的自主研发能力以及较低的人力成本，很快赢得了欧洲市场的青睐。

不过想要进入世界级欧洲老牌电信运营商的供应商行列，门槛非常高。通常情况下，西方公司一般会将供应商分成四类：普通投标者、供应商、战略供应商、战略合作伙伴。每一类供应商都要具备相关的数据或衡量指标来评估关系的好坏，这是欧洲市场的惯例，因为大运营商更看重供应商的后续服务能力，它们会要求对方进行资格认证，以确保能够建立更为长久的合作关系，而对于那些无法通过认证的企业，往往会被当作不靠谱或者没有建立品牌的企业。

不仅如此，在很多重大项目上，有资格竞标的供应商往往要进入战略供应商、战略合作伙伴的名单。比如，要想进入英国电信的重要潜在战略供应商级别，一般需要40小时认证；而战略合作伙伴则必须接受200小时的全面彻底认证。当时的英国电信在全球范围内，也不过才三个战略合作伙伴而已。

很多通信企业正是因为如此，才会选择退出英国市场，但是任正非却认为华为应该凭借自己的实力，努力去挑战这些难度，以此来证明华为不是一个“投机主义”或者“机会主义”的企业。2002年，华为经历了英国电信第一次全方位的认证和考察。在为期4天的认证中，英国电信采购认证团对涉及业务管理的12个方面进行认证，甚至还要与华为采购经理一起走访华为的外协厂，对华为的供应商进行评估。

当时，英国电信的专家对华为最有经验的流程专家、质量专家和公司高层提了一个问题：“从端到端全流程的角度看，影响华为高质量将产品和服务交付给客户的五个最需要解决的问题是什么？”可是在座的人却没有一个能答出来。很显然华为并没有为这次认证做好充分的准备。

这时候很多人建议华为放弃认证，可是任正非拒绝了这些建议，他认为华为不能用机会主义的思维来看待欧洲市场。既然这是欧洲市场一贯的标准和规则，那么华为想要进入主流市场，就必须遵守这些规则，就必须达到对方制定的那些标准。接着华为又花了两年时间重新准备认证。2004年，华为顺利地通过英国电信的考察，技术、管理、安全标准、环保标准、员工福利待遇、工作环境等全部通过了认证，并成了英国电信的合格供应商之一。

在那之后，华为渐渐在欧洲市场打响了自己的品牌，很多运营商也慕名前来寻求合作。有一家南非的顶级移动运营商特意跑到华为来参观，因为西门子移动的总裁卡特立兹以及沃达丰的高管一直都向它推荐华为。

尽管在欧洲市场上，华为在2003年就实现了全线突破：进入德国、法国、西班牙等多个国家和地区，在WCDMA、CDMA2000、NGN、宽带接入、第五代路由器等主流产品市场不断取得突破。不过到了2004年之后，华为才真正更有底气地去迎接其他竞争对手的挑战，才有信心在欧洲市场上继续开疆辟土。

在过去，很多中国企业在开拓海外市场时，都会采取机会主义，尝试着用一些破坏规则的方法来确立竞争优势，这些不正当的竞争手段往往会帮助他们获得效益。但是，很多企业缺乏战略耐性，也缺乏长远的发展目标，只看重短期的效益，一旦遇到困难，就主动放弃，而且在市场服务方面难以让人满意。这些公司很快就被市场所淘汰，它们最终也没能够在海外市场留下更大的、更多的印记，也没有打造出有影响力的品牌。

而华为始终坚持面向目标市场，始终坚持走国家化的道路，最终突破层层困境，在产品生产、营销网络以及服务网络上，都达到了国际一流企业的标准。也正是因为如此，华为才能够在国际市场上打造出越来越大的名声，也才能成为最具竞争力的通信设备制造商。

8. 谨慎处理好收购与合并的扩张行动

没有，我们从来没有和摩托罗拉谈合资。

——任正非

任正非曾经在内部谈话中讲过一则寓言：“一只老鼠在河边玩耍时，遇见一只英俊的青蛙，青蛙口若悬河地向老鼠介绍游泳的快乐、漂流的趣味、沼泽地里发生的奇闻逸事，老鼠则向青蛙讲述岸边的风景和田间丰富的物产，它们深深被对方吸引住了。开始的时候，老鼠带着青蛙在地面上旅行，它们在一块儿十分开心，但到了池塘边上，老鼠犯愁了，它不会游泳，这时青蛙善解人意地说：不要害怕，我会帮助你的。它让老鼠将爪子搭在自己的后脚上，然后用芦草紧紧地绑在了一起，就这样，它们高兴地开始了水上旅游。

“这个时候，一只老鹰看见它们，它俯冲下来抓老鼠，青蛙赶紧往水里潜，但因为老鼠抱住了它的后腿，青蛙的速度大打折扣，最后，老鹰抓住了奄奄一息的老鼠，又因为芦草将它们紧紧地捆在一起，所以青蛙也成了老鹰的战利品。”

在这个故事中，任正非认为陆地上的老鼠跑得很快，而池塘里的青蛙可以借助水中的环境很好地自保。实际上，在一般情况下，这两种动物都有足够的能力从老鹰的攻击下逃生。不过当青蛙和老鼠结盟之后，恰恰限制了各自的优势，反而将弱点充分暴露出来，结果成为老鹰嘴下的食物。

之所以要谈这个故事，其实体现出了任正非对华为发展过程中出现盲目结盟的一种担心和警惕。实际上，在任正非说出这个故事的时候，正值世界上企业收购与兼并浪潮的高峰期，很多企业通过收购和兼并来保持规模优势，希望能够在市场上继续生存下去。像德国西门子和诺基亚结盟，而阿尔卡特也和朗讯成立合资公司，它们原先都是通信行业的巨头企业，而结盟带来了更多的竞争优势。可是并非所有的公司都懂得结盟的道理和技巧，也并非所有的结盟都是成功的，由于盲目收购和兼并，一大批公司反而被结盟的一方拖垮，不仅没能达到提升竞争力的目的，反而削弱了原有的优势。

这样的失误是华为公司应该极力避免的，随着企业内部对合作与结盟的呼声越来越高，随着市场合作机制与合作环境越来越好，华为也开始走收购、兼并、合作的道路，任正非希望华为与美国公司、德国西门子、德国英飞凌，甚至加拿大北电等联姻时，公司管理层要保持头脑清醒，要注意发挥双方各自的优势，要警惕合作是否会使双方在特定时刻丧失各自的优势，千万不能让《蛙鼠殒命》的悲剧故事在华为的经营领域里重演。

合作并不总是能够实现共赢，1+1可以等于2，可能大于2，也可能小于2，关键还是要看如何搭配与合作，关键还是要看是否能够实现互补，能否增加和扩大各自的优势，并有效补足自己的短板。华为公司在进入海外市场后，面对的对手越来越强大，竞争的压力也越来越大，这个时候的生存环境要远比国内更加恶劣，所以单纯依靠自己的力量不一定能够战胜对手，也不一定能够确保生存的优势，合作结盟成为一个必然的趋势，但是合作并不意味着可以胡乱兼并和收购，并不意味着可以随便寻找一个合作伙伴。如果对方对于自己的业务扩张起不到任何的帮助，甚至可能成为累赘，那么这种合作的模式就是失败的。

任正非能透过收购与兼并获利看到其后面蕴藏着巨大的风险，也意识到了企业快速膨胀背后潜藏的危机，完全体现了一个企业创始人出色的战略眼光和决心。这些年来，华为在市场上的合作行动大体都比较成功（除了政治原因影响而失败的案例之外），但是在收购和兼并案例上，却多数都以失败告终，其中最主要的原因就是政治因素的影响，但其实反过来说，恰恰是因为对政治因素的考虑不周，对并购双方存在的对立关系以及潜在的风险预料不足，才导致收购的失败。

这些失败的经历也让任正非对国际市场的收购行为有了更多的了解，所以他在处理类似的事情时也显得更加小心谨慎，并没有因为这些失败而显得手忙脚乱，至少没有在扩张中出现一些大的决策性的失误。他觉得越是在艰难的时刻，企业就越容易失去耐心，也越容易在一些合作事项上犯错。比如说诺基亚公司，这个手机市场上的前老大，是一家百年企业，实力雄厚，可是当苹果和三星崛起之后，它开始没落，为了应对竞争对手对自身市场的不断蚕食，也为了重振往日的雄风，诺基亚开始与微软公司合作，而微软在收购诺基亚的手机业务后，并没有打开多少市场，白白浪费了一大笔钱在这个项目中，而诺基亚更是加速了灭亡的脚步。

对于诺基亚的遭遇，任正非一直都引以为戒，在市场上不敢做出太大的动作，而且在收购失败后也显得非常低调和冷静。对华为而言，如果时机不成熟，合作对象不靠谱，或者会带来一系列的问题，那么就绝对不会贸然搞合并战略。

所以当任正非提出青蛙和老鼠的故事时，很多人都认为这是华为慢慢转型的开始，其实华为并没有在市场上进行真正意义上的转型，一切都还是按照原有的扩张计划进行的，虽然经历了很多不顺，但对于华为而言，总体上还是比较平稳的，企业的发展也并没有因此而受到什么影响。至少相比于那些完全不搭的合作案例，华为并没有因此而遭受什么太大的损失。

不过，任正非也认为，有一个问题同样需要引起华为的关注，那就是华为国际扩张的欲望太过强烈，已经引起了竞争对手的警觉，毕竟当华为肆无忌惮地展示自己狼性的一面时，竞争对手们一定会想方设法进行干预和破坏。像华为在美国市场的失败，其中很大一部分原因就是思科在背后千方百计进行阻挠，毕竟在所谓的国家安全问题上，就连美国在欧洲的那些政治盟友也没有指出华为有什么问题。

任何企业都不可能无限制地生长，任何企业也都不可能无限制地扩张，一旦企业在市场上表现出太大的攻击性，就很可能被迅速膨胀的欲望冲昏头脑，最终可能留下一些败笔，甚至因为合作不慎而给自己挖下一个大坑。所以低调成了华为一边扩张，一边又竭力在强调的事情。

9. 把握市场发展的每一个机遇

我国在这方面比较落后，对机会的认识往往在机会已经出现以后，做出正确的判断，抓住机会，取得了成功，华为就是这样的。而已经走到前面的世界著名公司，它们是靠研发创造出机会，引导消费。它们在短时间席卷了“机会窗”的利润，又投入创造更大的机会，这是它们比我们发展快的根本原因。

——任正非

任正非曾经谦虚地表示华为的发展带有一些运气成分，因为华为之所以能够实现快速发展，就在于它把握住了时代潮流带来的发展机遇。尤其是对信息产业发展潮流的把握，更是缩短了华为与西方巨头之间的差距，甚至让华为有了后来者居上的机会。正如任正非所说，“华为成长在全球信息产业发展最快的时期，特别是中国从一个落后网改造成为世界级先进网，迅速发展的大潮流中，华为像一片树叶，有幸掉到了这个潮流的大船上，是躺在大船上随波逐流到今天”。

可是从另一个角度来说，华为善于把握机遇的能力也是一流的，而把握机遇的能力本身就是企业实力的一种体现，是市场敏锐性的一种表现。而这种敏锐的嗅觉一直都是任正非在公司内部激励倡导的，他觉得华为人就应该像狼一样，拥有敏锐的嗅觉，能够第一时间寻找并把握商机，而前提就是要保持开放的姿态。尤其在机遇面前更要保持开放的姿态，要坚定地把握住机遇。

如果将华为的发展进行划分，那么可以划分成三个阶段或者说两个转型期，第一阶段是20世纪90年代前期的高速发展阶段，以C&C08程控交换机的研发成功为标志，当时的华为很快打通了市场，发展势头良好。可是随之而来的问题也显露出来，那就是管理过于滞后，导致管理和经营扩张产生了矛盾。这时候，华为开始转型，而转型的关键就是《华为基本法》的制定，它为华为引入管理制度奠定了基础，并让华为形成了自己的企业文化。

《华为基本法》的出现，为华为的发展带来更多理论和思想上的指导，使得华为开始脱离过去那种粗放的、无序的经营方式，并为华为慢慢走向成功奠定了基础。之后，华为还花了很多年的时间拟定了相关的规章制度，让其帮助华为在发展中不断规范化、不断创新。可是随着华为不断发展和扩张，随着市场不断发生变化，《华为基本法》的有些内容已经落后于时代，也不再适合华为所面临的海外的竞争环境和市场环境。这些变化带来了很多新的发展机遇，也带来了很多新的利益增长点，可是在这一重要时刻，很多华为人，尤其是那些和华为公司一起成长，并见证了《华为基本法》诞生和发展的老员工，始终放不下对《华为基本法》的依赖，他们在新的市场环境下，仍旧坚持用《华为基本法》上的老制度、老方法、老思想来指导自己的行动，仍旧用这些老规则作为衡量一切行动的标准，而这显然不利于华为的发展。

面对这种情况，任正非率先站出来，批评那些因循守旧的人——“当外部环境发生变化的时候，当新的机遇来临的时候，谁固守《华为基本法》的教条，谁就是傻瓜。”如果说在1996年以后，华为在开拓国际化道路的同时，对《华为基本法》做了一些小修改，那么在2005年以后，任正非所提出的一些新思想、新主张，已经完全违背了《华为基本法》中的规定，而这种颠覆性的做法，正是出于对现实机遇的把握。

其实，华为的转型也是中国那一代企业的集体转型，为了把握新的发展机遇，为了迎合新的发展环境，企业必须做出改变，必须保持更加开放的姿态。盛大网络的创始人陈天桥曾经说过：“当每天收入达到100万元的时候，我觉得它是诱惑，它可以让你安逸起来，让你享受起来，让你能够成为一个土皇帝。当时我们只有30岁左右，急需一个人在旁鞭策，就像唐僧去西天取经一样，到了女儿国，有美女有财富，你是停下来还是继续去西天？我们希望有人在边上不断督促说：你应该继续往你取经的地方去，这才是你的理想。”

任正非非常欣赏这句话，并且引用在自己的谈话当中。在他看来，市场始终处于不断发展变化的状态，而企业终归也是要向前发展的，为了及时跟上市场发展的脚步，为了把握市场上新的发展机会和商机，企业必须主动求变。因此，作为企业的管理者，一旦新的机遇来临，就要带领团队大胆做出变化，而不是固守教条，不是按照老方法、老思想继续前进，因循守旧只会故步自封，阻碍企业的进一步发展和壮大。

2014年，华为突然发布了一款名为“FusionInsight”的大数据平台产品，该产品的性能十分优越，据说已经实现了超过1000km的异地容灾。而对于这套系统的研发，很多人表示不理解，事实上，大家都觉得这个产品又不能直接带来利润，还要花费大量的成本，实在没有什么大用处。可是任正非却并不那么想，因为他意识到如今的社会即将慢慢进入大数据时代，庞大繁杂的信息需要进行有效的整合处理，而人们对于信息处理技术有了更多更高的要求。为了更好地收集、整理和分析相关的信息数据，华为必须尽早地构建海量数据信息处理系统，这样就能够通过对企业内部和外部的巨量信息数据实时与非实时地分析挖掘，从而发现全新的价值点。如果谁在这一领域落后于人，就很可能会在信息时代被淘汰出局。

任正非曾多次呼吁华为内部不要出现“经验主义”和“保守主义”，因为在企业的经营管理中，“经验主义”往往会让企业陷入停滞，甚至出现重大失误。一个伟大的企业懂得如何审时度势，只有时刻根据新的境遇来调整战略，才能赢得“生机”，才能把握商机。这些年来，正是因为对时代发展脉搏精准的把握，正是因为始终在市场上保持开放的态度，华为始终能够保持与时俱进，也始终能够确保把握市场发展的潮流。

10. 杜绝市场上的大跃进

我们一定要今天做得比昨天好一点，昨天犯过的错误，今天不再犯。我们要大胆去改进工作方法与操作技巧。经过周密策划，共同研究，在实施过程中受到的挫折，应受到鼓励，发生的失败不应受到指责。要持之以恒地改良下去，一小步一小步地走，过两年就跨一大步。三年实现与国际接轨是有希望的。做实也是一件艰苦的事情，水滴石穿，只要功夫深铁杵磨成针。君不见用户板测试组，持之以恒数年如一日盯在一块板上，已产生了巨大的成绩。

——任正非

2016年1月13日，华为公司总裁任正非在内部市场工作大会上讲话时指出，终端要敢于在5年内超越1000亿美元收入的目标。而参考2015年的业绩，华为经过爆炸性的成长，实际上也才不过达到了200亿美元，而过去一整年，整个华为公司的年营业收入也才600多亿美元而已。但无论是任正非本人，还是手机业务的负责人余承东，都对华为公司在终端上打造千亿美元市场的目标充满信心。

这个目标一制定，外界一片哗然，大家纷纷猜测华为开始走大跃进的路子，毕竟和之前的发展道路相比，华为这一次的市场目标有些“托大”，至少从目前的发展形势来看，华为的利润增长和市场扩张还不足以实现这个目标。

但任正非在面对质疑的时候，始终坚持自己的观点，并且坚定地认为自己的目标并非大跃进。为此，他还特别拿2016年的企业形象广告进行解释：上帝粒子研究最新发展，那是厚积薄发；跌倒了的乔伊娜，依然抬起头来冲锋拿冠军，那也是厚积薄发！

那么华为是否能够在厚积薄发中实现突破呢？任正非对此信心满满，因为他看到了信息时代快速发展中的一个最大机会窗，那就是全场景体验连接，这种全场景模式涵盖了工作环境和生活环境中的所有场景，智能手机、可穿戴设备（包括VR、AR技术）、智能家居、车联网。而华为很有信心在这一领域获得足够的发展空间和市场份额。此外，华为也对移动办公的模式充满了期待。

正因为发现了如此大的商机，华为才有底气说出未来五年达到1000亿美元的终端市场规模。而且从任正非一贯低调沉稳的处世态度来看，华为也不太可能盲目地寻求扩张，即便是在高速发展和国际化扩张的时期，任正非也一直在提醒华为，要保证急速扩张与经营稳健的均衡发展。他禁止华为公司在市场上搞一些盲目扩张的行动。

有一句话能够体现出任正非对于市场扩张的克制力——“我没有思考什么远大的理想，我正在思考的不过是未来两年我要做什么、怎么做。”在任正非看来，华为应该关注的是未来两年的发展情况，应该关注的是未来两年内可能发生的变革以及可能出现的结果。所以华为每次指定的短期目标都不会太离谱，它们都是建立在自身发展的基础上的。

他曾经去越南考察，结果发现一个很奇特的现象，那就是越南那边的工厂厂房建造得非常漂亮，具有现代化气息，工厂的基础设施看起来也非常完善，让人耳目一新。可是城市本身的基础建设就显得很落后，公路破破烂烂，很多公路甚至都没有办法正常行驶，更致命的是城市内的一些日常资源供应不足，比如缺电现象非常严重。

虽然仅仅从工业基础设施来看，越南已经达到了比较高的工业水平，甚至让人觉得它已经成了一个非常不错的工业化国家。可实际上这种外在的现象不过是越南政府和越南企业一种大跃进式的做法而已。如果就经济发展的水平和国家的经济实力而言，越南是无法支撑如此庞大而先进的工业体系的，试想一下，一个交通问题都不能解决，电力、钢铁等最基本的资源短缺的国家，又如何有实力去打造比较发达的工业体系呢？

这种失衡状态，证明了越南政府以及企业在发展当中的盲目性，而一个连低端的基础性的产业也没能做好的国家，想要在高端领域有太大的发展，往往不可能。虽然这些企业可能会在短时间内出现较大的飞跃，但是长远发展下去一定会因为和现实相脱节而越走越慢，甚至面临着迅速衰退的危险。

任正非曾经说过：“世界永远都是循序渐进的，跳跃性的世界是不稳定的。自由电子很不稳定，怎么可以创造价值呢？1000年前，欧洲处于中世纪的黑暗时期，中国那时是清明上河图时代。欧洲1000年来，进步都是一步一步的。有时候我们会觉得，欧洲人当时怎么那么傻？那是因为我们用今天的眼光去看过去。谁都做过许多傻事，都是一点一点走到今天的。世界都是循序渐进的，我不相信大跃进可以成功。我们公司从来不搞大跃进。爹还是那个爹，娘还是那个娘，辘轳、泥巴、女人和狗一个都没有变化，你怎么就成了‘富二代’呢，这现实吗？路要一步一步走，饭要一口一口吃。”

他认为发展应该是循序渐进的，虽然突跃会产生，但需要很长的酝酿过程，而绝对不是一朝一夕就可以完成的。如果贸然追求突变，很可能会因为实力不足而发展失衡。现在，有很多创业者和企业家都非常浮躁，都渴望在短时间内就做成大事，渴望走捷径来带领企业获得成功。可是发展是需要积累的，越来越严重的浮夸风和大跃进式的发展思想，会让企业陷入畸形发展的境地，还会让本来就不很景气的发展环境蒙上一层阴影。

也许很多人都认为任正非用二十几年的时间做成了其他企业需要50年甚至100年时间才做到的事情，因此盲目地认为华为走了捷径，认为华为是在走大跃进的道路，可实际上快速发展和高速扩张并不意味着就是“大跃进”，因为大跃进是脱离发展基础的，而华为在发展过程中始终都以自身的实力为基础，始终都脚踏实地地完成每一次的飞跃，而这恰恰是推动它成为通信市场上新王者的关键。

第七章
“知本主义”——用知识来武装企业的发展

> 在过去，资本是企业发展最大的要素，资本的多少往往决定了企业发展的规模、发展的潜力以及市场地位，而随着知识经济的兴起，以及科学技术的不断进步，人们对于知识、教育更加看重，企业也将知识当成了推动自身发展和进步的第一生产要素，将知识当成了最大的经济增长点。在这样的背景下，华为提出了“知本主义”的概念，努力将知识武装到企业发展的各个方面上来。

1. 打造“知本主义”的经营管理概念

对一些高技术产业，人的脑袋很重要，金钱资本反而有些逊色，应多强调知识、劳动的力量，这就是知识资本，我们称之为“知本主义”。

——任正非

20世纪80年代，世界开始进入知识经济时代，各国都加大投资力度，大力发展以知识为基础的相关行业。据世界银行1998年发表的《知识促进发展》的报告报道，发达国家以知识为基础的行业的产值已占GDP的50%，其中高技术产业的产值占25%。整个世界已经从过去那种资本雇佣劳动的模式，转变为知识雇佣资本的模式。资本在价值创造要素中不再占有支配地位，反而是知识产权和技术诀窍的价值和支配力超过了资本，而且资本只有依附于知识，才能保值和增值。

很多人按照知识经济的发展程度，对世界上不同的国家进行分类，那些知识经济发达的国家被称为“头脑国家”，而知识经济发展滞后者则沦为“躯干国家”，成为受“头脑国家”驱使和剥削的弱势群体。而中国一度就是落后于西方发达国家的“躯干国家”，华为一度就是受西方企业剥削和压制的“躯干企业”。后来任正非多次出国考察，在美国、西欧、日本的企业中看到了华为在技术上与对手们的差距，看到了华为在知识经济领域内的薄弱。

尤其是在1992年，任正非参观美国的企业后，不由得感慨美国的国土与中国大致相等，可是对方的经济发展却远远超过了中国，他认为美国的强大是因为他们重视知识，并注重对知识经济的开发，而教育经费的缺乏、文化素质的低下，则恰恰是中国经济不发达的一个重要原因。

正是基于这种清醒的分析和认知，任正非敏锐地意识到了知识经济的重要性。他说：“我们这个时代是知识经济时代，它的核心就是人类创造财富的方式和致富的方式发生了根本的改变。随着时代的进步，特别是由于信息网络给人带来的观念上的变化，使人的创造力得到极大的解放，在这种情况下，创造财富的方式主要是由知识、管理产生的，也就是说人的因素是第一位的。这是企业要研究的问题。”在他看来，知识成了企业发展的第一生产力，一个企业如果没有知识，就没有技术；没有技术，就没有产品；而一个没有产品的企业，就什么都不是。

后来在编写《华为基本法》的过程中，任正非特意要求专家和教授们将知识的经营管理理念列入其中，而《华为基本法》还对其作了进一步的概括和提升，明确地提出了“知本主义”的概念。其实，“知本主义”原本是一个企业文化概念中的词，而华为将其用于技术管理当中，正好体现出了华为对“知识转化为技术，知识转化为资本”的强烈要求和愿望。

从某种意义上来说，《华为基本法》对知本主义内涵的界定体现出了华为公司发展的战略方向，可以说具有重要的指导意义。不仅如此，为了方便解读和应用，基本法还对“知本主义”的内容做了比较详细的阐释：

强调知识是高科技企业的核心资源和价值创造的主导要素

《华为基本法》中明确提出：“我们认为，劳动、知识、企业家和资本创造了公司的全部财富。”在“知本主义”理念中，知识不仅被当作企业价值创造要素中的一个独立要素，它与资本一样，都是企业价值的创造源泉，而且还把它排在优先于资本的重要位置上，强调“人力资源不断增值的目标优先于财务资本增值的目标”。而对于一家高科技企业，人力资本增值主要指的就是华为员工知识资本的增值。

主张给创造价值的知识劳动以合理的回报

《华为基本法》中第五条就明确指出：努力探索按生产要素分配的内部动力机制。……奉献者定当得到合理的回报。事实上，知本主义理念承认知识劳动的剩余价值，认为出资者不应当全部占有高科技企业中由利润转增的资本，在这种理念中，知识和资本一样，都创造了新的价值，因此公司应该给予知识劳动者合理的报酬。

主张通过知识资本化来实现知识的价值

如何将知识转化为现实生产经营中的价值，这是每一个企业都在思考的问题，而知本主义主张通过知识资本化来实现知识的价值。《华为基本法》明确提出：“用转化为资本这种形式，使劳动、知识以及企业家的管理和风险的积累贡献得到体现和报偿……知识资本化与适应技术和社会变化的有活力的产权制度，是我们不断探索的方向。”对此，华为公司实行全体员工持股制，通过股权和股金的分配来实现知识资本化，事实上，公司的股权并不是传统的那种按照资本来分配，而是按照知本分配，这样劳动者就可以将知识创造的价值部分转化成股权，进而转化为资本，而最终的股金分配又体现出了知识资本的收益和价值。

在这一理念中，机会、人才、技术和产品成为华为公司的主要牵动力，并确保公司内部形成一个以机会牵引人才、人才牵引技术、技术牵引产品、产品牵引更大的机会的良性循环反应。其中，人才所掌握的知识处于整个反应链中最核心的地位，而资本则被搁置在牵引力之外。

这种与传统资本主义理论完全相反的行为指导方式，使得华为将知识转化为技术，并将技术领先作为自己经营管理的目标，并形成了一系列的技术领先管理措施。而这些恰恰是华为突破技术垄断，打造技术优势和品牌优势的动力，并为华为成长为一家高科技公司以及称雄全球通信市场奠定了坚实的基础。

2. 学习和自我提升

> 无论从事技术、管理、业务……我们都是一个目的。因此，华为文化是我们认同的基础。一个不认同华为文化的员工，是很难在华为工作的，处处评价都受挫，既然有心在华为工作，一定要努力认真去学习。杨琳就是一个榜样。
>
> 同样，每个员工都要以绝大部分精力学好自己的专业，学好技术、学好业务，业精于勤。这是你服务与进步的重要工具。学习企业文化就是使你的重要工具发挥较大的作用。华为不存在空头理论家。文化要落实在奉献上，没有本领就无法实现奉献。
>
> ——任正非

如今年过七旬的任正非，早就过了退休的年龄，但是他的思想仍旧处于高度开放的新鲜状态，他仍旧保持着非常强烈的学习欲望。在平时的生活中，无论工作多忙，他都会抽出一点时间来看书。他的阅读爱好非常广泛，从政治、经济、社会，到人文、文艺等各方面，其中读的最多的就是中外历史方面的书。但是他几乎很少看经营管理方面的书籍，因为他觉得管理的书都是教授们在闭门造车，容易将读者的思想束缚在特定的框架之内，而且真正的管理要结合实践来完善，绝对不是几条简单的理论就可以完全描述清楚的。

很多人曾经在飞机上有幸遇到任正非，结果发现从深圳到北京这3个小时的行程中，任正非利用其中的2.5个小时读书。而华为内部的员工也说，在飞机上读书，已经成了任正非出差途中的一个习惯。他平时很忙，因此不会放过任何一个空闲的时间学习。

而更加难能可贵的是，任正非曾主动学习英语，因为在华为开拓海外市场期间，他发现公司常常会和客户产生沟通上的障碍，彼此之间的交流甚至出现了误会，而根源就在于很多华为干部和员工都缺乏英语沟通能力。因此任正非率先做出表率，主动学习英语，并且也建议其他高管一起学习。

除了喜欢阅读之外，任正非还喜欢与人交流，因为通过和不同的人进行交流，可以吸收到更多不同类型的知识，从而扩大自己的知识储备量，并将自己的视野扩散到更多的领域，扩散到更高的领域上。20多年来，任正非周游世界各地，接触了数百位政治人物、商业巨子、学者、竞争对手、科学家乃至艺术家，也和寺院中的僧侣有过交流，这些交流让他的思维更加活跃，思维的广度也更加开阔。

不过，任正非也明白仅仅依靠一个人或者少数几个高层干部学习，对企业的发展和提升始终作用有限，企业想要实现进步，那么就一定要打造良好的学习氛围，要打造一个比较完善的学习型组织。正因为如此，任正非提出了构建学习型团队的设想，并且多年来一直将其坚持贯彻执行下去。

任正非曾经说过："构建学习型团队历来是华为最重视的一项工

作，特别是董事长孙亚芳对此更加重视。在把市场工作交给其他常务副总裁之后，孙亚芳就主要分管两方面的工作，一是人力资源，一是培训中心（现在叫做'华为大学'，孙亚芳是第一任校长）。特别是针对中高级主管的培训，她身体力行，只要有空，肯定参加，是一个名副其实的'培训迷'和'学习迷'。在高新科技的通信行业，技术更新速度之快、竞争之烈是其他行业无法比拟的。如果华为团队学习能力不强，就会被市场淘汰。经过近20年的发展，华为已成为一个学习型组织。"

不仅仅是通过培训，华为还对员工的学习提出了自己的要求，比如员工如果要想成为华为营销团队的一员，就必须掌握产品知识、专业知识、营销理论知识、销售技巧知识、沟通知识等。而在国际市场上更是如此，一个称职的国际营销人员，不仅要具备与国内市场人员同样的技能，而且必须精通外国的语言与文化，通晓国际惯例，掌握国际贸易、国际融资、国际法律等各方面的知识与经验。尽管员工可以依靠华为的培训来提升学习的能力，但是也一定要养成主动学习的习惯，努力提高自己的综合素质，确保适应国际通信市场风云变幻的竞争环境。

而为了督促员工学习，为培养员工爱好学习的企业文化，任正非在内部会议上，对所有的干部和员工发出了指示："我们要求中高级干部及一切要求进步的员工，要在业余时间学习，相互切磋，展开有关讨论及报告会。不要求一切员工都形式主义地跟着念报。员工也有不学习的权利，公司也有选拔干部不使用的权利。这种权权交换，使得每一个要进步的员工都会自觉地学习。中高级干部退步的，我们也要调整下去。对《华为基本法》中的企业文化，是否熟读唐诗三百首就行了？我们考核你是否学好，是看本职工作是否做好，是否有做好本职工作的潜力。

因此，没有做好本职工作的员工，就肯定没有学好。”

通过制度上的考核，任正非强化了员工主动学习的机制，强化了员工学习的积极性，并慢慢打造了一个良好的学习氛围，而这也为员工能力的提升、视野的开拓创造了条件。

3. 人才是企业最重要的资源

美国为什么强，美国为什么成功啊？美国有啥人啊，美国的原装人就是印第安人，美国就是利用它的机制把全世界的人才拉到那里去，到那里去以后，都在美国生蛋。然后我们反复去说服，你们不要歧视我们中国，我们中国要买你们的高科技啊。好不容易就买了两个蛋回来，一打开才发现是中国蛋。为什么不把中国鸡留在中国生蛋？为什么中国的鸡跑到国外去？资本为什么要外流？人才为什么要外流？要反思我们有什么不对。

——任正非

在1996年，华为花费了4万元的高薪聘请了一位从事芯片研发的工程师。这个薪水在当时的行业内已经算是顶级薪水了，即便是在工资很高的华为公司，也很少有人达到这个水平。更重要的是，华为虽然通过自主研发的交换机打开了市场，也积累了第一笔资金，可是对于一个外来的工程师，一下子就开出这样的高薪，还是会引起一些内部的争议。

尤其是一些跟着任正非一起创业的老功臣，他们对此颇有微词，但是任正非并没有因此而退让。尽管华为的发展离不开那些功臣，但是很多跟着自己一起创业的人，虽然有足够的忠诚度，也有奋斗的精神，可是能力尤其是技术能力上的短板还是非常明显，任正非觉得企业的发展不应该过分看重这个员工是否是自己带出来的人，企业的薪酬体系也不能依据单纯的工龄来计算，员工的能力和对方可能创造出来的价值才是考核的重点。

在任正非看来，华为更需要的是人才，是真正有能力也能做出贡献的人，而这个工程师无论是技术储备还是工作经验，都是华为最需要的，因此他才会大手一挥，毫不犹豫地开出一张大支票。而事实证明了任正非的眼光独到，这位工程师后来为华为带来了无法估量的财富，也间接提升了华为的技术水平。

不久之后，任正非主动将工程师的年薪调到了50万元，这样的报酬已经把很多民营企业的老总给比下去了，可是任正非却坚持认为人才是企业中最大的要素，而人才所储备的知识则是企业无可比拟的财富。

实际上，从创业初期开始，华为就一直坚持给予员工高薪的原则，因为当时华为的生存环境非常恶劣，急需留住人才来提升技术水平，而挽留人才的最好方法，就是利用物质奖励来提升他们工作的兴趣和积极性。

在华为公司20多年的发展历程中，人才始终是任正非最看重的发展要素，人才甚至被任正非当成是企业的第一资源。而为了尽可能地吸引人才，华为公司甚至采取了垄断的措施。1998年，华为一次性从全国招聘了800多名毕业生，此举引起了外界的热议，毕竟这是华为第一次大规模招聘毕业生。到了1999年，华为又一次性招聘 2000名大学毕业生。从2001年开始，华为更加注重人才的质量，因此开始安排招聘人员进入全国著名高校招聘最优秀学生，准备将成绩优秀的工科硕士研究生，甚至是本科生垄断。这一次华为最终招聘了5000多人，外界一片哗然，纷纷称之为“万人招聘”。有很多人认为华为为了打击竞争对手，盲目垄断，只会造成人才的浪费。

尽管外界对华为的人才招聘举措褒贬不一，但是华为对于人才的垄断和招聘，实际上并不是为了单纯地打击和压制竞争对手，而是出于人才储备的需要，出于打造一支优秀人才队伍的需要。如今，华为公司80%以上的员工具有本科学历，硕士、博士学历的员工所占的比例也是逐年增长，虽然高学历并不意味着高能力，但是高学历员工的知识储备量还是值得认可的，只要通过适当的培训和引导，这些知识将来可以转化成强大的生产力。

多年来，华为一直在积极打造实力雄厚的人才队伍，确保他们能够为企业的发展提供强大的助力和推力，而这个人才队伍中实际上包含了华为公司三个人才梯队。

黑天鹅梯队

诺基亚在短时间内走向毁灭，为华为敲响了警钟，在高科技领域内，由于创新速度越来越快，企业一旦不够专注，就可能会导致黑天鹅事件的发生，让一些潜在的对手迅速发展壮大起来。为了防止华为也成为黑天鹅事件的受害者，华为在每条产品线上都会组建两支队伍——“红军”和“蓝军”，“红军”是对某个流程进行规划的一方，而“蓝军”是捣蛋和纠错的一方，只要“红军”做出设计和规划，“蓝军”就会用“吹毛求疵”的态度，到处挑刺。正因为这两支队伍的存在，才让华为有效预估到各种可能发生的问题，防止对手有可乘之机。

预备梯队

任何一个企业都需要实现新老更替，“预备梯队”的存在就是打造接班人，在任正非看来，一旦管理者和一些骨干成员能力不足，或者无法适应新的环境，那么就很容易被淘汰。这个时候，就需要培养一批人才预备梯队补充上去，为企业的发展注入新的思想、新的方法，确保企业基业长青。

能工巧匠梯队

作为一家高科技企业，华为的生产系统实际上是围绕更高更新的技术来打造的，因此技术型人才成为华为公司最看重的人力资源。为此华为公司开始在世界范围内招收各种顶尖技术人才，并通过在国外建立精密制造中心，来吸引和培养高科技人才，借此打造一支更加专业的技术型队伍。

这三个人才梯队构成了华为立体的人才储备机构，使得华为公司在技术研发层面、管理层面、公司层面都具备了强大的后备力量，具备了强大的市场竞争力。曾经有一家研究机构就认为在未来一段时间内，国内很少有公司能够对华为形成威胁，因为无论是通信领域的竞争还是人力资源的储备，华为都是一枝独秀。

事实上，华为从1996年起，就在董事长孙亚芳的带领下开始打造人力资源体系，尽管当时很多人都认为华为最重要的就是把产品研发好，把市场营销工作做好，至于人力资源体系建设可以往后推一推。但是在孙亚芳看来，华为公司如果没有了人才，它就和一个仓库没什么区别。而且没有了人才的引入和培养，华为的研发工作、市场营销工作都会受到影响，正因为如此，孙亚芳很快带领队伍投身到人力资源体系的建设工作当中去，并且形成了“选、育、用、留”的人力资源体系，这也让华为在人才队伍的建设上迅速建立起竞争优势，所以在1996年后，华为迅速崛起，并且很快成为中国通信制造业的龙头老大，同时也为华为进军国际市场，成为最有影响力和最大的通信设备制造商奠定了基础。

4. 保护和尊重知识产权

> 中国创造不了价值，第一是缺少土壤，这个土壤就是产权保护制度。在硅谷，大家拼命地加班，说不定哪天就一夜暴富了。我有一个朋友，当年我去美国的时候，他的公司比华为还大，他抱着一夜暴富的想法，二十多年也没暴富，但像他一样的千百万美国人，有可能就这样奋斗终身，也有可能会挤压出某一个人的成功，比如乔布斯，比如扎克伯格。也就是说，产权保护制度，让大家看到了“一夜暴富”的可能性。
>
> ——任正非

2016年5月25日，华为公司在深圳中级人民法院和美国加州北区法院同时发起了对三星公司的知识产权诉讼，知识产权包括涉及通信技术的高价值专利和三星手机使用的软件。华为在起诉书中声称三星侵犯了其11项美国授权专利，而这11项专利大部分都和LTE（4G）技术相关，也有涉及2G/3G技术的。相关人士表明，华为起诉三星专利侵权，并非简单出于营销的目的，而是为了迎合华为在探索全新的专利运营生态的需要。

而在华为诉三星之前，华为曾与苹果达成的专利交叉许可合作，一度引发热议。来自国家知识产权局的信息显示，华为当时向苹果许可专利769件，而苹果则向华为许可专利98件。

这两件事被外界热炒为华为在“专利大战”和知识产权保护中的完美逆袭，毕竟三星和苹果公司是世界最大的电子公司之一，能够和这些巨头级别的企业掰手腕，显示出了华为这些年在技术方面的成熟和进步，也显示出了华为对技术专利以及知识产权的日益重视。

事实上，早在这两件事发生之前，华为就已经对“知识产权”印象深刻了。比如，在华为发展初期，国内市场基本上都被国外的大企业垄断，生存非常困难，为了突围出去，最好的办法就是拥有自己的专利技术，可是当时最先进的技术都被外国企业所控制，华为想要利用那些技术来发展，那么就需要支付高昂的专利费。在那个时期，专利技术几乎成了外国企业压榨和剥削中国企业的重要手段，尤其是在最初的几年，华为几乎每年都要向西方国家支付数亿美元的专利费。像诺基亚、阿尔卡特、西门子公司都和华为发生过知识产权和专利技术上的摩擦。为了击垮华为，这些公司曾经一次列出200项专利来跟华为谈判，内容涉及华为各个产品线。而它们的目的也非常明显，就是要求华为将产品销售额的2％到10％作为专利费，这样它们才会放弃起诉和制裁。正是因为如此，才让任正非萌发了迅速掌握自主研发技术和专利的想法。

后来任正非去IBM公司和贝尔实验室考察，发现它们的研发人员比重很大，而且每年投入的研发资金很高，任正非决定效仿。回国后，他就宣布公司每年从销售额中至少拿出10％来投入研发之中，而这恰恰是华为专利技术逐年积累的主要原因。

而到了2003年，思科公司对华为提起了诉讼，认为华为公司侵犯了它的知识产权，尽管最后思科并没有胜诉，但华为也与对方达成了和解方案，那就是停止销售那些涉嫌侵权的产品。这件事更让任正非意识到保护和拥有知识产权的重要性，如果一个企业不拥有知识产权，或者不重视知识产权的保护，那么就可能在竞争中处于不利位置，因为对方很容易以侵犯知识产权为由来压制它的发展。

这并不是一个个案，在中国，很多企业并不缺乏创造新技术、新产品的能力，但是却常常受到外国企业的起诉。任正非认为："中国缺少创新、没有原创，主要原因是不尊重知识产权，没有严格的知识产权保护制度，加上社会文化没有包容精神，不鼓励试错，不包容有个性，甚至是有一些极端怪癖的人，如苹果的乔布斯、休斯飞机制造创始人休斯都是个性张扬，行事反叛的人，在中国现有文化背景下肯定难以冒出来，因为我们包容不了乔布斯，中国出不了乔布斯，这就导致谁也不愿进行原创，都热衷于抄袭。"

正因为将抄袭当成快速发展的途径，很多企业便开始放弃研发的投入，开始更加漠视知识产权的重要性，而最终的结果就是企业处处受到限制。尤其是随着市场经济越来越规范，随着中国企业全球化扩张速度的不断加快，中国企业更容易成为国际市场上那些巨头公司攻击和打压的对象。

任正非认为华为如果想要摆脱外国企业的剥削和干扰，就要加大力度投入到研发工作当中去，打造自主的专利技术和品牌，并且迅速申请专利，打造自己的知识产权。这样做不仅可以有效避免侵犯他人权利而产生各种纠纷，从而突破别人的技术壁垒。而且，华为也可以依靠这些来保护自己的研发成果，并通过技术壁垒的打造来保护和增加自己在市场上应得的利益。

为了保护知识产权不受到侵犯，华为不仅坚决地拿起法律武器维护自己的利益，而且在平时也做好专利技术的保护工作，防止那些重要的技术信息泄露出去。比如华为公司一直以来都严格监视信息进出的端口，至于最关键最值钱的源代码，更是被保管在保险柜里，保险柜外面还设置了多层电子门禁，并实施全天候的监控。就连普通的员工进入华为后也必须了解相关的保密文件，还必须同公司签署有关的保密协议，一些重要岗位的员工即便离职了，也不能从事和华为有竞争关系的工作。

这些年，华为在专利技术的研发申请和知识产权保护方面取得了重大的成果，这样就确保了华为从一个技术追赶者成了行业内技术的领头羊，确保了华为在市场上具备更多的话语权和主动权。

不过与此同时，任正非也承认，知识产权投入是一项战略性投入，需要一个较长的周期，而且任何一家公司都不可能做到面面俱到，比如华为公司与三星公司的专利纠纷主要体现在通信技术领域，而不是手机技术或移动终端，可以说在手机专利这一方面，华为目前仍然与世界顶级手机公司有一些差距。这也是华为会与苹果公司签订知识产权的交叉许可协议的重要原因。但无论如何，华为已经摆脱了过去那种单纯依靠模仿或者抄袭的发展模式，也摆脱了过去那种被西方企业进行专利技术剥削的困境，如今的华为对知识产权的重视程度越来越高，这为华为未来的发展奠定了更加坚实的基础，也使得华为在技术层面的竞争力变得越来越强大。

5. 主动向外界学习，哪怕是最大的竞争对手

IBM的副总裁送了我一本书，是哈佛大学出版的，对大项目的管理非常有道理。在财政部部长刘仲黎访问我公司时，我又把这本书送了他(我们后来采购了几百本)。我们在IBM整整听了一天管理介绍，对他的管理模型十分欣赏，对项目从预研到寿命终结的投资评审、综合管理、结构性项目开发、决策模型、筛选管道、异步开发、部门交叉职能分组、经理角色、资源流程管理、评分模型……从早上一直听到傍晚，我身体不好，但不觉累，听得津津有味。后来我发现朗讯也是这么管理的，都源自美国哈佛大学等著名大学的一些管理著述。圣诞节美国处处万家灯火，我们却关在硅谷的一家小旅馆里，点燃壁炉，三天没有出门，开了一个工作会议，消化了我们访问的笔记，整理出一厚叠简报准备带回国内传达。我们只有认真向这些大公司学习，才会使自己少走弯路，少交学费。IBM是付出数十亿美元直接代价总结出来的，它们经历的痛苦是人类的宝贵财富。

——任正非

有一次，任正非去美国考察，当他看到美国企业繁荣昌盛的气象

时，对身边的人说：“美国人踏踏实实、十分专一的认真精神，精益求精的工作作风，毫无保守的学术风气，是值得我们学习的。美国人没有像中国人那么多远大的理想，也没有胸怀祖国、放眼世界的空洞抱负，也不像我们那样充满幻想。这个民族踏踏实实、不屈不挠的奋斗精神是值得我们学习的。航天飞机，大规模芯片，超大型计算机，超微型的终端，发达而优良的电信设备、测试仪器，是美国人民的勤劳创造的，是掠夺不来的。”

而谁能想到，在他说出这番话的同时，美国政府一直都在加紧排斥华为公司，在想办法将华为阻挡在美国市场之外。实际上从2005年华为赢得首个欧洲合同开始，华为相继成了全球大部分运营商的合作伙伴，但唯独在美国市场一直遇冷。华为总裁任正非在一次半公开场合表示：“华为全球的战略布局，唯一的困难就是美国。”

2001年，华为在美国设立总部，接着就麻烦不断，2003年，思科公司对华为提起了诉讼。2007年，华为联合私募投资公司贝恩资本竞购网络公司3Com，可是由于美国表达出对华为插手3Com的运营带来的安全方面的担忧，进行阻挠，结果以贝恩资本退出交易，华为放弃收购结束。

2010年，华为计划收购摩托罗拉无线网络业务，但是被美国政府以“国家安全问题”为由否决，该业务最终出售给了诺西公司。同年，美国还干预了华为竞标美国供应网络基础设施的合约。

2011年，华为收购3Leaf Systems遭到美国的阻挠，2012年，美国众议院发布报告，指责华为给美国造成国家安全问题。之后，美国政府一直都在鸡蛋里挑骨头，处处刁难华为。可即便是这样，任正非依然表态华为并不会就此仇恨美国政府，反而始终对美国保持尊重。

任正非曾在《创新是华为发展的不竭动力》中说道："这10年，也是西方著名公司蜂拥进入中国的10年。其实他们不仅是竞争者，更是老师与榜样。他们让我们在自己的家门口遇到了国际竞争，知道了什么才是世界先进。他们的营销方法、职业修养、商业道德，都给了我们启发。我们是在竞争中学会了竞争的规则，在竞争中学会了如何赢得竞争。世界范围内的竞争者的进步和发展咄咄逼人，稍有松懈，差距就可能再次拉开；而且国内同行的紧紧追赶，使我们不敢有半点惰怠，客观上促进了我们的快速进步。既竞争又合作，是21世纪的潮流，竞争迫使所有人不停地创新，而合作使创新更加快速有效。我们不仅与国内竞争对手之间互相学习，而且与朗讯、摩托罗拉、IBM、TI等十几家公司在未来芯片设计中结成了合作伙伴关系，为构建未来为客户服务的解决方案共同努力。"

对任正非而言，美国以及美国企业在很多方面都是华为最好的老师，也是最佳的参照物，美国有世界上最先进的技术，有最大规模的企业，有最科学的管理模式，也有最佳的创新环境，这些都是任正非非常看重的。不仅仅是美国，很多和华为有直接竞争关系的西方企业，实际上都成了华为学习的榜样。

实际上从进入通信行业开始，华为就长期处于落后地位，也正是因为如此，才奠定了华为的学习文化。在20世纪90年代，华为就多次组织出国考察团，赶赴德美日等国进行学习，像爱立信、思科、西门子、朗讯、IBM、Hay公司都是华为学习的对象，华为公司的很多制度也是从国外引进的，这些都表明了华为在面对竞争对手时那种灵活、谦卑的姿态。

在国内，华为也许是所有民营企业中最善于学习的公司，也是学习成果最好的一家民营企业。它并不是那种以自我为中心，大搞封闭建设的企业，而是始终将目光放在远方，放在那些更具优势的对手身上，任何一个对手身上的优势，都会成为华为取经的目标，以至于有些外国企业非常无奈地说："我们教会了华为如何去发展，结果它在快速成长的过程中一步步吞噬了我们的市场。"

很多人觉得华为的学习不过是求生存、求发展的一种权宜之计，但是当华为的年营业额超过爱立信的时候，任正非依然保持低调谦卑的姿态，倡导大家仍旧要向爱立信学习，他说："我们公司前段时间挺骄傲的，大家以为我们是处在行业领先位置。但是我们用了半年时间做了战略沙盘，才发现我们在全世界市场的重大机会点我们占不到10%，弟兄们的优越感就没有了。"在任正非看来，虽然收入上超过了爱立信，但在同样的管理下，实际上华为的成本更高，在人力资源的利用率和企业成本的控制方面，仍旧比不上爱立信，所以华为必须继续向对方学习，争取进一步改进和提升自己。

在中国，企业家们对于竞争的理解通常比较狭隘，面对竞争对手的时候，更容易产生敌对情绪，更容易将对手贬得一无是处。却不知道，对方之所以能够成为对手，那么必定在某些方面具备一定的优势。任正非认为"不带有成见去认识竞争对手，认真向他们学习好的东西，才有希望追赶上他们"，这也成为华为一直坚持的理念。如今，华为大力推进"知本主义"，努力打造强势的知识经济，更需要保持谦卑的学习态度，努力学习对手们的优点和长处，这样不仅能够增强自身的实力，更能够很好地应对行业内部残酷的竞争。

6. 做好知识管理，把握前进动力

除了技术共享外，华为也很注重经验共享。有家生产汽车零件的日本企业，以前的产品是合格的，被免检验收，后来却是不合格的。检查以后发现，不合格的原因是零件上有一个毛刺。以前，品质管理的某个老员工总是自己买一个锉刀，每次把毛刺锉掉，这个零件就很好了，产品就发走了，但他没有给别人交代。在他退休以后，这个零件就不合格了。这是典型的经验不共享的案例。华为要求所有人都要把自己的经验或教训告诉别人。

——任正非

这些年，华为公司在进军海外市场的时候，遭遇了很多问题，而如何解决那些棘手的问题成为每一个海外市场负责人非常头疼的事情。毕竟海外市场所面临的竞争环境、生存环境都与国内完全不相同，加上很多国家内部的社会矛盾比较突出，或者国家的投资环境不那么好，这无形中增加了市场开发和管理的难度。

由于每开拓一个市场，都要遇到各种各样的困难，很多人都觉得很辛苦，一些管理者和员工也产生了离开非洲的想法。2013年，有人提出了一种设想，既然公司每开拓一个市场都像是在作斗争一样，为什么不在过往的工作经验中借鉴一些方法或者模式，从而有效降低新市场开发的难度呢？

于是，华为公司海外市场的管理者开始将目光锁定在国内市场上，可是国内市场的那些经验根本没有办法快速传到国外去，而且由于国内市场开发得比较早，一些方法和经验早就不适用于海外市场的开发了，更何况两种不同市场之间的差别太大，即便有经验也不一定适用。就在大家一筹莫展的时候，有人想到了非洲东北部某国家，这个非洲最挑剔的客户，也是华为公司最难啃的一块骨头。这个国家面临诸多问题，开发的难度非常大，如果说发达国家的难度系数是1，非洲其他国家是5，这个国家就是20。而归根结底就是该国的电信管理问题很大，不按规矩办，不按合同办，总是无条件地要中国企业做点这做点那。可是华为当年硬是成功攻占了这个市场。因此有人觉得既然连这样的市场也被攻取了，那么还有什么市场是不能拿下的呢？

这个时候，华为公司专门派人飞往北非，然后将拿下该国市场的经验完完全全做了知识切割，并且特意做出分析和总结，尤其是一些有效的可借鉴的信息被专门整理出来。为了更好地拿出来供大家学习和参考，公司还拍了视频，将整个项目的实施背景、实施方法、实施效果完整呈现出来。于是，拿下该国的市场开发模式被当成了一个模板而在华为公司广泛传播开来，在很多海外市场上，公司都成功借鉴了这种模式中的重要经验，吸收了相关知识，产生了非常好的示范和指导作用。而更加重要的是，从华为对拿下该国市场经验的知识切割开始，公司渐渐形成了一个经验积累、整理、分析和应用的习惯。

如果将华为的这种做法进行总结，可以看成是一种知识管理的方法，而这种知识管理的方法也成为华为公司注重“知本主义”的一个重要体现。毕竟在过去，任正非一直主张大家要主动学习，要尽可能地吸收更多的知识，要从社会各个方面来汲取营养，其中也包括从其他人手中获得经验。可是华为并没有形成一个相对系统的知识管理模式，也并没有将那些值得借鉴和推广的知识储备起来并进行有效的整理，更不必说进行二次应用。

任正非曾经在内部工作汇报会上说道：“现在是信息社会，知识很重要，最主要的还是视野。所以要把经验写出来，年轻人看了案例，上战场再对比一次，就升华了……现在你们要善于把经验写成案例，否则做完了还沾沾自喜，经验还只停留在你一个脑子里，没有传承。”在任正非看来，经验总结和传承是一个非常重要的学习方式，只不过长久以来，大家常常会认为学习就是向前看、向外看的，而很少有人会觉得将过去的知识和经验进行总结，本身也是内部学习的一个好方法。所以任正非建议大家要多总结、多分析，要善于对掌握的各种知识进行整理，并且在内部进行宣传和分享，好让更多的部门和更多人从中受益。

徐直军曾在《让知识和经验为华为创造价值》中说：“各级主管一直在苦恼如何持续提升员工的作战能力，如何确保业务效率和质量不断得到提升，一直在寻找解决此苦恼的钥匙，我认为知识管理正是大家要寻找的钥匙。”这句话几乎明确了知识管理在企业管理中的重要性和必要性，也为知识管理的推行提供了依据。

而知识管理的说法，产生于研发过程当中。事实上，为了提升华为内部的技术、信息、经验的传播和分享力度，华为公司曾在内部打造了Notes 办公平台，并且在这个平台上开通了BBS论坛，员工和管理者可以在这个平台上分享自己的经验。只不过，由于担心过于开放的平台会造成泄密事件的发生，公司很快关闭了它，并且在2008年开通了Connect社区，鼓励大家在社区里进行信息共享。而直到2010年，公司为了满足一线对于知识的诉求，才正式提出要系统地做知识管理的想法，而且公司也明白了一点，那就是知识的管理不在于信息的共享或者传播，不在于知识本身，而在于对知识的现实运用。

正因为如此，公司开始将积累的知识和经验运用到现实的工作当中去，而为了完善知识管理的模式，华为公司还制定了知识管理的考核标准，那就是把握两个要点：首先要将知识管理应用到工作当中去，知识管理的价值在于使用，任何不经使用的知识管理都是无意义的。其次，知识管理的考核直接和传统的业务指标挂钩，通过传统的业务考核来反应知识管理的成果和水平。

2012年，华为内部有很多人都质疑知识管理的价值和作用，大家都觉得知识管理没什么太大用处，可是随着各种知识运用的成功，越来越多的人开始认可它，大家也渐渐明白，知识管理就是通过一系列的方法，让无形的知识有形化，让每一个员工的能力得到提升，并运用在工作当中，为公司创造出更大的价值。而这种觉悟也让华为的知识管理工作进入到一个新的台阶，并在公司的发展过程中起到了重要的推动作用。

7. “知本主义”最终要求价值的实现

知识不等于能力，书读得太多，方法论太多，有时反而会相互抵消，不知道活学活用的话，反而会变得越来越蠢。

——任正非

“知本主义”是华为企业文化中的一个重要组成部分，也是企业技术管理的一个组成部分，虽然任正非一直都非常重视“知本主义”的发展，但实际上在华为内部仍然有很多人对“知本主义”感到不理解，更有一些员工可能会产生误解，而这些都会导致“知本主义”在执行过程中出现扭曲的情况。从目前来说，有关“知本主义”的误解主要集中在两个方面：

“知本主义”意味着高学历？

虽然华为这些年来非常注重员工的学历，而且也一直将目光锁定在全国各大高校，硕士生和博士生成了首选。最近几年，华为内部的人才结构越来越偏向于硕士生和博士生，整体知识水平的提升成为华为“知本主义”一个重要特点。但是对于高学历人才的重视，并不意味着华为就将“知本主义”的实施与高学历人才的招聘等同起来。

高学历的确带来了更高的知识水平，更丰富的知识储备，但是企业招人并不是为了炫耀员工的实力和学历，而是为了让员工能够更好地发挥出自身潜藏的价值，因此员工能否被重用，最终还是要取决于他们能够为企业创造多少价值，能够带来多少利润和效益。以此类推，华为的招聘计划始终还是针对能够创造更大价值的知识型人才，一个博士或者博士后，如果没有办法将自身的知识转化成工作能力，转化成技术能力或者管理能力，那么他存在的价值可能还比不上一个普通学校毕业的本科生。

1998年年底，华为公司的一位执行副总裁提出离职，要去美国深造，专门学习企业管理。任正非觉得非常可惜，于是对她说：“你去美国学企业管理，等你学成毕业后，你就跟不上华为公司的发展了。”在任正非看来，学习固然是好事，但学习并非为了拿到一个亮眼的学历，而且实践中同样可以学习，在实践中学到的管理，往往要比书本上学的来得更快，更实际，更加真实有用。

实践出真知，华为公司在招人后并不急于安排工作，而是进行培训和观察，让他们进入基层锻炼，最终按照考核的成绩来决定个人的任用，这原本就是出于对员工工作能力的一种试探和考核。如果一个高学历的员工无法适应华为的工作环境，无法通过华为的业绩考核，无法将自身的知识储备转化成具体的工作效率和业绩，那么只能说这个高学历的人才真的不适合华为。所以对华为而言，高学历人才固然值得重视，但也不应该就此陷入“高学历等于高能力”的奇怪逻辑当中去，因为“知本主义”追求的是知识上的商业价值，而不是追求知识的学术价值。

“知本主义”是否意味着高科技?

当一个企业掌握着更高的技术时，往往会发生什么？在一般人看来，掌握高技术也就意味着掌握了发展的先机，也就意味着该公司的知识转化能力更强，知识水平更高，发展空间更好。但实际上并没有想象的那么简单，“知本主义”的重点也并非高科技。任正非认为技术应该是服务于市场的，因此技术研发以及知识对技术的转化，首先应该放在市场这个框架内进行考量，而不能漫无目的地推进创新。

在华为内部，美国铱星公司始终是一个最佳的范例，这家企业曾经拥有最先进的技术，拥有最庞大的卫星网络，但问题在于可操作性不大，价值并不高，最终公司被高昂的研发投入拖垮了。“只研发市场需要的技术，只生产客户所需的产品”，这应该是全世界通信公司的一个共同口号。华为公司也将“以技术为导向”的口号转变为“以市场为导向”，在这里，任正非建议所有的研发人员，所有坚决贯彻“知本主义”的员工，一定要保持清醒的认识：好的技术如果不能用来搞生产，不能为企业带来市场和利润，那么就要果断放弃。

单纯地将“知本主义”当成是对高科技的要求，这是一种非常狭隘的观点，而且也会让企业陷入困境之中。有个华为高管认为华为没有必要去掌握那些最顶尖的技术，也没有必要在那些无关紧要的技术领域和别人一较高低，关键还是要想办法提高生产力，以及创造性的价值增长点。技术研发不是为了在技术领域内探索未知的东西，不是为了让技术变得更加高大上，而是为了应用在现实工作当中去，这才是华为最应该关心的事情。

“知本主义”是否意味着全面地学习知识

一说起“知本主义”，华为人首先想到的就是学习，事实上公司也一直要求员工们保持学习的状态，要多请教别人，要多看书阅读，从中获得更多有益的知识。不过读书和学习并不是盲目的，也并不是什么书都要看，什么知识都要去学。对于员工来说，如果让他们去学习如何捕鱼或者养猪的知识，那么肯定不合时宜，因此学习首先要有目的性，要有固定的方向和范围，而不是漫无目的地接受各种知识。

最好的方式，就是学习那些自己所需或者用得上的知识，要学习那些对自身工作能够带来帮助的知识，想要提升管理水平，可以看一些有助于提升管理才能的书籍，想要提升技术能力，可以看一些技术理论和操作的书籍。总之，员工所学的东西必须和自己的工作需求结合起来。比如任正非就最喜欢看一些历史和哲学书籍，而历史和哲学书籍通常是企业家们最喜欢看的书，因为这两种书籍有助于提升管理者的大局观，改进并完善他们的管理理念。

另外，华为的员工平时工作很忙，根本没有太多的时间用来学习看书，如果还要面面俱到，什么都去看，可能会造成更大的压力。因此员工在学习新知识时，一定要有明确的目的，而不是为了让自己更加博学。

事实上，所谓的“知本主义”是指以知识为基础，以知识的实际应用推动社会和经济的发展；以人的解放和自由为目的，追求国民幸福与和谐，提倡社会平等合作，鼓励个人积极创造，提倡信息和知识均衡，以网络等现代化科技手段为媒介，连接社会成员，寻求文明的自我认同，以信息产业和文化产业为支撑，促进社会的整体演变和转型。

在这个定义中，明确强调了一点：实际应用。也就是说“知本主义”所追求的并不是一种单纯的知识理论上的提升，而是如何将知识运用到现实的工作当中来，因此“知本主义”的理念不能仅仅是一个理论或者口号，不能仅仅是一个高高在上的理论指导或者文化内涵，它最终还是要服务于现实，还是要具备价值的，而这是“知本主义”存在的一个基本立足点。可见，知识的实践化，实践的知识化，这才是华为“知本主义”的内核所在。

8. 不断增加研发的投入力度

> 华为公司实际上是处在一个相对较好的时期，要加大投入，把这些优势耗散掉，形成新的优势。整个社会都在衰退，经济可能会循环衰退，我们虽然跟自己过去相比下降了，但和“旁边”相比，活得很滋润，我们今年的纯利会到20~30亿美金。因此，对未来的投资不能手软。不敢用钱是我们缺少领袖、缺少将军、缺少对未来的战略。
>
> ——任正非

知识经济时代，最大的一个特点就是，技术更新换代的频率很高，周期很短，据统计，在知识时代，技术每年的淘汰率高达20%，而一项技术的寿命周期却只有5年，这就意味着每一年都会有20%的技术被淘汰出局。在竞争更为残酷的通信行业，这个淘汰的比例可能还要更高。正因为如此，企业需要通过不断的技术投入，需要及时将知识转化成技术，以确保自身能够适应快节奏的发展环境，能够在新老技术的变革交替中占据先机。

在2001年的时候，联想总裁杨元庆来华为参观，他当时对华为研发部门取得的成绩连连称赞，并且也认为联想想要获得成功，想要在国际市场上拓展自身的影响力，同样需要加大研发投入，最好是将企业的高科技提升到一个新的水平上。任正非听了连连点头，觉得这个年轻的新任总裁非常有魄力，也很有战略眼光，但他仍旧严肃地对杨元庆说："开发可不是一件容易的事情，你要做好投入几十个亿，几年不冒泡的准备。"

之所以要说这样的话，就是因为任正非本身就是这样带着华为一路走过来的，公司从最初一年几万元的研发投入，到后来的1个亿、2个亿、10个亿、100个亿，直到现在每年几百个亿的投入，这几千亿的总投入都表明华为对研发投入的器重，表明了华为急于将知识转化成为技术，再用技术创造价值的想法和决心。

研发是最烧钱的一个项目，没有雄厚的财力支持，根本没有办法取得太大的研发成果，这个世界上创新能力最强的几家公司，都是经济实力非常雄厚的大企业，而且具有充足的现金流，像苹果、谷歌、华为都是典型的代表。在研发过程中，公司往往还会浪费很多的钱，一些失败的技术和产品，一些错误的研发方向和研发理论，一些意外事故的发生，这些都必须被计算在整个成本投入当中去。

任正非说："华为也就是一个'宝马'（大公司代名词），在瞬息万变、不断涌现颠覆性创新的信息社会中，华为能不能继续生存下来？不管你怎么想，这是一个摆在你面前的问题。我们用了25年的时间建立起一个优质的平台，拥有一定的资源，这些优质资源是多少高级干部及专家浪费了多少钱才积累起来的？是宝贵的财富。过去所有失败的项目、淘汰的产品，其实就是浪费（当然浪费的钱也是大家挣来的），但没有浪费，就没有大家今天坐到这儿。”正因为如此，任正非曾经表态，华为在未来20年，至少要做好浪费1000亿元的准备，他早就准备好了将这个烧钱的游戏继续下去。

如果对华为进行深入的了解，就会发现华为对于研发工作的重视，除了每年将年营业收入的至少10%投入到研发工作当中去，华为公司的研发人员投入也是世界级别的，同很多企业相比，华为中搞研发的员工大约占据了总人数的一半，而这一比例在2006年的时候更是高达62%，虽然如今大约只有45%左右，可是考虑到华为多达17万的员工数量，研发人员也堪称一支庞大的队伍。

虽然人数很多，但是华为一直以来都坚持给研发人员最好的行业待遇，比如以中国另一个通信巨头中兴为参考，就会发现华为研发人员的工资几乎是中兴研发人员的1.5倍，这种薪资优势不仅有助于挽留研发人员，还能有效提升研发人员的工作积极性，促使他们发挥出更大的价值。

不仅如此，华为还在国内外很多地方成立了各种研发中心，比如华为曾在印度班加罗尔成立了一家新的研发中心。该研发中心建设投资达1.7亿美元，占地约8公顷，目前拥有2700名工程师，员工本土化率达98%（印度是IT人才输出大国，人才资源非常丰富），是华为在海外建立运行的最大的研发中心。此外，华为还在美国硅谷与达拉斯、俄罗斯莫斯科、瑞典斯德哥尔摩、伊朗德黑兰以及中国北京、上海、南京、深圳、杭州和成都等地建立了多个软件研发中心。通过这种布局，华为将全世界的优秀人才笼络起来，形成一个庞大的研发队伍。在面向全球市场的时候，华为的国际化研发体系已经基本成型。

实际上通过资金投入、人才投入、创新研发机构投入，华为在研发上已经投入了大量的成本，但同时也获得了高额的回报，如果不是每年几百亿的研发投入，华为又怎么能够成长为年销售额突破几千亿的大企业？可以说华为的高增长其实正是依靠高投入来支撑和实现的，没有对知识经济的重视，没有对研发的热情，华为的发展只会是空谈。

1997年，任正非在从美国访问回来之后，做了一个内部汇报，他认为："10年之内，通信产业及网络技术一定会有一场革命，这已被华为的高层领导所认识。在这场革命到来的时候，华为抓不住牛的缰绳，也要抓住牛的尾巴。只有这样才能成为国际大公司。这场革命已经'山雨欲来风满楼'了。只有在革命中，才会出现新的机遇。"

在过去很长一段时间，华为都是思科眼中那种"技术低下，研发能力不行，擅长模仿"的低端企业，而华为在技术领域内的全面落后也是一个既定的事实。而它想要实现快速突破，想要在技术上追赶上别人，只能通过自主研发，只能在研发上下苦功夫。在任正非看来，知识时代的技术变革已经成了最大的商机，已经成了企业发展最大的动力，只有重视知识、掌握知识、运用知识，将其转化成现实的技术和产品，只有想办法增加将知识转化为技术的投入，华为才有机会跑到世界的前列。

9. “知本主义”要求培养更多的复合型人才

> 解决方案专家要一专多能，对自己不熟悉的专业领域要打通求助的渠道；交付专家要具备能与客户沟通清楚工程与服务的解决方案的能力，同时对后台的可承诺能力和交付流程的各个环节了如指掌。其他非主业务的人员要加强对主业务的了解了解达不到一定深度的不能成为管理干部及骨干，没有这种经历的，要去补好这一课。
>
> ——任正非

在华为公司，任正非一直主张物尽其用，人尽其才，他尽量安排职员进入最擅长的领域去工作，尽量安排职员在最合适的岗位上发挥价值。专才专用几乎成了华为的一个口号，甚至为了确保每一个员工能够展示自己的特长，华为会让员工们自己选择职位，之后再依靠业绩考核来进行内部调整。

不过华为同时还实行岗位轮换制，相关的干部和员工必须在规定的时间内在不同的岗位上进行轮换，而这种岗位轮换制得以实施的一个重要前提就是员工必须能够适应不同的岗位，必须具备不同岗位上的工作技能。这样一来，轮换者为了适应新的岗位和工作，就必须抽出时间来学习新的技能，这与之前依靠专业特长来选择岗位似乎背道而驰，但实际上两者并不冲突。

如果说按照专业技能来分配岗位，体现出了华为对不同类型员工的需求，那么岗位轮换则表现了华为对于复合型人才的重视，而打造复合型人才的关键就是学习，只有通过不断地扩张型的学习，员工才能掌握更多工作技能，才能应对不同岗位上的工作。

复合型人才是华为工作体制的一种体现，也是“知本主义”发展理念下的一个必然要求，在任正非看来，一个好的干部、一个好的员工，首先应该做好本职工作，应该掌握本职工作上的知识。但是一个人想要生存下去，想要在激烈的竞争环境中保持优势，那么就应该给自己增加更多的筹码，一种是在专业领域内做到出类拔萃，另一种就是尽可能多元化发展，展示出全面的优势，而这两点，都是华为公司期望看到的。

正因为如此，华为公司要求各级干部要互相了解，财务干部要懂一些业务知识，而业务干部也应该知道一些财务管理方面的知识。公司一直主张有序开展财经和业务的干部互换及通融，确保财务要懂业务，业务也要懂财务，打造一个混凝土结构的作战组织，从而使得组织能够更加高效、及时、稳健地抓住机会点，并在积极进攻中实现稳健经营的目标。

尽管任正非不赞成员工看一些散书，看那些跨度太大的书，但是只要和工作相关，只要是和企业发展相关，那么都可以去阅读和学习。任正非曾经建议研发人员去当技术商人，而所谓“技术商人”，就是指那些拥有市场导向意识，具备市场需求开发能力、交付能力、挖掘与规划能力的复合型人才。如果不懂得管理知识，不懂得市场运营的方法，那么研发人员永远只能是一个缺乏市场意识的技工。

很多人认为任正非不是技术出身，又不是一个非常好的管理人员，但任正非多年来一直都在学习，包括技术领域的一些知识、管理理念，争取增加自己的知识量并扩大自己的视野，这样就能够方便他对相关信息进行整合处理。不仅如此，他还特意学习心理学知识，很多人将他称之为心理学大师，这并非夸张。因此从这些方面来看，任正非是一个非常合格的复合型人才，而他所学的每一种知识实际上都可以为自己的工作服务。

对于其他人，任正非也有这样的期望，他希望越来越多的人可以具备多种技能，可以花费时间学习和接触其他类型的知识，然后将所学知识进行整合，融会贯通，最终应用到工作当中来。因为知识是相通的，组织内部的工作也是相通的，想要确保整个队伍的流畅性，员工就需要学习更多的知识，掌握更多的技能，从而有效应对不同工作岗位上的挑战。

自然而然，所谓复合型人才并不是指那些全面均衡发展的人，而是指那些拥有多种技能，但是却在某一方面尤为突出的人才，这种定义实际上明确规定了员工在专业领域的水准达到一定程度后，才能有效扩展自己的知识架构，而在华为公司内部，最多的就是管理类复合人才、市场类复合人才，以及技术类复合人才，毕竟管理、技术以及市场是华为工作的重中之重，因此打造这三个领域的复合型人才是发展的需求所在，同时也是知本主义的一个重要要求。

“知本主义”的核心是知识，而知识的掌握者和使用者是人，培养更多的复合型人才，实际上正是“知本主义”理念中的一个重要节点。一方面，复合型人才迎合了任正非在华为内部打造学习氛围的号召，迎合了华为公司岗位轮换制的需要，也迎合了员工提升竞争力的需要。另一方面，复合型人才的出现，有助于提升企业内部的知识、经验的交流，能够带动内部的沟通。由于员工的知识量更大，所谈论的话题更广，大家的共同话题也更多。而在不同岗位上轮换之后，实际上也会带来个人经验和技术的传播，这种传播和分享实际上是“知本主义”提倡的一个理念，对于企业的发展也有很大的作用。

如果说知识经济的到来让人才成了最重要的发展要素，那么华为提出的“知本主义”，让复合型人才成了华为发展的中流砥柱。很多人也许会认为华为的发展是因为拥有一批兢兢业业的研发人员，但外界或许不知道这些研发人员曾经可能做过市场营销；有的人认为华为的发展是因为干部的管理能力出色，却不知这些干部都是从最底层的工作环境中提拔上来的，有很多都是技术工。可以说，正是因为对复合型人才的培养，才让华为公司更具竞争力和影响力。

附录

华为大事记

1987年，华为在深圳创立，成为一家生产用户交换机（PBX）的香港公司的销售代理。

1989年，华为自主开发PBX。

1990年，华为开始自主研发面向酒店与小企业的PBX技术并进行商用。

1992年，华为研发并推出农村数字交换解决方案。

1994年，华为通过自主研发，推出了C&C08数字程控交换机。

1995年，华为的销售额达15亿元人民币，并成立知识产权部以及北京研发中心。

1996年，华为推出综合业务接入网和光网络SDH设备，与香港和记黄埔签订合同，为其提供固定网络解决方案。并成立上海研发中心。

1997年，华为推出了无线GSM解决方案，并于1998年将市场拓展到中国主要城市，还同Texas Instruments、Motorola、IBM、Intel、Agere Systems、Sun Microsystems、Altera、Qualcomm、Infineon和Microsoft，成立了联合研发实验室。

1998年，产品数字微蜂窝服务器控制交换机获得了专利，华为开始把触角探向世界的核心市场——欧美。

1999年，在印度班加罗尔设立研发中心，成为中国移动全国CAMEL Phase II智能网的主要供应商，该网络是当时世界上最大和最先进的智能网络。

2000年，华为在瑞典首都斯德哥尔摩设立研发中心，当年的合同销售额超过26.5亿美元，其中海外销售额超过1亿美元。之后华为又在美国硅谷和达拉斯设立研发中心。

2001年，华为与俄罗斯国家电信部门签署了上千万美元的GSM设备供应合同；以7.5亿美元的价格将非核心子公司Avansys卖给爱默生；在美国设立四个研发中心；加入国际电信联盟（ITU）；10Gbps SDH系统开始在德国的柏林进行商用；在RHK的统计榜单上，华为的光纤系列产品稳居亚太地区市场份额的第1名。

2002年，华为通过了UL的TL9000质量管理系统认证，并为中国移动部署世界上第一个移动模式WLAN。

2003年，华为与3Com合作成立合资公司，同时思科公司指控华为侵犯部分思科技术专利，之后双方达成和解。

同年，华为还通过了CMM4级认证。通过了DNV（DET NORSKE VERITAS）的ISO 14001认证；在12月为阿联酋电信公司（Etisalat）提供了一项覆盖全国范围的UMTS服务，强化了Etisalat技术领导者的地位，帮助其成为中东和阿拉伯世界中第一个引进第三代网络的运营商。

2004年，华为与西门子成立合资企业，针对中国市场开发TD-SCDMA移动通信技术。同年，华为通过了CMM5级认证。

此外，华为与中国电信签署合同，建造1200多万个ADSL线路，进一步巩固了华为作为中国电信最大战略伙伴的地位；华为赢得为荷兰运营商Telfort 提供UMTS网络设备价值2500万美元的合同，首次在欧洲实现重大突破。

2005年，华为进入英国电信的21世纪网络供应商的“八家企业短名单”。

同年，华为的海外合同销售额首次超过国内合同销售额；与沃达丰签署《全球框架协议》，正式成为沃达丰优选通信设备供应商；与英国Marconi公司签署了互助商品代销协议。

2006年，华为以8.8亿美元的价格出售H3C公司49%的股份，接着与摩托罗拉合作在上海成立联合研发中心，开发UMTS技术。

同年，华为移动软交换用户数突破1亿，移动软交换出货量居全球第一。

2007年底，华为成为欧洲所有顶级运营商的合作伙伴。并被沃达丰授予“2007杰出表现奖”，成为唯一获此奖项的电信网络解决方案供应商。

2008年，华为被《商业周刊》评为“全球十大最有影响力的公司”。同时，华为在移动设备市场领域排名全球第三，移动宽带产品全球累计发货量超过2000万部，市场份额位列全球第一。

同年1月16日，北欧电信运营商TeliaSonera宣布签署两项4G LTE商用网络合同，中国华为和瑞典爱立信将在欧洲建设LTE移动宽带，这也是全世界首个商用的LTE网络；此外，华为在2008年专利申请公司（人）排名榜上排名第一；LTE专利数占全球10%以上。

2009年，无线接入市场份额跻身全球第二，并率先发布从路由器到传输系统的端到端100G解决方案。同年，华为全球销售收入达到218亿美元，增长19%，约合1491亿元人民币。

2010年，华为全年销售额达到1850亿元人民币，一举超越了诺基亚西门子和阿尔卡特朗讯，成为全球仅次于爱立信的第二大通信设备制造商。

同年，华为入围美国知名杂志《财富》公布的2010年《财富》世界500强企业名单，华为在IT企业中列第29位，也是财富500强IT企业中唯一一家没有上市的公司；华为C8500作为中国电信首批推出的天翼千元3G智能手机，在百日内的零售销量突破100万台，创下了百日过百万的佳绩。

2011年，华为与赛门铁克公司宣布双方已就华为收购华赛49%的股权达成协议。

同年，华为入选首批 “国家技术创新示范企业”； 推出honor荣耀手机和华为 Vision远见手机；同年5月9日，华为宣布与英国最大移动运营商Everything Everywhere（简称EE）签署四年合同，全面升级EE在英国的GSM 2G网络。这是华为在英国获得的首个大规模无线网络合同。

2012年2月26日，华为在巴塞罗那2012年WMC2012展会上发布了第一款搭载自研的四核心移动中央处理器K3V2的手机“Ascend D quad”，华为也成为国内第一家推出自研手机移动中央处理器的手机厂商，一举打破了高通、德州仪器TI以及NVIDIA等外企对手机CPU的垄断。

同年3月18日，华为发布电子商城进入电商渠道，快递公司已切换到顺丰；7月30日，华为在北京正式发布Emotion UI系统，实现了华为可分享自主独特的应用的目的，也为华为在未来推出真正属于自身独立的操作系统提供了经验。

2013年，华为的全球财务风险控制中心在英国伦敦成立，而华为的欧洲物流中心也在匈牙利正式投入运营。

同年，华为以欧盟5G项目主要推动者以及英国5G创新中心发起者的身份，发布5G白皮书；华为手机销量跃升至全球第三位，仅次于苹果和三星。

2014年2月25日，在世界移动通信大会上，华为创新地推出全球最小的运营级路由器——原子路由器（Atom Router）。

同年10月9日，华为以全球百大品牌排行榜中第94位的排名，成为第一个登上这一榜单的中国企业。

2014年9月30日，华为在法国投资15亿欧元开发智能手机。

2015年，华为以601亿美元的营业收入超越思科492亿美元的营业收入，一举成为全球第一大通信设备商。同年，华为手机出货量达到1.08亿部。

参考资料：

《下一个倒下的会不会是华为》，田涛、吴春波著，中信出版社，2012年版

《华为工作法》，孙秋炎著，中国电力出版社，2013年版

《华为狼道》，刘文辉著，北京联合出版公司，2012年版

《任正非管理日志》，程东升著，中信出版社，2008年版

《华为的管理模式》，文丽颜著，海天出版社，2006年版

《华为执行力》，孙科柳著，电子工业出版社，2014年版